本书为教育部人文社会科学研究青年基金项目
"云南佤语岳宋话研究"（15YJC740062）、
昆明学院"云南多民族语言文化接触研究及数据库建设"
科研团队的阶段性成果

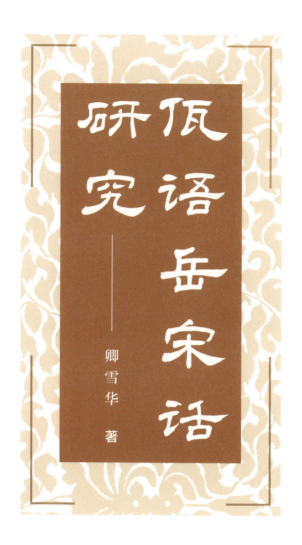

佤语岳宋话研究

卿雪华 著

社会科学文献出版社
SOCIAL SCIENCES ACADEMIC PRESS (CHINA)

序

戴庆厦

《佤语岳宋话研究》一书，是卿雪华博士教育部项目的结项成果。

她原是中央民族大学毕业的博士，主攻佤语，我教过她语言学的课。2010 年 9 月，我与周植志、曾思奇两位教授合作为中央民族大学的少数民族语言文学博士生开设一门新课"汉藏、南岛南亚语言结构分析"，卿雪华即当时上课的博士生之一。她学习努力，有事业心。

2023 年 6 月，我应邀到昆明学院人文学院做语言学方面的学术报告，难得与她再一次见面，交谈甚欢，非常高兴。卿雪华告诉我，她已完成了教育部项目成果《佤语岳宋话研究》，要我为她的著作写序，我很愿意，欣然应允。

目前关于佤语的研究成果，多集中在研究标准音点巴饶克方言的沧源县岩帅佤语，对另外两种佤语方言——阿佤方言、佤方言的研究成果很少，尤其是对阿佤方言缺乏比较细致的描写成果。她的新著《佤语岳宋话研究》能够弥补这一不足。在我看来，这部著作具有以下几个特点和价值。

（1）佤语阿佤方言岳宋话是佤语方言的重要组成部分，其描写和研究对于整个孟高棉语族语言的深入探讨都具有重要的学术价值。

佤语属于南亚语系孟高棉语族佤德昂语支，可分为巴饶克、阿佤、佤三个方言。巴饶克方言主要通行在沧源、澜沧、耿马和双江等县；阿佤方言主要通行在西盟、孟连两县以及与这两县毗邻的澜沧县的部分地区；佤方言主要通行在永德和镇康两县。目前佤语各个方言点的研究不平衡，大部分研究成果均以佤语标准音点巴饶克方言沧源县岩帅佤语为依据，而对于阿佤方言和佤方言则只有语音系统的介绍及比较，缺乏对这两种方言的词汇和语法结构的详细描写和深入研究。

卿雪华的专著《佤语岳宋话研究》是首部对阿佤方言的岳宋佤语进行详细描写和研究的著作。阿佤方言区处于阿佤山的中心地带，这里一度交通闭塞，经济落后，尤其是西盟地区 1949 年前尚处于"原始社会"末期，受外界影响较少，其佤语较多地保留了古代佤语的特点。因而，对西盟岳宋佤语进行词汇和语法的详细描写和研究，可以为孟高棉语族乃至南亚语系的亲属语言比较提供有价值的语料。

（2）佤语岳宋话在佤德昂语支内部有自己独特的特点，在共时研究、历时比较研究中都具有一定的价值。

岳宋佤语与标准音点岩帅佤语相比，其语音系统复辅音较多，有三合复辅音，元音不分松紧，都没有声调。语法方面最大差异是岳宋佤语的优势语序是"谓语 + 主语 + 宾语"，而岩帅佤语则是"主语 + 谓语 + 宾语"与"谓语 + 主语 + 宾语"语序并存。《佤语岳宋话研究》一书首次对西盟岳宋佤语进行共时的词汇和语法的描写，有利于以后更全面地了解佤语的结构特点，推动佤语研究向纵深发展。其研究成果能为佤语各方言词汇、语法的共时比较提供翔实的语料，为探究佤语语言中的词汇化、语法化等提供可借鉴的语料，还能为南亚语系与汉藏语系等其他语系的比较和语言类型学研究提供可靠的资料。而且，岳宋佤语的深入研究有助于佤族语言文字的规范化，有利于促进佤族语言文字的学习、使用和规范。

（3）岳宋佤语的深入研究，有利于保护佤族语言的丰富资源。

语言是一种重要的资源。尤其对一些功能有所衰变、人口较少的民族语言或方言，必须像保护自然资源一样予以保护和利用。而对一种语言的保护，首要的办法就是对其语言的各要素作细致的描写记录。自 20 世纪以来，语言濒危已经成为全球化的伴生产物，语言的多样性正不同程度地下降。随着少数民族地区经济社会的迅速发展，城市化的速度加快，许多少数民族语言活力下降，面临着亟待保护的态势。就佤语使用的现状来看，分散杂居于其他民族区的佤族年轻人中已经有一些不会说佤语了，就是佤族聚居区的年轻人也有一部分不会说佤语。这说明佤语的交际功能正在下降。我们有必要对佤语的方言进行深入的描写研究，以便更好地保护佤语资源。对佤语岳宋话的详细描写和深入研究，还能为相关学科如社会学、历史学、民族学等的研究提供语言证据，促进人文学科的发展。

我希望卿雪华博士能在这一领域不断做出新的贡献。

是为序。

2023 年 9 月 26 日

于北京 507 工作室

目　录

绪　论

佤族是一个跨境而居的民族，中国的佤族主要聚居在云南省西南部，而境外的佤族主要分布在缅甸，泰国、老挝和柬埔寨等国也有佤族分布。佤族是一个历史悠久、文化丰富多彩的民族，佤语记录了佤族的迁徙、经济、文化、民俗等各种社会现象，同时也塑造并影响了整个族群的思维习惯和心理特征。在过去的文献典籍中能找到一些用汉字记录佤族的风俗、称谓的材料。如《蛮书》记载"望苴子蛮在澜沧江以西""望蛮外喻部落在永昌北""朴子蛮勇悍矫捷"，文献中记载的"望苴子蛮""望蛮外喻""朴子蛮"等即是唐朝时佤德昂语支各族的族称。[①]但是历史文献中对佤德昂语支语言的介绍则很少见到。

一　文献回顾

佤语属南亚语系孟高棉语族佤德昂语支，佤语是佤族人民的主要交际工具。佤语是南亚语系的一种重要语言，国内外对其都进行过不同程度的研究，取得了丰硕的成果。

（一）国内佤语研究

国内对佤语进行调查研究最早是在新中国成立初期，傅懋勣、王辅世两位先生对佤语进行过一些调查了解。对佤语的全面调查始于1956

---

① 转引自《佤族简史》编写组《佤族简史》（修订本），民族出版社，2008，第24~25页。

年，原中国科学院少数民族语言调查第三工作队陈学明、李道勇、王敬
骝、周植志等先生对佤语进行了普查，编写了《佧佤语言情况和文字问
题》，并拟定了《佧佤文字方案（草案）》。罗季光先生和佤语组的同志曾
于 1957 年到佤语标准音点——岩帅，就岩帅佤语语音做进一步调查，并
由罗季光执笔编写了《岩帅佧佤语音位系统（油印稿）》。1958 年，佤语
组的同志根据这些资料，编写了《佧佤语简志（初稿）》。后来由于种种
原因，佤语的研究进展不明显，到 20 世纪 80 年代才有一些专著及单篇
论文出现。

1. 代表性著作

1984 年，周植志、颜其香先生在原佤语组调查材料的基础上又调查
修订编写了《佤语简志》，此书以沧源岩帅佤语为标准音点，对佤语的语
言结构作了系统的描写，后面还有一千多词的词汇附录。具体内容包括
六部分。第一，概况部分。简单介绍了佤族人口及分布、佤族的自称及
汉族对佤族的称呼、历史文献上对佤族的称呼、佤语系属与佤族周边民
族及其语言。第二，语音部分。对佤语的音位系统、音节结构、语音变
化都作了较充分的介绍，还谈到了借词对佤语语音的影响。第三，词汇
部分。举例介绍了佤语词汇总的特点，从构词法的角度举例分析了单纯
词、合成词及佤语的内部屈折法构词。第四，语法部分。此部分对佤语
的各个词类、词组类型、句子成分、语序、句子类型等都作了较详细的
描写介绍，占的篇幅最长。第五，方言介绍。这部分对佤语三个方言的
语音、词汇、语法及方言内部情况分别进行了描写和比较分析，尤其对
三种方言的语音系统和方音对应关系作了较细致的描写。第六，文字部
分。介绍了西方传教士为佤族创制的"撒拉文"及新中国成立后我国用
拉丁字母创制的佤文，对佤文的字母表、声母表、韵母表都进行了列举
介绍。《佤语简志》是第一部对国内佤语进行全面描写和分析的著作，为
后来的佤语研究者提供了珍贵的材料，具有重要的参考价值。

颜其香、周植志等先生在多次调查的基础上编著了《佤汉简明词
典》。该词典于 1981 年出版，词典也是以岩帅佤语为基础，佤文与汉语
对照，填补了佤语工具书的空白，为以后的佤语研究提供了极大的便利。
王敬骝、陈相木等先生的《佤语熟语汇释》对佤语熟语的语音及意义进

行了详细的记录解释，是研究佤语和佤族口头文学作品不可或缺的材料。王敬骊先生主编的《佤语研究》收集了1994年以前有关佤语研究的各种论文，内容涉及佤语的语音、词汇、语法及佤汉双语教学等，这些论文为以后的佤语研究提供了珍贵的语料。1995年，颜其香、周植志著《中国孟高棉语族语言与南亚语系》出版了，该书对佤语概况、佤族的分布、佤族起源的传说、佤语方言土语等都作了简要的介绍描述，对外国人记录的缅甸佤语与中国佤语的语音也进行了比较，还对中国孟高棉语族语言（包括佤语）的语音、构词法等进行比较举例，专门对佤语语法进行了概括介绍。该书从语族及语系的背景介绍佤语并与其他同源语言进行比较，为佤语不同视角的研究及南亚语系语言研究提供了不可多得的史料。2012年该书又修订再版。对国内佤语方言进行详细描写和介绍的是周植志等著《佤语方言研究》（2004），书中详细论证了佤语方言划分的依据，纠正了以往一些不太正确的佤语方言土语的划分；对佤语各个方言土语的语音系统进行了详细的描述，归纳了方言土语的辅音、元音对应规律，对方言语音的描写分析和比较占了此书的大部分篇幅。另外，此书对佤语各方言土语的词汇、语法也有概括性的介绍和比较，对佤文的创制、修订过程及佤文的试验推行也进行了介绍，后面还附录了佤语方言土语词汇及佤语故事。

赵岩社、赵福和先生编著的《佤语语法》（1998）和赵岩社先生的《佤语概论》（2006）均对佤语（岩帅佤语）的语音、词汇、文字、语法、修辞等作了全面的介绍，尤其对佤语的词类、词组、句子成分、句子类型、语序等语法内容的描写解释比较深入详细。赵富荣、陈国庆编著的《佤语基础教程》（2006）是针对初学佤语的学生编写的佤语教材，全书分为上编、中编和下编。上编介绍了佤语的字母、音节、声母、韵母及佤文的书写规则，后面是关于日常生活对话的课文及语法注解。中编是一些关于谜语、格言、谚语、儿歌、情歌等的课文及语法注解。下编是司岗里故事及其他故事的课文和语法注解。还有赵富荣、陈国庆编著的《佤语话语材料集》（2010）介绍了佤语概况，用佤语和汉语对照的形式对佤族的司岗里传说及佤语熟语进行了翻译介绍，书中佤语以沧源岩帅佤语为研究对象，采用国际音标标注。这部材料集较好地保留、抢救了佤族珍贵的口头非物质文化遗产，具有重要的历史和文化价值，也为佤语研究提供了语料素材。陈国庆、魏德明的《佤语语法标注文本》（2020）一书以佤语巴饶克方言岩帅话为语言点，对佤语的音系、词类、句子等内容进行了介绍；其中的文本语法标注收集有宇宙与生命的产生、人类再生、葫芦里孕育新人类、人类从葫芦里再生、动物炫耀本领的一次盛会、艾佤首居门高西爷、寻找太阳、寻找长生不老药等八个独立文本语料以及 500 余条佤语格言文本语料。这些语法标注语料为佤语的语料库建设等语言研究提供了丰富的素材。

2. 主要论文

自 20 世纪 80 年代以后，除了上述佤语研究的相关著作外，相关系列论文频出，涉及对佤语语音、词汇、语法及双语教育等方面的深入研究。

（1）语音方面的研究

①对古代佤语的语音进行构拟。主要是周植志、颜其香先生的《从现代佤语的方音对应看古代佤语的辅音系统》（《语言研究》1983 年第 1 期）、《论古代佤语的元音系统》（《语言研究》1985 年第 1 期）分别对佤语的辅音和元音系统进行了构拟和分析。

②对佤语的特殊语音现象进行调查分析。周植志《佤语细允话声调起源初探》（《民族语文》1988 年第 3 期）通过对佤语马散话、岩帅话与细允话的比较，归纳出佤语的送气、不送气辅音及元音的松紧与细允话声调的对应关系；陈国庆《柬埔寨语佤语前置音演变初探》（《民族语文》1999 年第 4 期）比较了柬埔寨语和佤语的前置音系统，讨论了前置音演变的一些规律；赵岩社《佤语的前置音》（《中央民族大学学报》2001 年第 4 期）介绍了佤语前置音的现状、变化、来源等特征以及前置音逐步消失的趋势；赵岩社《佤语音节的配合规律》（《云南民族大学学报》2005 年第 4 期）描写分析了佤语音节搭配的五种模式，支配不同模式的几种原则——对称整齐原则、简洁原则、求同原则、求异原则等。此外，还有张安顺的《佤语阿佤方言复辅音研究》（上海师范大学，硕士学位论文，2018）、郗雯《佤语松紧音的发音生理研究》（上海师范大学，硕士学位论文，2021）、陈国庆《佤语及其亲属语言复辅音的性质与演变》（《民族语文》2022 年第 2 期）等。

③用实验语音学的方法对佤语的浊送气音、松紧音等进行考察分析。鲍怀翘、周植志《佤语浊送气声学特征分析》(《民族语文》1990 年第 2 期)用声学分析的方法研究了佤语浊送气辅音的语音特征。实验表明,佤语的浊送气辅音是真实的,浊送气段是一种典型的气嗓音;浊送气段的有无不影响浊辅音本身的时长,发音部位和发音方法的差异对浊送气段的语音特征也不产生影响。朱晓农、龙从军《弛化:佤语松音节中的元音》(《民族语文》2009 年第 2 期)认为佤语中的"松—紧"元音属于不同的发声类型,紧元音是普通元音,松元音是弛化元音。弛化贯穿整个音节,它的声学特征主要表现在韵母元音上。文章以元音 a、o、u、i 为例,从不同的参数上讨论常态音节中的元音与弛化音节中的元音之间的差别。杨波、姚彦琳《佤语马散土语元音松紧对立的声学分析》(《百色学院学报》2012 年第 1 期)对佤语马散土语(新厂语言点)中的"紧元音"进行了研究,采用声学实验的方法对 a-a̱、ɔ-ɔ̱ 等 4 组元音的区别特征进行了分析,证实了马散土语音点的发音人存在紧元音的例外现象,并通过共振峰的分布验证了语言学家提出的"紧元音舌位略低于松元音"的结论。此外,还有陈绍雄等《基于 HTK 的佤语特定人孤立词语音识别》[《云南民族大学学报》(自然科学版)2017 年第 5 期]、王翠等《基于 AlexNet 模型的佤语语谱图识别》[《云南民族大学学报》(自然科学版)2019 年第 4 期]、贾嘉敏等《基于 DNN-HMM 的佤语语音声学建模》(《计算机时代》2022 年第 8 期)等。

(2)词汇方面的研究

①对佤语的一些特殊词语进行考释。王敬骝、陈相木《论孟高棉语与侗台语的"村寨"、"姓氏"、"家"的同源关系》(《民族语文》1982 年第 3 期)分析比较了佤语等孟高棉语和傣语等侗台语中的"村寨""姓氏""家"等词语的声母、韵母、声调,还联系民族历史传说及史籍材料等论述了在孟高棉语和侗台语之间这几个词具有同源关系。肖玉芬、陈愚《佤语"烟草"语源考》(《民族语文》1994 年第 4 期)比较分析了佤语与泰语、越南语等语言中"烟草"一词的发音,探讨佤语"烟草"一词的来源。还有王育珊、赵云《佤语"姐姐"亲属称谓"rōng"一词考释》(《楚雄师范学院学报》2021 年第 2 期)等。

②从借词、外来词角度对佤语进行分析。赵富荣、蓝庆元《佤语中的傣语和汉语借词》(《民族语文》2005 年第 4 期)举例分析比较了佤语中的傣语借词,认为有些古汉语借词也多是通过傣语借入的。尹巧云《从佤语中的傣语借词看古傣语声母》(《民族语文》2010 年第 6 期)从佤语中的傣语借词分析了古傣语的复辅音声母、清化鼻音和边音声母。赵秀兰《莽语与佤语的基本词汇比较——兼谈莽语与佤语吸收外来词的方式》(《红河学院学报》2011 年第 5 期)分析论述了佤语与莽语的基本词汇在构词方式、表示概念的方法上都有共同点,更为重要的是它们之间还存在大量的同源词。此外,在吸收外来词的方法方式上,这两种语言也趋于一致。

③从佤语地名词汇考察佤族的人文历史情况。赵明生《"高黎贡山"为佤语地名考说》(《临沧师专学报》2010 年第 2 期)从语言、历史、考古、地名、宗教等学科,对高黎贡山名称进行分析考证,否定了传统说法,提出该地名为佤语地名的新观点。袁娥、赵明生《佤语地名特点研究》[《湖北民族学院学报》(哲社版)2011 年第 6 期]论述了佤语地名具有以"永""班""耿""达""斯""叶"字为首的六大特点,地名研究对于进一步研究云南古地名和云南民族历史具有一定的借鉴作用。

④从亲属称谓词语等角度对佤语进行分析。叶黑龙的《西盟佤族亲属称谓及其文化研究》(中央民族大学,硕士学位论文,2012)对西盟佤族亲属称谓进行深入研究,发现西盟佤族的亲属称谓绝大部分是单纯词,为表达细微差别才出现部分复合式亲属称谓词。叶黑龙的《佤语谐音词的构成及其使用特点》(《楚雄师范学院学报》2014 年第 2 期)论述了佤语谐音词的构成方式主要有两种:声母相同,变韵母;韵母相同或相似,变声母。从意义上看,谐音词是在词根词素的基础上表示"泛指、概称"等意义。形容词词素谐音词主要起强化作用,动词词素构成谐音词具有表名物意义的语法作用。

(3)语法方面的研究

①就佤语的某个语法特征或特殊语法现象进行的专题研究。肖则贡《佤语中的主语和谓语的语序》(《民族语文》1981 年第 2 期)论述了佤语的主语和谓语,不论何者在前何者在后,其意义基本不变。如果强调

主语，就把主语放在前面，如果强调谓语，就把谓语放在前面。赵富荣《佤语的"洗""砍"小议》(《民族语文》2002年第4期)举例分析了在佤语中根据洗的对象、砍的对象的不同而各用不同的词语表达。王俊清《佤语述补结构的量范畴》(《楚雄师范学院学报》2015年第12期)等论文探讨了佤语述补结构的量范畴、时间范畴、致使范畴等。王俊清、卿雪华《岩帅佤语VC与V得C形式的象似性》(《文山学院学报》2016年第1期)，论述了岩帅佤语VC式述补结构中，一般由动词或可以作谓语的形容词来充当述语，能做补语的有动词、形容词、副词、象声词以及数量短语。V得C式述补结构中一般由动词短语或形容词短语、主谓结构来充当补语，另外岩帅佤语存在"复动V得句"形式。魏德明的《佤语语序类型及其特征研究》(上海师范大学，硕士学位论文，2020)主要从佤语名词性短语和谓词性短语以及佤语句式的语序类型展开分析，揭示佤语语法不同的语序类型及其制约因素。

②与其他语言相比较而揭示佤语的语法特征。陈国庆《柬埔寨语与佤语的构词形态》(《民族语文》2000年第6期)分析比较了柬埔寨语和佤语构词形态的不同表现手段，揭示了孟高棉语族语言构词形态的历史演变脉络是由粘着性手段向屈折、分析性形式过渡的，从而为进一步论证语言的亲属关系提供了佐证。卿雪华《佤语与基诺语的体范畴对比》(《民族翻译》2012年第1期)分析比较了佤语和基诺语的体范畴系统，并揭示了两者体范畴的相同点和不同点。周建红《普洱市西盟佤族地区英语教学模式探究——西盟佤语基本句子语序与英语的差异研究》[《华中师范大学学报》(人文社科版)2012年第2期]分析比较了西盟佤语表达语序与英语语序的差异，希望通过语序的差异研究把佤语对英语学习带来的负迁移影响降到最低，促进英语学习的进程，从而提高西盟英语教学质量。卿雪华等《佤汉语量词对比探析》(《民族翻译》2013年第1期)探讨了佤语和汉语的量词在类型、语法特征及语义方面存在的一些共性和差异。

③对佤语的部分词类及其语法特征进行专门的分析研究。董秀玲《佤语形容词分类及特征研究》(中央民族大学，硕士学位论文，2007)主要探讨了佤语形容词的分类情况和结构特征，分析了形容词的语义特征和句法功能。王俊清《佤语动词研究》(中央民族大学，硕士学位论

文，2010）论述了佤语动词的分类、组合功能、句法功能、动词的配价及动宾结构和动补结构。陈国敬《佤语量词研究》（中央民族大学，硕士学位论文，2010）论述了佤语量词的构词特点、语法功能、语义特征及语用特点，对佤语量词的重叠、省略、模糊性、色彩义等也进行了初步分析。此外，还有庄卉洁《佤语动植物复音节名词研究》（《民族论坛》2016年第5期）、韩蔚《佤语布饶方言数词研究》（云南民族大学，硕士学位论文，2017）、王婷《佤语布饶方言四音格词研究》（云南师范大学，硕士学位论文，2021）、陈经中《佤语布饶克方言程度副词研究》（云南师范大学，硕士学位论文，2023）[①]等。

（4）佤汉交际、双语教育的研究

张鹏《佤汉交际中介语语音特征及其发展规律个案研究》（云南师范大学，硕士学位论文，2003）采用收集样本后记音比较和计算机语音分析的方法，对佤汉交际中介语语音系统中的声学特征作出系统的分析，研究发音人佤汉交际中介语语音阶段性的特点，找出语言学习者习得过程中可能遇到的语音难点及其他一些针对语音的外部影响因素，总结语音演变和发展的规律，找出教学对策。该文对少数民族汉语普通话教学、双语教学有一定的借鉴意义。舒婷等《沧源佤族佤汉双语教育问题及对策分析》（《牡丹江大学学报》2010年第7期）从沧源佤族佤汉双语教育的现状入手，分析造成沧源佤族佤汉双语教育主要问题的原因，并提出了树立正确全面的语言思想认识、将佤语教育纳入正式学校教育体系等六项解决对策。舒婷《佤汉双语在佤族发展中的功能研究》（《临沧师专学报》2010年第3期）分析了佤族发展过程中语言所发挥的作用，分别论述了佤语在佤族发展中的正功能、负功能以及汉语在佤族发展中的正功能、负功能，通过讨论和分析，最终提出佤汉双语携手共同促进佤族发展的策略。赵秀兰《双语、双文化视野下的佤汉双语教育——对佤族地区小学教师双语培训的总结和思考》（《思茅师专学报》2011年第1期）从双语、双文化的角度对2005~2008年双语教师培训中的佤汉双语教学情况进行分析总结，论述了佤汉双语培训内容及方法，影响佤汉双

---

① 布饶、布饶克即巴饶、巴饶克，汉字注音。

语培训效果的因素，并对佤族地区双语教师培训提出了对策和建议。

（二）国外佤语研究

国外对佤语等孟高棉语族语言的研究比国内早。分别有德国、英国、美国、日本等学者对佤语进行过研究。1900 年，英国的司科特（J. G. Scott）曾记录了缅甸景栋一带佤族的几种不同自称的佤话。[①] 这些材料为后来学者进行跨境佤语不同方言的词汇语音对比提供了珍贵的资料。1904 年，德国的施密特（W.Schmidt）的《卡西语发音学纲要，附萨尔温江中游的崩龙语、佤语和日昂语》中记录了佤语的发音。[②] 1907 年，德拉基（Captain G. Drage）的《佤语札记》一书中对缅甸掸邦佤语的部分词、句子进行了记录。[③] 另外，英国人戴维斯（H. R. Davies）也对佤语进行过记录。戴维斯于 1894~1900 年曾先后多次到云南旅游考察，并写了一本著作《云南——印度与长江之连锁》，他在此书的第一章"云南各夷族"及有关语言研究章节中，描述了云南双江县的佤族语言及其他几种民族语言的词汇情况。[④] 他还对分布在云南的佤语、布朗语等语言进行了谱系分类，不过因他记录的语言材料较少，在此基础上所进行的谱系分类也就不太准确。美国的 I. 麦迪森和 P. 拉狄福其特合著的《中国四种少数民族语言中的"紧音"和"松音"》从实验语音学角度论述了云南澜沧靠近缅甸地区佤语中的"紧音"和"松音"表现出来的差异。他们对 11 对松紧元音例词作了声学上的测量，发现这两套松紧元音的共振峰频率没有什么显著的差别，但其中 9 对的测量结果显示了语图能量分布上的明显差异。声学上的记录暗示了松紧元音在发声类型上有差异，时值的度量数据显示了紧元音比相对的松元音稍短这样一种倾向。他们

---

① J. George Scott, *Gazetteer of Upper Burma and the Shan States*, in Five Volumes.

② W. Schmidt, *Grundzuge einer Lautlehre der Khasi-Sprache, Mit Einem Anhang: Die Palaung, Wa-und Riang-Sprachen des Mittleren Salwin*, Cabh. K. Baver. Ak.Wiss, I.kl, XXII. Bd. III. Abt. 1904.

③ Captain G. Drage, *A Few Note on Wa*, Rangoon, Superintendent, Government Printing, Burma, 1907.

④ H. R. Davies, *Yün-Nan: The Link between India and the Yangtze*, Cambridge University Press, 1909.

对佤语作空气动力学的测量结果表明：各套松紧元音的气压之间没有重要的差异，但松元音平均气流量比紧元音高，松元音为 117 毫升 / 秒，紧元音为 107 毫升 / 秒。这可总结为，在特定的气压里，松元音有较大的气流率，因而发音时必然是声门合并得不太紧密。[①] 德国学者 H.J. 宾努的《对南亚语系人称代词的历史研究》将佤语、崩龙语（德昂语）等列为一个语族，与南亚语系其他语族共几十种语言的人称代词进行综合比较，并且用南亚语系许多语言的现代人称代词的语音对南亚语系古人称代词的语音进行构拟，并且得出一些结论。[②]

另外还有日本三谷恭之的《拉佤语的实地调查》介绍了他 1965 年在泰国北部的山地居民（拉佤族）村寨进行拉佤语调查的情况。[③] 他首先调查了泰国清迈西边约 130 公里处的波尔万拉佤族村寨的拉佤语。当时波尔万村寨的拉佤族大多能讲当地泰语，但是村寨内部使用第一位的语言仍然是拉佤语。文中介绍波尔万村寨的拉佤语以 CV（C）或 cv CV（C）为基本形态（其中 C 是辅音或其组合，V 是元音或其组合，cv 是非重读音节），由于没有音调和元音长短的对立，所以相应的 C 和 V 的种类就特别丰富。语法体系较简单，虽然有名词化的接头词 /pi/，却没有作为孟高棉语族特征的插入词。从句法看，基本语序是主语—动词—宾语和被修饰语—修饰语，但也有这样的情形，相当于主语的代名词的小词被置于谓语动词之后。其次他调查了泰国北部拉佤族的另一个中心地翁帕依村，发现翁帕依村拉佤人和波尔万村拉佤人虽然都用自己的方言讲话，但两者的方言大体上能彼此沟通，不过两种方言的区别也是非常明显的，翁帕依话中的元音比较简单，但其 -VC 种类却比波尔万话丰富。总之，翁帕依村的拉佤语保留着更古老的形态。[④] 这次调查的成果《拉

---

① 〔美〕I. 麦迪森、P. 拉狄福其特：《中国四种少数民族语言中的"紧音"和"松音"》，陈康译，《民族语文研究情报资料集》第 8 集，1987。（中国社会科学院民族研究所语言室编，内部参考读物）

② 〔德〕H.J. 宾努：《对南亚语系人称代词的历史研究》，周植志译，《民族语文研究情报资料集》第 8 集，1987。（中国社会科学院民族研究所语言室编，内部参考读物）

③ 根据文中介绍的材料及后面的词汇集，笔者认为文中谈到的泰国拉佤族就是佤族的分支，他们与中国的佤族应该是同源关系，拉佤语可看作佤语的一种方言。

④ 〔日〕三谷恭之：《拉佤语的实地调查》，吴思齐译，《民族语文研究情报资料集》第 13 集，1990。

佤语词汇资料》就是根据作者 1964~1965 年在泰国北部调查所得资料编成的拉佤语词汇集，包括泰国拉佤语三种方言的词汇。这三种方言分别是博鲁昂方言（Bo Luang）、温派方言（Umphai）以及湄萨良方言（Mae Sa Riang）。① 博鲁昂方言的词汇是在清迈府霍特郡博鲁昂村采录的，温派方言的语汇是在夜丰颂府湄萨良郡温派村寨群中的搬拖村（Ban Derr）采录的，湄萨良方言是在湄萨良近郊的本派村（Ban Phae）采录的。《拉佤语词汇资料》为以后的学者进行跨境佤语方言的对比以及进行南亚语系语言的对比提供了重要的参考依据。② 国外对佤语研究较多的还有美国学者狄福乐（G. Diffloth）的《佤语语言》，该文概括地介绍了国外有关佤语研究的情况，对佤语群的语言进行了分类并对佤语群的古音进行了构拟。这些材料对于佤语的方言研究及南亚语系语言研究都有一定的参考价值。③

2006 年，伦敦大学编写了一本《佤缅佤汉佤英词典》，佤文是以佤语巴饶克方言岩帅佤语所创制的佤文书写的。这对于佤语文的研究、佤语文走向世界很有促进作用。④

（三）目前佤语研究存在的问题

如上所述，国内外的佤语研究取得了丰硕的成果，研究内容涉及佤语的语音、词汇、语法及双语教育等方面，研究方法上既有传统的田野调查听音、记音方法，也有利用计算机、语图仪等先进电子设备对佤语语音进行声学分析的方法。但是目前的佤语研究还存在一些问题和不足，需要我们去改进完善。

---

① 这里的博鲁昂（Bo Luang）就是上文介绍的波尔万，温派（Umphai）就是上文提到的翁帕侬，因译者不同，翻译也不一样。
② 〔日本〕三谷恭之：《拉佤语词汇资料》，刘凤翥译，《民族语文研究情报资料集》第 11 集，1988；第 12 集，1989。
③ Gerard Diffloth, "The Wa Languages", *Linguistics of the Tibeto-Burman Area*, Vol.5, No.2, California State University, Fresno, 1980.
④ 转引自颜其香、周植志《中国孟高棉语族语言与南亚语系》，社会科学文献出版社，2012，第 146 页。

1. 佤语各方言的研究不平衡

纵观整个佤语研究的文献资料，我们发现对佤语各个方言点的研究很不平衡，作为佤语的基础方言，巴饶克方言主要是沧源县岩帅佤语得到较为广泛的关注，国内佤语研究的成果大多以此方言为基础。而对于另外两种方言——阿佤方言和佤方言，则只有《佤语方言研究》一书论及这两种方言的语音系统及方言语音比较，还有三四篇文章论及这两种方言的几个土语的语音和语序。对于阿佤方言和佤方言词汇与语法结构的详细描写和深入研究目前还很缺乏，因此我们可以对这两种方言土语进行专题研究，也可以运用"参考语法"的描写范式对这两种方言土语的语法进行详细描写和分析，在此基础上还可以进行佤语三种方言的词汇与语法的深层对比。

2. 研究的广度、深度还不够

目前关于佤语的研究虽然涉及多方面，但仍有一些方面尚需深入研究，比如对佤语与其他语言的接触研究比较少，只论及佤语与傣语、汉语接触而产生的借词，而对佤语与周边其他少数民族语言（如拉祜语、彝语、哈尼语、布朗语、德昂语）的接触研究较少。佤族是跨境而居的民族，对佤语的跨境调查和研究很少，应加强佤语的跨境对比研究，将中国佤语与缅甸、泰国、老挝等国家的佤语进行比较研究，也可结合语言的国情调查，以便更好地揭示佤语的语言演变规律。佤语研究的深度也还不够，本体研究方面对佤语的词汇化、语法化等语言演变及语言发展规律的研究几乎没有涉及。应用研究方面只论及佤汉交际、双语教学的一些问题和对策，对于更深层次的语言规划、语言保护等方面都没有论及，应加强这方面的研究。

二 主要内容、研究方法及语料来源

（一）主要内容

本书主要以云南省西盟佤族自治县 ① 岳宋乡岳宋村的佤语为依据，从

---

① 为行为简洁，书中西盟佤族自治县简称为西盟县或西盟。其他自治州、县、乡同此处理。

语音、词汇、语法等方面对岳宋佤语进行详细的描写和分析。全书分为八章。

第一章，简要介绍云南省西盟县岳宋乡的社会文化背景及语言使用情况。

第二章，详细描写分析岳宋佤语的语音系统。包括辅音、元音及音节结构等。

第三章，分析概括岳宋佤语的词汇构成及内部关系。包括单纯词、合成词、四音格词、词的聚合及语义场等。

第四章，西盟岳宋佤语词类研究。包括对各个词类如名词、代词、数词、量词、形容词、动词、副词、介词、连词、叹词等及其语法功能进行详细描写与分析。

第五章，短语。描写分析主谓短语、动宾短语、修饰短语、补充短语、联合短语、同位（复指）短语、连动短语、兼语短语、名物化短语、比况短语等十种短语类型，并总结归纳各类短语的组合特点及语法特点。

第六章，句法成分。岳宋佤语的句法成分可以分为主语、谓语、宾语、定语、状语、补语等。本章主要介绍这几种句子成分的构成、结构类型和意义类型等。

第七章，单句。分别对岳宋佤语的句型、句类、几种特殊句式进行归纳分析。描写介绍了岳宋佤语中常用的、有结构特点的几种句式，如比较句、主谓谓语句、存现句、兼语句、连谓句、双宾句、"是"字句等。

第八章，复句。介绍复句的各种类型及使用特点。

（二）主要研究方法

本研究主要借鉴"参考语法"（reference grammar）所倡导的语言描写方法，结合语言学基本理论（basic linguistic theory），借用"参考语法"的写作范式，同时借鉴、利用结构语言学、人类语言学及社会语言学的相关理论和方法，对语言材料的共时特征及差异进行细致的分析研究。具体研究方法主要包括以下三种。

1. 田野调查法。通过对西盟佤语的实地调查、访谈，获取第一手语言材料，在此基础上描写分析，对西盟佤语的整体情况作一个细致的了解。

2. 描写法。指的是对语言现象的充分描写与分析，尤其是对西盟佤语典型语法现象的详尽描述与语法规律的总结与提取。本书将运用现代语言学基本理论，借鉴参考语法的描写与写作原则，兼顾传统语法描写分析范式，对西盟佤语的语言结构进行较为充分、细致、系统的描写和深入的分析。在对语言进行分析时，对一些细节问题也力求准确、细致。

3. 归纳法。通过归纳可以对语料中反映出来的西盟佤语的音系、形态、句法和话语的结构和特征等语言规律进行概括。

三　语料来源及发音人情况

本书研究的语料代表音点是云南省西盟县岳宋乡岳宋村六组和岳宋村十二组。岳宋村是以佤族为主体的佤族聚居地。本书除音系主要参考周植志等著《佤语方言研究》中的岳宋话音系外，其余语料均是笔者田野调查的第一手材料。2014 年 1~2 月，笔者到西盟县岳宋乡岳宋村调查，了解其人文概况及语言使用情况，并调查记录佤语词语两千多个及部分话语语料，随后对岳宋佤话的语音及词语进行归纳整理。笔者根据佤语语法特点，参考前人的语法调查大纲设计了岳宋佤语的语法调查大纲，于 2016 年 7~8 月在岳宋村调查，记录收集了词类、句法部分的大部分句子语料。2017 年 9~12 月，笔者在整理归纳语料时也不断跟发音合作人之一岩方（云南民族大学毕业学生）核对有疑问的语法材料。2019 年 1 月，笔者再次到该地区调查，主要收集长篇语料，并对语料进行查漏补缺。

本书主要的发音合作人有四位。

依野：女，1951 年生，没上过学，母语为岳宋佤语，现居住在岳宋村六组。只会说佤语，汉语西南方言（云南话）和普通话都不会说，也听不懂。对其进行词汇调查时主要靠另一发音合作人岩方翻译。

娜归：女，1970 年生，小学文化，居住在岳宋村六组。会说佤语和汉语西南方言。

岩方：男，1991 年生，大学生，家庭居住地在岳宋村六组。会说佤语和汉语西南方言，也会说普通话。

岩留：男，1991 年生，大学生，家庭居住地在岳宋村十二组。会说佤语和汉语西南方言，也会说普通话。

这四位发音合作人都是西盟岳宋土生土长的佤族，父母及祖父辈也都是佤族。他们从小就讲佤语，母语也是佤语，家庭及村寨的通用语言都是佤语。

第一章 西盟佤族概况及语言使用情况

为了更好地认识西盟岳宋佤语的特点，我们有必要对佤族、西盟岳宋佤族及其社会文化背景、岳宋佤语的使用情况等做简要的介绍。

第一节 民族概况

一 佤族的地理分布

佤族是中国少数民族之一，中国境内佤族的人口数为 43.09 万（《中国统计年鉴 -2021》）。中国的佤族主要聚居在云南省西南部的沧源、西盟、澜沧、孟连、双江、耿马、永德、镇康等县的山区与半山区，即澜沧江和怒江之间、怒山山脉南段的"阿佤山区"。部分散居在西双版纳傣族自治州和德宏傣族景颇族自治州境内，此外普洱、腾冲等县也有少量佤族分布。而境外的佤族主要分布在缅甸，泰国、老挝和柬埔寨等国也有部分佤族分布。

缅甸的佤族居住在金三角缅甸掸邦东北部，与中国云南西南部边境接壤，在北纬 22°~23°、东经 98°~100°，缅甸萨尔温江和中缅边界界河南卡江之间的崇山峻岭地带。缅甸佤邦北部地区东北面与中国云南省临沧地区的耿马县、沧源县，思茅地区的澜沧县、西盟县、孟连县，西双版纳傣族自治州的勐海县接壤。北面与缅甸掸邦第一特区（果敢）相连。南面与缅甸掸邦第四特区相邻。西面至缅甸第二条大江——萨尔温江（怒江），与滚弄、当阳等城镇隔江相望。面积约 1.7 万平方公里。人口约 40 万。缅甸佤邦南部地区与泰国接壤，面积约 1.3 万平方公里，人口约 20 万。

在中国境内，沧源、西盟是佤族的主要聚居区，是中国特有的两个佤族自治县。沧源佤族自治县位于云南省临沧市西南部，地处东经 98°52′~99°43′，北纬 23°04′~23°40′，东北接双江拉祜族佤族布朗族傣族自治县，东部和东南部与澜沧拉祜族自治县相连，北邻耿马傣族佤族自治县，西部和南部与缅甸接壤，国境线长 147.083 公里，南北宽 47 公里，东西长 86 公里，总面积 2445.24 平方公里，其中山区面积占 99.2%，坝区仅占 0.8%。县城勐董镇海拔为 1270 米，距省会昆明市 886 公里，距临沧市 222 公里。①

阿佤山区，山脉走向自北而南，逐渐低缓，境内有很多高山和河流。地势复杂，海拔高低差别很大，最高海拔为 2800 米，最低海拔为 500 米，因而这里的气候垂直变化显著。雨量充沛，气候温热，干湿季分明，树木成林，四季葱绿，动植物资源非常丰富。经济林木有紫胶寄生树、茶叶、橡胶、油桐、董棕、铁力木、柚木、红椿等。有很多稀有珍贵的保护动物，如野生亚洲象、孟加拉虎、金钱豹、长臂猿、灰叶猴、白鹿、蟒蛇、巨蜥、绿孔雀、犀鸟等。此外，阿佤山还有着丰富的金、银、铁、铅、铜、云母、石棉、石膏等矿藏资源。

与佤族分布相邻、交错居住的民族有汉、傣、拉祜、彝、哈尼、布朗、德昂、傈僳、景颇等族。傣族居于坝区，汉族居于集镇和交通线上，佤族和其他民族大多居于广大山区。佤族与其他民族交错居住，经济文化方面互相影响、互相促进，友好往来，关系密切。

二 佤族的历史渊源

据汉文史籍记载推断，佤族原先的分布区域是很广的，东西跨澜沧江和怒江，北至德宏傣族景颇族自治州和保山地区，南及缅甸的景

---

① 360 百科，http://baike.so.com/doc/5757259-5970021.html。

栋和泰国的景迈一带，阿佤山则是他们的中心分布区。①很多学者根据汉文史籍的记载，倾向于认为佤族源于先秦时期云南境内的"濮人"，如晋常璩所著《华阳国志》中的《南中志》："其地东西三千里，南北四千六百里；有穿胸、儋耳种，闽、越、濮、鸠僚。其渠帅皆曰王。……宁州之极西南也。有闽濮、鸠僚、僄越、裸濮、身毒之民。"很多学者认为"闽濮""裸濮"等都是佤德昂语支各民族的先民。

唐朝时，据《蛮书》《新唐书》等记载，当时南诏境内的孟高棉族群各部落已分化为"望蛮""望苴子蛮"等相对独立的系统，在原永昌郡以南则有"赤口濮""木棉濮""黑僰濮"等部落。②《蛮书》卷四载："望蛮外喻部落在永昌西北"，"望苴子蛮在澜沧江以西"，永昌西北即今保山市西北和腾冲一带，这些地区和澜沧江以西的地区至今都是佤族聚居区或散居区。而"望"与"佤"的语音相似，故大多学者认为"望蛮"主要指佤族，"望苴子蛮"主要指布朗族、德昂族等。"赤口濮""木棉濮""黑僰濮"也是佤德昂语支各族先民——濮人在唐代的另一称谓。

元代，佤族的分布区域，北属镇康路军民总管府，南属孟定路军民总管府、谋粘路（括今临沧、耿马、双江等县）和银沙罗甸（括今沧源、西盟及澜沧部分地区）等处宣慰司。③史籍上有"蒲蛮""蒲人"分"生蒲"（野蒲）和"熟蒲"的记载，可能是元代对佤德昂语支各民族的总称。

明代，佤族分布区属镇康御夷州、孟定御夷州、孟连长官司和耿马宣抚司等。明代的佤族被称为哈剌、古剌、哈杜、哈瓦等，他们的经济文化生活相近，但已稍有差异，而且他们之间已出现"言语不通"的现象，即方言差别较大。

清初，佤族主要分布在今腾冲、保山、德宏、永德、镇康、孟定等地及与这些地区临近的缅甸北部地区，这些地区的佤族被称为"嘎喇"。还有一些分布在今中国沧源、西盟、孟连、澜沧地区和缅甸，这

---

① 《佤族简史》编写组：《佤族简史》，云南教育出版社，1986，第7页。
② 云南省民族事务委员会编《佤族文化大观》，云南民族出版社，1999，第4~5页。
③ 云南省民族事务委员会编《佤族文化大观》，云南民族出版社，1999，第12页。

些地区的佤族被称为"卡瓦"和"卡利瓦"。无论是"嘎喇"还是"卡瓦""卡利瓦",地区之间和部落之间的发展已出现明显的不平衡。这时的佤族分散为许多互不相统属的部落和村寨,没有形成统一的政治和军事组织,中央王朝的统治势力也很难深入这一地区。经过逐步的、长期的民族迁徙和民族融合,到了清朝中叶以后,佤族的分布情况才大体形成今日的状态。

三 佤族的支系及方言划分

(一)佤族的支系

佤族的自称有很多,而民族内部的认同是 1949 年以后民族识别后才有的。根据自称的语音相近和对应,大致可分为相近的三个自称集团,即巴饶克、阿佤、佤(如表 1-1)。

表 1-1 佤族自称及地理分布

自称	汉族称	傣族称	居住地
pa rauk 或 pa ɣauk（巴饶克）	小卡瓦、卡瓦、熟卡、腊家	卡瓦来	沧源、耿马、双江、澜沧等地
vɔʔ（斡）、ʔa vɤʔ（阿卫）、rɤ viaʔ（日佤）、la fo（拉佛）	大卡瓦、生卡、野卡	卡瓦	西盟、孟连等地
vaʔ（佤）	本人	腊	永德、镇康、南腊

对于佤族支系的划分,学界有不同的观点。如根据上面三个自称集团而将佤族分为三个支系,即巴饶克支系、阿佤支系、佤支系。

而魏德明(尼嘎)先生根据各地佤族的历史传说,将佤族大致分为七个支系:佤(勒佤)、布饶人、佤崩(阿佤莱)、佤固德(翁嘎科人)、乌(本人)、腊人、恩人与宋人。[1]七个支系的分布地区见表 1-2。

---

[1] 魏德明(尼嘎):《佤族历史与文化研究》,德宏民族出版社,1999,第 3~8 页。

表 1-2　佤族支系及居住地

佤族支系名称	支系居住地
佤（勒佤）支系	阿佤山腹地、西盟山中心地带
布饶人支系	中国沧源、澜沧等地，缅甸佤邦，泰国北部
佤崩（阿佤莱）支系	中国西盟县力所乡，泰国清迈、清莱等地
佤固德（翁嘎科人）支系	中国西盟县翁嘎科乡、孟连，缅甸景栋周围山区
乌（本人）支系	镇康、永德、施甸等县
腊人支系	中国班洪，缅甸曼相、龙夸等地
恩人与宋人支系	缅甸景栋

不同支系的地理分布以小聚居、大杂居为基本特点，即每个支系都有一定的聚居区，但总的是交错杂居的局面。在中国，布饶人支系人口较多，有几个较大的聚居区，如临沧市的沧源佤族自治县和澜沧的文东、安康、雪林三个佤族乡。不同支系的语言差异较大，生产方式、婚丧喜庆、服饰衣着、宗教信仰、历史传说等方面也存在一定的差异。不过各支系有一个共同的特点，即他们在敬拜祖先和神灵时，都要说："葫芦里来，司岗里生"，各支系对"司岗"的解释虽不尽相同，但一致认为人类起源于公明山地带，认为人就是从那里的岩洞，或叫葫芦王地里出来的。

（二）佤族的方言划分

学界多是将方言的语言因素、语言地域因素和语言历史及其社会接触因素等几个方面综合起来分析研究，然后进行划分的。这里我们采用周植志等人在《佤语方言研究》中对佤语方言的划分，将中国地区的佤语分为三大方言：巴饶克方言、阿佤方言、佤方言。每种方言又有各自的一些土语，佤语方言土语的具体分布如表 1-3。[1]

---

[1]　周植志、颜其香、陈国庆:《佤语方言研究》，民族出版社，2004，第 8 页。

表 1-3　佤语方言土语的分布

方言	土语	分布地区
巴饶克方言	岩帅	沧源县：岩帅、团结、勐省、糯良、单甲、勐角、勐来、永和 双江县：沙河、勐勐、南榔 耿马县：四排山、耿宣、贺派、勐简、孟定、付荣 澜沧县：东河、文东、上允、雪林
	班洪	沧源县：班洪、班老、南腊的大部分村寨
	大寨	耿马县：勐简、大寨
阿佤方言	马散	西盟县：莫窝、新厂、中课、勐梭、岳宋、翁嘎科、力所的部分村寨
	阿佤来	西盟县：力所的阿佤来
	大芒糯	孟连县：富岩、公信、腊垒、南雅 西盟县：翁嘎科的部分村寨
	细允	澜沧县：东回的细允 孟连县：勐满的双柏
佤方言	—	永德县：德党、勐汞、明朗、勐板、永康、大山 镇康县：忙丙、木厂 沧源县：南腊的部分村寨

第二节　西盟县及岳宋乡概况

一　西盟县概况

西盟佤族自治县是全国特有的两个佤族自治县之一，位于云南省西南部，思茅地区西部的阿佤山区。全境地跨东经 99°18′~99°43′，北纬 22°25′~22°57′，属北回归线之内的亚热带。其东、东北、东南部与澜沧县接壤，南部与孟连县相接，西、西北部与缅甸毗邻，国境线长达 89.33 公里。东西横距约 40 公里，南北纵距 60 公里。总面积 1353.57 平方公里。新县城紧邻优美的勐梭龙潭，海拔 1155 米，距省会昆明市 675 公里，距思茅市（今普洱市）260 公里。[①]

[①] 《西盟佤族自治县概况》编写组、《西盟佤族自治县概况》修订本编写组：《西盟佤族自治县概况》，民族出版社，2008，第 1 页。

西盟地处横断山脉纵谷区南段，为怒山余脉所控制的地带，山脉（地）由高原切割而成，属横断山脉纵谷区，上部还保留有起伏和缓的平地，由于山地多为石灰岩组成，顶部发育有岩溶地貌。地形复杂，全县除勐梭镇有一块 3000 余亩的河谷川坝外，其余均为山区。境内重峦叠嶂，沟壑纵横，最高海拔 2458.9 米，最低海拔 590 米。河流属怒江水系，有大小河流 80 条，主要河流有库杏河、勐梭河、新厂河，河流分布呈树枝状由北向南注入南卡江。①

全境气候类型为亚热带海洋性季风气候，气候垂直差异明显。年平均气温 15.3℃，无霜期 319 天。冬无严寒，夏无酷暑。雨量充沛，年平均降水量 2739 毫米，最高年 3446 毫米，为全省之冠。雨季和旱季分明，无春夏秋冬四季的区分，每年 5 月至 10 月为雨季，降水量占全年降水量的 90%，其他月份为旱季。

独具特色的地理环境形成了西盟县丰富多样的自然资源，从总体上看，各类资源的地区分布不均、数量较少，但远景挖掘开发的生产潜力较大。2005 年森林资源二类调查结果显示，西盟县林地面积为 130.20 万亩，占土地总面积的 64.13%。森林覆盖率为 57.93%，活立木蓄积量 4649090 立方米。植被复杂多样，树木种类有 40 多科 100 多种，以壳斗科树种为主，其他还有山茶科、楝科、榆科、大戟科等。草药有 399 种。还有苔藓类 1 种，蕨类植物 16 种，裸子植物 2 种，被子植物 380 种。有懒猴、青猴、黄猴、虎、熊、豹等数十种兽类；孔雀、白鹤、山鸡、鹦鹉、画眉、猫头鹰等近百种鸟类；蟒、眼镜蛇、蝮蛇等数十种蛇类；白鱼、青鱼、甲鱼等数十种水生动物。

西盟的地质构造复杂，成矿条件优越，是云南省矿产资源较为丰富的县之一，列居全国前十位的金属矿种在县内均有发现。境内主要有锡矿、铅锌矿、钨矿、金矿、锰矿、萤石矿、大理石、绿柱石、黄玉等金属矿和非金属矿。已开采的有锡矿、金矿、铅锌矿、萤石矿、大理石、石灰石等。1986 年，国际矿物协会和矿物命名委员会将新发现的一种磷和铋六方晶系矿物定名为"西盟石"，使地球矿物又增添了一个新矿种。②

---

① 百度百科，http://baike.baidu.com/view/310046.htm。
② 百度百科，http://baike.baidu.com/view/310046.htm。

西汉时，西盟属哀牢地；东汉、蜀汉、两晋时期，均属永昌郡地。唐南诏时属银生节度地。宋大理国时为倮黑部地。元至元十三年（1276）属镇康路。泰定三年（1326）改属木连路。天历元年（1328）改属顺宁府。明万历十三年（1585）属孟连长官司，清康熙十四年（1675）属孟连宣府司。光绪十四年（1888）改属澜沧镇边直隶厅。其间朝廷封拉祜族首领李通明为西盟土目。辖地东至芒东扒拔寨干河，南抵陀明竜扒乐岩班巅梁子，西及南锡河、南养河，北至新厂及尖孟梁子。由四大角马管辖西盟，即西盟角马、马散角马、岳宋角马、力所角马。1933年西盟改为西盟区，隶属澜沧县。1965年西盟从澜沧县划出，成立西盟佤族自治县。至今西盟县辖中课、新厂、岳宋、力所、翁嘎科5个乡，勐梭、勐卡2个镇，36个村民委员会，353个村民小组。①

据2005年人口调查，全县总人口84004人，境内居住着佤族、拉祜族、傣族、彝族、哈尼族、白族、汉族等民族，少数民族人口占全县总人口的94.18%，其中佤族为59470人，占70.79%；拉祜族为14694人，占17.49%；傣族为2998人，占3.57%。② 西盟佤族由于各地方言差异，其自称亦稍有差别：马散自称"阿瓦"（ava），永广、新厂自称"勒瓦亚"（le vaia），中课自称"勒瓦窝"（le vo），岳宋自称"拉佛"（la fo），翁嘎科自称"阿瓦"。傣族、拉祜族称西盟佤族为"阿瓦龙"（ava loŋ），意即"大卡""真卡""野卡"。汉族称西盟佤族为"大卡瓦"或"阿瓦"。③

二 岳宋乡概况

岳宋乡位于北纬22°39′~22°47′，东经99°19′~99°26′。东邻西盟镇，南接力所乡，西以河为界同缅甸相望，边界有182、183号双立界桩，国

---

① 《西盟佤族自治县概况》编写组、《西盟佤族自治县概况》修订本编写组：《西盟佤族自治县概况》，民族出版社，2008，第46~47页。

② 《西盟佤族自治县概况》编写组、《西盟佤族自治县概况》修订本编写组：《西盟佤族自治县概况》，民族出版社，2008，第10~11页。

③ 全国人民代表大会民族委员会办公室编《云南西盟卡瓦族社会经济调查总结报告》（卡瓦族调查材料之一），1958，第21页。

境线 26.3 公里，距边境 12 公里。总面积 92.18 平方公里，辖岳宋、曼亨、班帅 3 个行政村，23 个自然村，39 个村民小组。[①] 全乡居住有佤族、拉祜族、傣族、汉族、哈尼族、彝族等民族。乡内以佤族为主体民族，佤族人口占 91%，是西盟县 5 乡 2 镇中最小的一个乡。2008 年，岳宋乡粮食总产量为 2301865 公斤，实现国民生产总值 753 万元；农民人均纯收入 1070 元。全乡有 9 座卫星地面接收站，建成了三个村级广播室，有电视机 250 台，有线广播 6 套，广播电视覆盖率分别为 98%、95%，现岳宋乡已开通有线电视用户 85 户，目前全乡安装村村通 609 套。

本书研究的语言调查点岳宋村位于岳宋乡人民政府西北面，东与岳宋乡曼亨村相连，南与岳宋乡班帅村相连，西与缅甸佤邦营盘区、岩城区隔河相望，国境线全长 12.3 公里，岳宋村委员会距乡人民政府所在地 3 公里。全村共有 13 个村民小组，2351 人。全村有 3 座卫星地面接收站，建成一个村级广播室。

全乡橡胶种植面积达 5 万余亩，茶叶面积 6922 亩，蚕桑总面积为 602 亩，米荞 3010 亩，基本实现家家有胶林，户户有茶地，培育了以茶产业、胶产业和畜牧业为主的支柱产业，岳宋村茶厂、班帅村茶厂、岳宋橡胶有限公司等企业为岳宋乡的农民提供了广阔的就业空间。全乡土地总面积 139425 亩，其中林业用地面积 89776.5 亩，占土地总面积的 64.4%；非林业用地 49648.5 亩，占土地总面积的 35.6%，有林地 79312.5 亩，其中生态公益林 20866.5 亩，商品林 58446 亩，国有林 14415 亩，集体林 57558 亩，个人林地 5137.5 亩，林木绿化率 60.88%，森林覆盖率 60%。全乡总耕地面积 13598 亩，其中水田面积 3508 亩（保水田 2194 亩，雷响田 1314 亩），固定旱地 3290 亩，临时耕地 6800 亩，其中 25 度以上耕地 5814 亩。[②]

---

① 百度百科 http://baike.baidu.com/view/310046.htm。

② 西盟县岳宋乡政府信息公开网站 http://www.stats.yn.gov.cn/canton_model12/newsview.aspx?id=575934。

第三节　岳宋佤族社会文化背景

新中国成立前，岳宋乡主要有三个大寨子：班帅寨、芒杏（今曼亨）寨、岳宋寨，前两个寨子建立较早，岳宋寨建立较晚。每个大寨子又包括几个小寨子。西盟佤族现在的社会生活状况与新中国成立前相比已发生了巨大的变化，这里我们主要介绍岳宋地区佤族新中国成立前的社会文化状况。

一　生产生活状况

（一）生产状况

岳宋佤族以农业为主，采集、渔猎、纺织和经商仅作为从属于农业的家庭副业而存在。新中国成立前，采集主要由妇女来操作（今已不存在）；狩猎活动较普遍，狩猎工具主要有铜炮枪、弩等；捕鱼较普遍，不少人家都有渔网，他们也会织渔网。[1] 如今，狩猎和捕鱼都很少了。他们种植的主要农作物有旱谷、小红米、荞、豆子（小青豆）、苞谷、豌豆、棉花等。现在，岳宋佤族除了种植农作物，还种植茶、橡胶等经济作物。生产工具主要有斧、犁、锄、铲、矛、刮刀、长刀、镰刀。

新中国成立前，岳宋佤族的耕地都是旱地，没有水田，现已有了部分水田。旱地的耕作是粗放的，广种薄收。耕作方法有两种：一是"刀耕火种"，二是"挖犁撒种"。"刀耕火种"是在轮歇后的土地上，将树木和茅草砍倒，晒干，放火烧光，不犁不挖就点种。"挖犁撒种"是砍倒烧光后，用锄挖一道或用犁犁一道，然后撒种。刀耕火种显然是一种相当落后的耕作方法。[2]

---

[1] 全国人民代表大会民族委员会办公室编《云南省西盟卡瓦族社会经济调查报告》（岳宋、中课、永广、翁戛科、龙坎调查材料之二），1958，第4页。按，翁戛科即翁嘎科。

[2] 《佤族简史》编写组：《佤族简史》，云南教育出版社，1986，第39页。

岳宋佤族手工业还没有从农业中分离出来，是与农业紧密结合并为农业服务的。手工业的种类很少，主要有纺织（几乎每家都有一架织布机）、编竹器、酿酒等。这些大多是为了自用，纺织都由妇女担任，编竹器多由男子担任。纺织工具有轧棉机、弹棉弓、纺锤和织布机，这些工具简单、落后，效率较低。新中国成立前有不少人赤身露体、缺衣少穿。此外岳宋也有铁匠，能制铁质生产工具（犁头除外），不过他们不会冶铁，所用原铁是从外地买来的。

岳宋佤族的经济是自给自足的，商品交换极少，交换中习惯以物易物，新中国成立前他们还不习惯使用货币。整个西盟佤族新中国成立前处于原始社会末期。

（二）生活状况

过去由于生产落后，岳宋佤族的生活水平是很低的。除个别户在生产时能吃些干饭外，大多只能吃些稀饭。平时日食两餐，下地生产时除早晚两餐外，在地里还能吃一餐中饭。以前他们没有主食和副食之分，做稀饭时就把蔬菜和野菜等撕在锅内一起煮，没有油吃（不会榨油）。只有剽牛杀猪时能吃到一点肉。现在佤族已经吃干饭了，不过他们最爱吃、最有名的食物还是"鸡肉烂饭"。

岳宋佤族都好饮酒，酒风甚盛。凡节庆、待客、议事、祭鬼都要"泡酒"。岳宋佤族不分年龄大小、男女都会饮酒，有"无酒不成礼"之说。酒有水酒和烧酒，水酒最普遍，几乎每个成年人都会做。水酒度数不高，其味酸甜。做烧酒是从汉族那里学的，仅个别人会做。此外，佤族还喜欢吃煮得极浓的茶，不喜欢喝泡茶。

二 家庭、家族及姓氏

岳宋佤族是一夫一妻制的小家庭，成员包括夫妇和子女，或者包括夫妇、父母和子女。以前多妻为社会所允许，但娶两个老婆的为数极少。家庭是以男子为中心，妇女处于被支配地位。一切政治活动和某些宗教活动，妇女是无权参加的。不过佤族妇女都是劳动者，她们不需要依靠男子可以自立，她们也享有婚姻自由的权利。父母若只有一个儿子，那么儿子结婚时一般不再分家另居，就和父母住在老房子；若有两个或多个儿子，父母就从长子或幼子中挑选一个留在老房子，其他儿子结婚时就要分出另居，中子是无权被留在老房子的。一般房子内是不能住兄弟两对夫妇的。

父母的财产都是由儿子继承，留在老房子的儿子继承的财产要多一些或有优先挑选父母财产的权利，因他负有养老的主要责任。女儿没有权利继承父母财产，若没有儿子，死后财产也得由同姓人继承。

同姓之人，同一个祖先的若干家庭，构成一个家族，每个家族都有自己的姓氏。若干家族组成村寨，村寨大者三四百户，小者数十户，一般百户上下。每个村寨都包括数个小寨（或称居民点）和数个至十数个家族单位。同姓之人也即同一个家族具有如下共同点：同姓不婚；有同姓所祭的祖先，祭仪和祭语基本相同；有相互帮助、恤孤和代还债务的义务；因贫困出卖土地和子女时，须先卖给同姓人，同姓人有条件者也有义务买下。

岳宋大寨（今岳宋村）有五个大家族，即有五个大姓，分别是忙、永铺撸、库、永欧、蒙库。另外还有一些小家族和小姓氏，如木古、岗斯摄、木昂、盟古、永埃等，是现代才搬到岳宋寨来的。

今岳宋乡班帅村的佤族姓氏主要有：斯也所、永班、岗斯达、永拉、普阿赛、永饶、永娜木、斯乌艾、巴闹、岗挂德、岗猜、岗兆翁、永阿艾、永奥等。借汉族的姓氏有张、李、魏等。

佤族姓氏的来源有多种情况：有的来源于寨名；有的来源于地名、山名或河名；有的来源于祖先之名；有的来源于一种特殊的自然或社会现象。

三　婚姻与丧葬

（一）婚姻习俗

岳宋佤族同姓不婚，如果同姓人发生私婚关系会受到严厉惩罚。首先会遭到双方同姓人和寨中老人的抄家，进而男方近亲养的牲畜也多会被寨人宰杀，男女双方有可能被驱逐出寨，还要出牛来杀以祭祀鬼神。

佤族的婚姻包括"恋爱""订婚""结婚"等几个阶段。佤族基本上是自由婚姻，谈恋爱的主要方式是"串姑娘"。男女到了十五六岁就开始串姑娘了。女子和性情相近的、感情较好的三五位女子同住在一起（一般是某一姑娘之家），男子晚上10点钟便集于一起，去串姑娘。男女相互打闹，互唱情歌。佤族找爱人的条件是"互相爱就行了"，"性情相合，劳动好"，经济条件不起什么作用。男女青年爱情谈好后，便由男方向女方父母求婚，若女方父母同意，便举行订婚仪式。岳宋佤族的订婚仪式，是由男方杀一头或两头小猪，蒸一锅饭，泡几桶水酒，请男女双方的亲戚老人来吃酒吃饭，同时男女双方相好的青年男女也来参加，小伙子们就唱歌、跳舞表示庆贺。订婚后，双方就不能自由地再串啦。①

订婚后选择合适的时间结婚，结婚年龄一般是男子二十岁左右，女子十八岁左右。过去岳宋佤族的结婚仪式很简单，男方杀猪、煮饭、泡酒，请女方父母及其近亲，以及男女双方姓族中有威信的老人，来吃酒吃饭。当日新夫妇同去地里生产，生产回来后，晚上便同居成婚了。结婚后女的嫁到男家，结婚时男方要给女方父母"聘礼"，聘礼是有定数的，即"母亲多少，女儿多少"。聘礼的数目每家不一。聘礼包括猪、米、谷子、酒、半开②、牛等，如果结婚时聘礼不齐，可以婚后慢慢还，当代还不起，由儿子孙子还。女儿出嫁，父母也陪送些妆奁，如衣服、被盖、纺织工具及生产工具等。陪嫁多少不一，视经济情况而定。不管贫富，女儿所戴的银器装饰品一律不陪嫁，可以借给女儿先戴一二年，或者由男方出钱向女方父母买来戴。

订婚或结婚后，若感情不和、爱情转移，可以离婚。不管哪方提出离婚，结婚时男方所出的聘礼都要赔给男方。不过佤族社会离婚事件很少。离婚仪式很简单，由哪方先提出，就由哪方泡酒，请头人和双方父母亲戚来吃酒，商量谈妥即可。岳宋佤族寡妇可以再嫁，社会上对此不

---

① 全国人民代表大会民族委员会办公室编《云南省西盟卡瓦族社会经济调查报告》（岳宋、中课、永广、翁戛科、龙坎调查材料之二），1958，第34~35页。
② 半开，即半开银币，也叫半开银圆，近代云南的主要流通货币。

加任何干涉，也没任何轻视的观念。不愿再嫁者亦无过问。寡妇可以转房给夫之兄弟，不过转房要男女双方自愿才行，任何一方不愿意都不能强求。

（二）丧葬习俗

大人死后要报丧，男的敲锣鸣枪，女的敲锣不鸣枪。小孩死不报丧。丧葬时要杀鸡、宰猪、煮饭请魔巴（巫师）做鬼，给死者和殡葬者吃。岳宋佤族实行土葬，用棺。棺是圆树形（是用一段树身劈开挖成），但很多人由于贫穷用不起棺。一般正常死亡的大人下葬时都有殉葬物，男人殉葬物有生前穿的衣服、盖的被盖和用的背袋、长刀、弓弩及一些生产工具等。女人殉葬物有生前穿的衣服、盖的被盖、用的布袋和一些生产工具等。不管男女，葬时棺内都放几块半开，贫者没有半开也得放点银器。

岳宋每个小寨都有一块公共墓地，墓地以姓划分，同姓埋在一起。夫妇不合葬。"恶死者"（如被砍伤流血而死、孕妇死、产妇死）不能与"好死者"（如老死、病死）埋在一处，"恶死者"不能埋在公共墓地，要另外埋在一个地方。

大人死后，自家要忌五天，第六天就可以生产了，以后也再没有什么仪式。"好死者"除自家忌外，其他人都不忌，同姓亦不忌。"恶死者"，如被砍伤流血而死，全寨要忌五天。老人死后，家人没有穿孝服的习俗，也无看坟扫墓的习俗。

四　服饰与建筑

（一）服饰

过去，各地佤族都穿自己民族特有的服饰，不同地区的佤族服饰也有差异。岳宋佤族男子，头上一般用黑布（也有用白布或红布的）包头，缠得越高大越显示壮观。上衣短小，裤子短而宽大。他们喜欢赤身，过去，天气较热时寨中男子大多赤身露体，只用一小块布遮羞。男子也喜欢戴饰品，特别是青年人，一般都戴细藤圈或料珠，有的还戴耳环，手腕上戴银镯，不喜穿鞋。

以前岳宋佤族女子生产劳动时只穿一件短而破的裙子，上身穿一件短小的背心，背心只能盖住胸部。另外还有一套新的衣裙在节庆跳舞时穿。女子也都是赤脚。女子头上戴有头箍，一般是银制的，也有竹制和藤条制的。耳朵上戴有大的银质耳环，颈上戴有一个或两个银项圈和若干串料珠，腰上戴有若干竹圈（竹圈或黑漆，或刻有花纹），手臂上戴有一个或两个银镯，手腕上戴有一个或两个银镯，小腿上端戴有若干用竹藤制的细圈。如今，大部分佤族都穿现代汉式服装，只有一些中老年人还穿着佤族服装。

（二）建筑

过去，岳宋佤族的寨子均为草房。盖房子所用的材料，基本上为竹、草、木。住房一般是两层，用柱撑起，墙壁是竹子和木板。楼上住人，楼下是猪、鸡等家畜家禽活动的场所，也是拴牛之所。房子大小不同，有的三个火塘，有的两个火塘。房内一般分为主房、客房和仓房。主房和客房内分别设有主火塘和客火塘。主火塘是由一个约一米见方的木框，用弯木和竹笆凹底构成，里面填满泥土，上面栽铁制三脚架或三块石头支锅煮饭。主火塘旁边有一张高约20厘米的简易床，这是家长或长者睡觉的地方，火塘周围其余的地方是其他家庭成员的睡处。客火塘旁边摆有几个酒桶、量器和长木凳等。除某些贫困户外，一般家庭都有仓房。仓房的形式和所用的材料与住房同，只是小些矮些，一般是用来存放粮食的。房子前门与大门外一般都有一个竹晒台，俗称"掌子"，主要用来晾晒粮食，也是家庭成员平时做手工活计、休息或堆放杂物的地方。现在，佤族已经住上现代砖瓦房了。

五 宗教信仰

（一）万物有灵的自然崇拜

西盟岳宋佤族还是一种原始的多神信仰，他们认为"万物皆有灵，祸福皆由鬼"。在他们的观念中，鬼和神没有分别，鬼神是同一的，都是指他们观念中的灵魂，他们有各种各样的灵魂或鬼神。他们最崇拜的是"木依吉"和"阿依俄"，认为"木依吉"是创造万物的，是世界最高的主宰。"阿依俄"是西盟佤族的男性祖先。

鬼神有大小，大者管大事，小者管小事，各司其职，互不统辖，最大的鬼也管不了最小的鬼。他们说："发生什么事情做什么鬼，某种事情和现象是某个鬼所为，只有祭这个鬼才能得福免灾，祭其他的鬼，是不能解决问题的。"因大小鬼神之间没有统辖关系和支配关系。[1] 他们所崇拜的众多的"鬼神"，不但由他们生活着的自然环境所决定，也由他们生产、生活的需要来决定，"鬼神"地位的完全平等，反映了人们当时经济地位、社会地位的平等，也反映了人们的平等观念。

（二）宗教活动

西盟佤族对原始宗教的信仰很深，故其宗教活动也很多。虽每个地区内佤族的宗教活动基本相同，但各个大寨的宗教活动又有一些不同。岳宋佤族每年较大的宗教活动有祭水鬼、砍牛尾巴、拉木鼓、砍人头祭谷等。遇到天灾人祸，也要祭鬼消灾。家庭和个人的宗教活动就更多了，无论做什么事，都要杀鸡看卦，以卜吉凶和求鬼神保佑，生病了要祭鬼求愈，杀猪也要祭鬼，所谓祭"老母猪鬼"。

岳宋佤族佤历一月（相当于公历9月下旬至10月下旬）"祭水鬼"。其目的是为饮用水而祭鬼，祈求全年风调雨顺，具体活动是修理引水槽。佤族的生活用水是用竹子做的水槽把山中泉水引入寨内，全寨男子都要出动（或一家去一人）修理水槽。祭水鬼时，首先要在岳宋大窝郎家祭，然后各小寨再祭，杀鸡祭祀，并每家都要用两只老鼠煮稀饭吃。祭水鬼时全寨停产三日。

从佤历一月起他们就开始剽牛和祭"砍牛尾巴"鬼了，直到佤历六月止。此活动的意义是求鬼神保佑寨子安全、牲畜安全、谷子长得好。

---

[1]　全国人民代表大会民族委员会办公室编《云南省西盟卡瓦族社会经济调查报告》（岳宋、中课、永广、翁戛科、龙坎调查材料之二），1958，第38~39页。

全寨每年砍牛尾巴的家数（主祭者）至少一家，越多越好。每年祭"砍牛尾巴"鬼的家数不一，砍多少次牛也没有规定，哪家愿意就可以祭。每家"砍牛尾巴"，都先剽一头或数头水牛或黄牛，留一头他们认为"心好"的黄牛作为砍牛尾巴用。由大魔巴来砍牛尾巴，要一刀砍断，否则就认为不吉利。每次砍牛尾巴时，青壮年手持钢刀围在砍牛尾巴桩周围，等大魔巴将一刀砍断的牛尾巴扔过主人的房脊，他们便一拥而上，叫喊着挥刀抢肉。数分钟后，一头活生生的牛，便只剩牛头和骨架了。场面极为惊险紧张，每次砍牛尾巴几乎都会伤人，伤重者甚至危及生命。

佤历七月（公历 3 月下旬至 4 月下旬）有三种宗教活动。祭"偶普"，将人头背袋中的旧人头的头发等送到人头桩处，因为不送掉这些头发，鬼就会咬人。祭"偶普"是在大窝郎家，用黑鸡两只，全寨人停产三日。"偶普"祭完后紧接着祭"薄由"，这一活动主要就是为了祭"木依吉"。佤族认为"木依吉"是他们的大鬼神，管的事情很多，刮风、下雨、打雷都是他做的，人的生死及谷子长得好坏都是他管。岳宋佤族极为尊敬木依吉，他们饮酒或吃饭时都要先倒一点在地上给木依吉，然后自己才吃。祭"薄由"也是在大窝郎家，用一只白鸡和三串鱼（每串 9 条），取一根长竹，把鸡挂在长竹的顶端，三串鱼挂在鸡的下面，然后把此竹栽到寨外固定的一个小树林（叫木依吉）中。祭"薄由"后接着祭"达"，祭时用鸡一只，鱼三串（每串 9 条）。他们认为"达"住在山上、树上或竹子上，到处都在，"达"和"木依吉"一样大，祭"达"主要是求风调雨顺，谷子丰收。

佤历八月（公历 4 月下旬至 5 月下旬）"盖木鼓房"。盖木鼓房是由负责拉木鼓的那家拿一只鸡杀了祭鬼看卦，煮一锅饭大家吃。祭鬼时在木鼓房前，其意义是若不盖木鼓房雨会下多，谷子会长不好。盖木鼓房和祭此鬼时全寨人要停产两天。盖好木鼓房后就要砍新人头来供了。

佤历九月（公历 5 月下旬至 6 月下旬）再祭"偶普"一次，送一头小猪到人头桩处，给被砍的人吃。

佤历十月（公历 6 月下旬至 7 月下旬）至十二月（公历 8 月下旬至公历 9 月下旬）是拉木鼓的时期。拉木鼓是佤族村寨全寨性的重大宗教活动。把在山林砍倒的一段粗树干拉入寨内木鼓房，再把它挖空成为木鼓，整个过程需十多天。从选砍木鼓树到木鼓完成要进行很多祭祀仪式。每个小寨有一个木鼓房，每个木鼓房放一至两个木鼓。木鼓是通神之器，也是佤族崇拜之物。以前，木鼓是不能乱敲的，只有较大的宗教活动和紧急的军事行动，才鸣鼓以聚众。

六 科学艺术与历法

（一）数算观念

过去，佤族长期处于以物易物的原始交换状况，数算观念比较淡薄。简单的加减计算也要花很多时间，并要借助手指和脚趾，不够时还要借助草秆、短竹、木棍，或在地上、木板上划道道以帮助计算。他们都不计自己的年龄，即使知识丰富的大魔巴，也不知自己的岁数。至于乘除的观念不能说没有，但岳宋佤族却很少运用。佤族先民常常用刻竹、木或实物的办法计数。现在，佤族的数算观念已发生了跨世纪的飞跃。

（二）计量观念

佤族的度量衡工具非常原始，计量观念非常淡薄，没有面积和体积的观念。各地区佤族的度、量、衡不但没有统一的称谓和统一的标准，就是在同一个村寨里，各家各户的计量标准也不一样。①度。他们没有特制的度器，度量物的长短，以人体肢节为尺度。各地佤族对这些尺度的名称发音不同。岳宋、马散佤族尺度名称有："丁特"即拇指与小指伸开成一字形的长度；"所"即手中指至该肘关节的长度，"一所"等于"两丁特"；"托普"即左右两臂伸平成一字形的长度，"一托普"等于"五所"。②量。佤族的量器，多为自制自用，通常用竹、木做成。岳宋、马散佤族的量器有"散因"，单位有散因、块、担和亢。散因的大小各寨有所不同，即便同一个村寨，各家自做的散因大小也有差别。散因有大小两种，大散因量稻谷5.7斤，小散因量稻谷3.5斤。一块等于五大散因，一担等于两块，一亢等于三担。③衡。佤族过去的衡器多用汉族传入的戥子和秤，自制的很少。现在，佤族的度、量、衡已采用国家统一的计量器具与单位。

（三）艺术

文学艺术方面，最有代表性的是佤族的神话传说、创世史诗《司岗里》，它形象地描述了人类从石洞里出来，与动物为伍，经历频繁的迁徙，从狩猎和游牧生活走向农业种植，从母系社会到父系社会的漫长历史。其他还有很多关于创世造物、天地万物及日月星辰等自然现象的民间故事作品。过去，佤族歌舞艺术的主要特点是诗歌、音乐、舞蹈三位一体。佤族人民喜爱歌舞，在生产劳动中，在男女恋爱的场合都能听到他们悠扬的歌声。每逢重大的宗教活动，他们更是盛装歌舞，夜以继日，常数日不止。歌有几个固定的调子，内容因景而异。常见的舞蹈有"圆圈舞""舂碓舞"等。圆圈舞不分男女老少，边唱边跳，动作简单，步调整齐，很有节奏，也不限人数，自由参加，亦可自由退出。"舂碓舞"是妇女们由平时舂碓的动作演变而成。三四个妇女，围一木碓边舂边舞，有快有慢，节奏分明。

（四）历法

佤族通过对自然的认识，结合农业生产经验，已逐渐形成一种原始口传历法。但由于佤族村寨的分散性，佤族部落之间长期隔绝，因此佤族一直未形成统一的历法。各地各寨的历法不但名称各异，而且计算方法也不统一。有的是九天循环记日，有的则是十天循环记日。不过，根据历法进行的农业生产与宗教活动却基本相似。按照岳宋佤族的历法，每年有 12 个月，但有的年有 13 个月，多的这个月即闰月叫"怪"。他们说"怪"不是每年都有，有时隔一年就有，有时隔两年才有，有与没有是根据拉祜族过年而定，拉祜族过年相当于他们的 4 月（磨），若拉祜族过年不到"磨"就加上"怪"，若到了"磨"就不加"怪"。每个月 30天，他们有 9 天的称法，依次为：矮、绷、熬、拔柯、含、努、开努、巩、秃埃。每次循环即矮至矮，或绷至绷为 10 天，三个循环为一个月。

第四节　西盟岳宋佤族语言使用现状及成因

一　西盟佤语使用概况

目前，西盟佤语的使用还比较稳定，尤其是农村寨子日常交流均是使用佤语，而西盟县城的人日常生活交流则用汉语西南官话（云南话）比较普遍，很多人是佤语和汉语双语人。西盟岳宋佤语与沧源岩帅等地的佤语（巴饶克方言）语音差异很大，互相听不懂，不能交流，与耿马的佤语也互相不能交流。岳宋佤语与西盟县其他乡镇的佤语之间语音上也有差异，岳宋佤族与马散佤族交流能听懂 50% 左右，与中课佤族交流能听懂 70% 左右，与翁嘎科佤族交流几乎听不懂，与力所乡的阿佤来佤族交流能听懂 80% 左右，语音差别较小。

今岳宋乡包括岳宋、曼亨、班帅 3 个行政村，这三个行政村的佤语语音有一些差异，佤语音系也不完全相同，但差异不大，互相都能听懂，交流没有问题。岳宋村全村共有 13 个村民小组，根据各个小寨的地理位置可将岳宋村的佤语大致分为两大片区：西边与缅甸佤邦营盘区、岩城区隔河相望的几个村寨的佤语语音是一致的；东边靠近岳宋乡政府的这些村寨的佤语语音基本一致。两大片区的佤语语音也有一些差异，不过互相能听懂，可以交流。

二　岳宋历史沿革和语言传承

岳宋是西盟晚建的寨子。据岳宋老人讲：他们的祖先到岳宋时，周围各寨都已存在。根据大窝郎艾撒特的家谱计算，岳宋建寨才有 14 代，若以 25 年为一代计算，还不到 400 年。岳宋有五个大姓，即忙、永铺擂、库、永欧和蒙库。这五姓人是在不同的时间从不同的地方迁来的。"忙"姓人到岳宋有 14 代，其迁徙路线从"司岗"出来后，经轮塞—轮朗—蛮冷—翁抱斯—培不殆—羊格来—安柴—安假—努戛忙（近山通）—巴邦

（也叫永铺挡）—培巩—蛮巴—琪算—斜木连（即孟连）—勐当—当稚—勐顶—斜木连琪算—永劳—蛮巴—耿朋—努索—相秃埃—巴夏—帅塞—来比—冷夏—羊松—格道—岳宋。"永铺擂"姓人的迁徙路线前后经过的地点大致与忙姓人相同，只有中间一部分与忙姓人不同，他们是从 12 代祖先迁到岳宋的。"永欧"姓人和"蒙库"姓人是从马散迁过来的，"永欧"姓人到岳宋有 11 代。"库"姓人是从岩城搬来的，到岳宋共有 9 代。西盟佤族是土著还是后来迁来的民族？现在没有足够的史料可以判定。根据佤族的《司岗里》史诗，他们似乎是土著民族，至少他们很早就在当地居住了。

岳宋、马散是西盟佤族的中心区，较为落后，原始习俗保留较多。岳宋村永老寨佤族传统文化保护区被列为云南省第一批非物质文化遗产保护名录。中国佤语分为巴饶克方言、阿佤方言和佤方言，三个方言区的语音差异比较大。岳宋佤语属于阿佤方言，阿佤方言的佤族主要分布在西盟和孟连两县，阿佤方言共有四个土语，不同土语的语音有差异，基本词汇大致相同，同源词较多，语法特点基本相同。阿佤方言的佤族处于阿佤山中心地带，1949 年前还处于"原始社会末期"，交通非常不便，与外界很少接触，其佤语更多地保留了本民族语的特点。如 30 以上的数词，只有阿佤方言还在使用佤语本身的 30 以上的数词，而巴饶克方言和佤方言 30 以上的数词都借自傣语，丢失了自身语言原有的数词。如今交通及网络信息的快速发展，西盟岳宋广播电视的覆盖率很高，很多年轻人都走出佤山，来到省城或沿海地区打工，佤族村民的思想、语言、风俗等也都发生了巨大的变化。

三 岳宋佤族的语言使用现状

（一）语言态度

岳宋佤族对本民族的语言有深厚的感情。不同年龄段的被调查者大多认为在家庭内部，在佤族村寨里面的日常交流都必须使用佤语。他们也希望后代继续使用佤语，能将佤语传承下去。当调查问及是否希望学习佤族文字时，大部分佤族表示希望学习掌握佤族文字。另外，他们也希望学习掌握汉语普通话或当地汉语方言——云南话。因为面对社会的快速变化和经济的飞速发展，佤族人民以前封闭的自然社会环境已不复存在，他们认识到汉语能够帮助他们了解外面的世界，能够帮助他们与外面的世界交流，懂汉语去外面打工就业非常便利。但是，他们也不希望汉语取代佤语的地位，而是希望成为既懂佤语又懂汉语的双语人。他们始终认为佤语是佤族宝贵的文化财富，要一直传承下去。在有利于后代发展的语言排序问题上，各年龄段的被调查者大多认为佤语和汉语都很重要，有的在校佤族学生还认为今后汉语普通话是最有利于后代发展的语言。

（二）不同场合佤语的使用情况

个体的语言使用总是受到周围语言环境、交流对象和语言使用情境的影响。岳宋村为佤族聚居村，村民的活动场所主要在家庭内和村子内，因此家庭和村子成为语言习得和语言使用的重要场所。岳宋佤族村民在家庭内部和外部不同场合、对不同对象的语言使用也具有明显的变化。

在家庭内部，如果是族内婚姻（佤族与佤族结婚），家庭语言大多只用佤语，少数家庭以佤语为主，汉语为辅；如果是族际婚姻（佤族与其他民族结婚），家庭语言一般是佤语汉语同时使用。在佤族的族群内部，佤语是最主要的交际工具，具有强大的语言活力。

在学校，幼儿园及小学三年级以前的课堂教学语言是以汉语为主，佤语为辅；而小学四至六年级以及初中的课堂教学语言则只用汉语了。课堂以外学生之间的交流则要看交流双方的民族身份，如果都是佤族，主要讲佤语，辅以少量汉语；如果是佤族与其他民族学生交流，则主要讲汉语。

在乡政府、信用社、邮电所、集市、商店、农贸市场、婚丧嫁娶等场合，大部分人选择佤语汉语同时使用，视交流对象的情况而定，跟本族人用佤语交流，跟非本族人用汉语或佤语交流，主要看对方是否会说佤语。

（三）佤语代际传承稳定

岳宋村是佤族聚居村，岳宋佤族佤语的习得主要依靠家庭内长辈的传授和族内自然交往。佤语是家庭和村寨的通用语言，6 岁以下的儿童无论对本族人或是对其他民族，对父母、长辈及同辈都只用佤语，因为佤语是他们的母语，上学之前他们还没学汉语普通话，也很少接触当地汉语方言，只会佤语。6~30 岁的佤族人与父母及祖父辈交流通常用佤语，与同辈交流通常用佤语或当地汉语方言，与其他民族交流则通常用当地汉语方言或普通话。30~50 岁的佤族人与父母、同辈、孙辈或祖父辈交流都只用佤语，与其他民族交流通常用当地汉语方言。50 岁以上的佤族人与父母、同辈、孙辈或其他民族交流时大多只用佤语，此年龄段的少部分佤族人会说其他民族语言，与其他民族交流时会用对方民族语言。因为此年龄段的佤族人大多不会当地汉语方言或汉语普通话，只会佤语。由此可见，岳宋佤族村寨的佤语代际传承状况很好，短时间不存在佤语濒危的问题。

但是，就我们对不同年龄段佤族是否听过佤语民歌或民间故事的调查情况来看，佤族对佤语传统经典的掌握正随年龄段的降低而逐步降低。50 岁以上的佤族人大多听过长辈用佤语讲述民间故事，听过佤语民歌，也会唱佤语民歌或者会讲民间故事，他们一般不听汉语流行歌曲，对佤语民歌或民间故事的态度是"喜欢"。30~50 岁的佤族人会听唱佤语民歌或会讲民间故事，其态度多与 50 岁以上的佤族人相同，但是此年龄段的佤族人很多也会听汉语流行歌曲。6~30 岁的佤族人听过长辈用佤语讲述民间故事，听过佤语民歌，但是大多不会唱佤语民歌，也不会讲佤语民间故事，他们经常听汉语流行歌曲。6 岁以下的佤族儿童就很少听长辈用佤语讲述民间故事，也很少听佤语民歌，用佤语唱民歌或讲民间故事就更不会了，他们也会听汉语流行歌曲。30 岁以下的很多佤族受访者对佤族民歌或民间故事的态度是"无所谓"。这说明，岳宋佤族的佤语代际传承虽然尚未受到挑战，佤语还很有活力，但是佤族对佤语传统经典的掌握和传承已经呈现下滑趋势，而且很多佤族对这种状况也不担忧，觉得无所谓，顺其自然。

四 岳宋佤族稳定使用母语佤语的主要原因及条件

岳宋佤族从儿童到老年人都在稳定使用佤语，而且佤语活力强劲，发挥着重要的交际功能。岳宋佤语稳定使用的条件因素主要有两个。

（一）民族高度聚居，地理环境相对封闭

岳宋乡以佤族为主体民族，佤族人口占91%，岳宋村的佤族人口占全村人口的99.8%。佤族村寨与村寨相连，最近的寨子只有几百米，最远的寨子大约有10公里，在这样一个佤族聚居区域，佤族人口多，密度大，集中居住，佤语的使用频率高，语言生态环境好，佤语作为族内唯一交际语，实用性强，容易保持。

岳宋处于山巅，海拔1400米，耕地尽为山地。交通闭塞、信息不通，与城镇地区交往机会少，因此居住环境长期处于封闭状态，流通渠道不畅。另外，岳宋佤族社会发展起点低，经济发展滞后，虽然现在乡乡通公路，但有些寨子仍然没有公路。外面的人进不去，里面的人出不来，这种封闭的地理环境也使得佤语能够稳定地传承下去。

（二）族内婚姻及高度的母语认同感

家庭语言的使用，直接关系到下一代的语言选择和语言能力的形成，也关系到母语的代际传承。岳宋村的家庭大多是佤族族内通婚，这样孩子习得的第一语言都是自己的母语佤语，传承上没有代际的断层。孩子从出生到上学前听到学到的都是佤语。佤语是家庭内部及村寨里重要的交际工具，在佤族的日常生活中发挥着重要作用。岳宋佤族对自己的母语都有着深厚的感情，对母语的认同度很高。在任何场所，只要有佤族在一起，他们就都讲佤语。他们认为讲佤语能证明自己是佤族，相互之间容易拉近感情。现在大部分佤族也穿汉族服装，只有讲佤语才能知道他们是佤族。大多数佤族也都认为用佤语交流比汉语方便，也更容易表达自己的思想和情感。因此，族内通婚和对母语的强烈认同感也是佤语稳定使用并传承的重要因素。

　　通过对西盟岳宋佤族语言生活的调查分析，我们可以看出岳宋佤族的母语保存在类型上属于"母语全民稳固保存型"。其全民保存的主要特征是：在佤族聚居村寨，99.9%的佤族人都稳固地使用自己的母语，岳宋佤族人的语言生活，绝大部分都靠佤语来维系；代与代之间，不同年龄之间，佤族人的母语能力虽有差异，但差异不大，聚居寨子的佤族青少年没有出现明显的母语能力下降的状况；所有佤族人对自己的母语都有很深的感情，对母语的保存传承很有信心。但是随着经济的不断发展，人口流动性加大，支撑岳宋佤族母语保存的因素也会发生变化，佤族的文化教育也需要得到不断的发展。怎样使佤族的经济发展和佤族语言文化的保存统一协调起来，是值得我们进一步探究的问题。

第二章　语音

　　人与人之间进行交际，相互沟通思想感情主要依靠语言，语言又是通过语音来实现的。语音是语言的物质外壳，它是人类发音器官发出来的具有一定意义的声音。

　　每种语言都有其特有的语音系统，某种语言的不同方言也有其各自不同的语音系统。岳宋佤语作为佤语的方言之一，也有其自身独特的语音系统。岳宋佤语的语音系统主要包括元音和辅音，没有声调，①下面分节介绍其辅音、元音及音节结构。

第一节　辅音

　　岳宋佤语的辅音包括单辅音和复辅音，单辅音 27 个，复辅音 27 个。

一　单辅音

　　单辅音的主要特点是：（1）塞音、塞擦音上只有送气、不送气对立，没有清、浊对立，但擦音多数有清浊对立；（2）有舌叶清塞擦音和舌叶擦音；（3）有唇齿音；（4）有清化鼻音与清化边音；（5）鼻音与清化鼻音、边音与清化边音对立；（6）所有单辅音都可作声母。

---

　　① 这里的语音系统主要参考周植志等著的《佤语方言研究》中介绍的"岳宋话音位系统"，在此基础上有所增减。见周植志等《佤语方言研究》，民族出版社，2004，第62~68页。

单辅音共有 27 个：p、ph、m、m̥、f、v、t、th、n、n̥、s、l、l̥、ʧ、ʧh、n̥、n̥、ʃ、ʒ、k、kh、ŋ、ŋ̊、x、ɣ、ʔ、h。

为了更清晰地显示各个单辅音的区别特征，现列表如 2-1。

表 2-1　岳宋佤语单辅音

发音方法 \ 发音部位			唇音		舌尖音		舌叶音	舌面音		声门音
			双唇	唇齿	舌尖前	舌尖中		舌面前	舌面后	
塞音	清	不送气	p			t			k	ʔ
		送气	ph			th			kh	
塞擦音	清	不送气					ʧ			
		送气					ʧh			
擦音	清	不送气		f	s		ʃ		x	h
	浊	不送气		v			ʒ		ɣ	
鼻音	浊	不送气	m			n		n̥	ŋ	
		清化音	m̥			n̥		n̥	ŋ̊	
边音	浊	不送气				l				
		清化音				l̥				

单辅音说明：

（1）单辅音后面的 h 表示送气。

（2）清化音 n̥，擦音 ʃ、ʒ、v 只出现在少数词上。

（3）单辅音都可出现在音节开头，m、n、ŋ、ʔ、k、p、t、h 还可出现在音节末尾，其余单辅音只能出现在音节开头。

（4）清擦音 f、s、ʃ 出现在元音 ɔ、o、ɣ、u 等前面时浊化，相当于浊化音 f̬、s̬、ʃ̬。如：

fɔn 读作 f̬ɔn 捆　　　　ʃɔŋ 读作 ʃ̬ɔŋ 懂、知道

（5）m̥、n̥、l̥、n̥、ŋ̊ 发音时，略有送气。如：

m̥ɔŋ 读作 m̥hɔŋ 听见　　n̥o 读作 n̥ho 年轻

l̥iak 读作 l̥hiak 猪　　　　n̥oʔ 读作 n̥ho 谷子

ŋ̊iet 读作 ŋ̊hiet 听

单辅音例词：

p	paik 桥	pun 妇女	pauˀ 舅父
ph	pheiˀ 羊	phiŋ 鸦片	phɯm 菜园
m	mɣˀ 石头	ma 天	mauˀ 绳子
m̥	m̥om 好	m̥oh 核	m̥ɔk 帽子
f	fak 揭（盖子）	fɯt 跑	fon 绑
v	vɔk 弯	vaŋ 森林	voiŋ 老虎
t	tɔŋ 头	tɯih 乳房	tɛˀ 手
th	thiaŋ 大	thɔuˀ 盘子	thuŋ 水桶
n	nɛˀ 伞	not 枪	noŋ 里
n̥	n̥o 年轻	pa n̥aŋ 项圈	n̥am 血
s	saih 雷	sɛm 傣族	soˀ 狗
l	lai 松鼠	lvŋ 笑话	liaŋ 轮子
l̥	l̥ɛ 六	l̥auŋ 高	l̥ut 错误
ʧ	ʧak 鹿	ʧah 衣服	ʧim 钉子
ʧh	ʧhɯˀ 露水	ʧhyŋ 脚	ʧhum 黄豆
n̢	n̢aih 抽屉	n̢eit 小气	n̢ip 抿着（嘴）
n̢̥	n̢̥oˀ 谷子		
ʃ	ʃoˀ 奶奶	ʃo 便宜	ʃɣˀ 富
ʒ	ʒauŋ 寨子、村子	ʒom 少	ʒɛp 盒子
k	kuiˀ 光	kɣ 风	kaiˀ 身体
kh	khɛˀ 月亮	khih 盐	khuat 老人
ŋ	ŋom 鳞	ŋeiŋ 短	ŋah 干净
ŋ̥	ŋ̥eiˀ 天	ŋ̥a 黄	ŋ̥ɯ 香
x	xɔŋ 熬（药）	xom 心	xam 生（锈）
ɣ	ɣom 水	ɣuŋ 角	ɣa 二
ʔ	ʔɔm 云	ʔauk 胸脯	ʔeiŋ 屎
h	hoˀ 汉族	haik 毛、发	han 鹅

二 复辅音

岳宋佤语的复辅音共有 27 个：mp、mph、nt、nth、ŋk、ŋkh、n̻tʃ、n̻tʃh、pl、phl、mpl、mphl、tl（ȶl）、thl、ntl、nthl、kl、khl、pɣ、phɣ、mpɣ、mphɣ、kɣ、khɣ、ŋkɣ、ŋkhɣ、mv。

复辅音说明：

（1）复辅音有二合复辅音 19 个，三合复辅音 8 个。

（2）复辅音都可出现在音节开头，基本不出现在音节末尾，部分单辅音出现在音节末尾。

（3）复辅音 thl、ntl、nthl、kl、khl、mphɣ、mv 只出现在少数词上。

（4）t 与 l 结合成复辅音时，t 的实际音值相当于 ȶ，tl 与 ȶl 为同一个音位的自由变体。如：

tloŋ/ȶloŋ 碗　　　thla² /ȶhla² 裤子　　　tlɣik/ȶlɣik 欺骗

复辅音例词：

mp	mpuih 鼻子	mpoi 牛	mpɔu 母亲
mph	mphɣ 脸	mphai 火塘	mphu 瓢
nt	ntum 年	ntɣk 满	ntip 扁
nth	nthɣ² 边儿	nthut（线）断	nthuŋ 湖
ŋk	ŋkuŋ 拇指	ŋkai² 稻草	ŋkau² 米
ŋkh	ŋkhɯi 下巴	ŋkhua 脑髓	ŋkhiŋ 胆
n̻tʃ	n̻tʃo² 房子	n̻tʃau² 锅铲	n̻tʃeh 针
n̻tʃh	n̻tʃhɔk 笛子	n̻tʃhu 命运	n̻tʃhuik 尖
pl	pla² 半	plat 直	plai 酒
phl	phluih 链子	phlɣŋ 芽儿	phlɣ² 补
mpl	mplɔŋ 痣	mplei 戴（手镯）	mplɣŋ 山坡
mphl	mphlui 放生	mphla 灌（水）	mphla² 梭子
tl（ȶl）	tloŋ/ȶloŋ 碗	tluih/ȶluih 早	tlah/ȶlah 清楚
thl	thlap 拍（桌子）	thla² /ȶhla² 裤子	

续表

ntl	ntla² 锤子		
nthl	nthlɣ 泥巴		
kl	klɔŋ 河	klaŋ 老鹰	
khl	khlɔ² 坑		
pɣ	pɣoi 污垢	pɣɔuŋ 马	pɣaŋ 蚊子
phɣ	phɣɔ² 吃饭	phɣo² 被子	phɣa² 快
mpɣ	mpɣɔ² 偷	mpɣɣk 狼	
mphɣ	mphɣɣ² 漆		
kɣ	kɣa² 路	kɣei 屁股	kɣɔuŋ 喉咙
khɣ	khɣɣŋ 东西	khɣuat 床	khɣo² 瘦
ŋkɣ	ŋkɣaik 菠萝	ŋkɣvik 使……掉	ŋkɣai 丢失
ŋkhɣ	ŋkhɣip 剪刀	ŋkhɣoih 裂缝	ŋkhɣv 驱赶
mv	mvi 席子	mvɛ 筷子、勺子	mveit 钩子

第二节　元音

岳宋佤语元音的主要特点有：（1）元音不分松紧，不分长短；（2）二合复元音多于单元音，三合复元音只有一个；（3）元音可单独作韵母，也可与单辅音结合作韵母，与单辅音结合一起作韵母更常见些。

一　单元音

岳宋佤语的单元音共有 9 个：i、e、ɛ、a、ɔ、o、u、ɣ、ɯ。
单元音例词：

i	ŋ̊im 指甲	tih 蘑菇	xim 草
e	pɣe 雹子	nte² 肉	le 鹦鹉

ɛ	lɛ² 雨	tɛ² 手	nɛ² 斗笠
a	ma 地	kɣa² 路	mpa 大腿
ɔ	ʧhɔ² 露水	nɔk 筋	khɔn 老鼠
o	ko 火	ŋok 脖子	ʔo 姐姐
u	thu 肚子	tuŋ 板栗	mphu 瓢
ɣ	kɣ 风	mɣ² 石头	nʧɣ² 草木灰
ɯ	xɯp 汤	mpɯ 钱	khɯ 学习

二 复元音

岳宋佤语的复元音共有 14 个：ei、ai、au、ɔi、ɔu、oi、ui、ua、ue、ɣi、ɯi、iɛ、ia、iau。

复元音说明：

（1）复元音 ue、iau 只出现在少数词上。

（2）复元音 ei 在单辅音尾 ŋ、k、h 前面时，e 的开口度较低，接近于 ɛ。例如：

ŋeiŋ 读作 ŋɛiŋ　短　　　　　theik 读作 thɛik　挨近

kheih 读作 khɛih　繁殖、生

复元音例词：

ei	ʧei 纸	feik 左边	thei² 近
ai	ɣai² （水）深	kai 紧	sai² 病
au	hauh 传染	pau² 寄	pau² 舅父
ɔi	thɔi 棉絮	nɔi 火药	vɔik 燕子
ɔu	thɔu² 盘子	mpɔu 母亲	tɔut 抽（烟）
oi	moi 斧头	pɣoi 脏	phoiŋ 白
ui	ʧhui 帮助	ʔuik 完	thui 取、拿
ua	khua 发抖	huan 生长	pua 讨（饭）

ue	ʔueh 肿	kue 小米	
ɣi	lɣiŋ 假装	tɣi 连接	khɣit 磨面
ɯi	thɯiŋ 碰撞	ŋkhɯi 下巴	khɯit 烧荒
iɛ	mpiɛh 锯子	tʃĩɛ 吵嘴	mphiɛh 打喷嚏
ia	ʔiaŋ 回	kia 看	thiaŋ 大
iau	liau 熟练	miau 猫	ki kiau 花（布）

第三节　音节结构

音节是发音的最小语音单位，发音时发音器官肌肉紧张一次就形成一个音节。音节由一个或几个音素组成。辅音和元音是分析音节得出的最小语音单位。

一　音节结构类型

岳宋佤语的音节结构有以下 13 种类型，用相应的符号表示如下（C. 代表辅音，V 代表元音）。

1. CV 型　　　kɣ 风　　　ʔo 姐姐　　　ka 黄鼠狼
2. CVV 型　　　ŋ̊ei 太阳　　　tʃhui 帮助　　　kia 看
3. CVC 型　　　khɛʔ 月亮　　　khup 够　　　lat 害怕
4. CVVC 型　　　kuiʔ 光　　　tʃheiŋ 缝　　　huat 赶上
5. CVVV 型　　　miau 猫　　　liau 熟练
6. CCV 型　　　pɣe 雹子　　　mpɯ 钱　　　mpa 大腿
7. CCVV 型　　　kɣei 屁股　　　plai 酒　　　pɣoi 脏
8. CCVC 型　　　mpom 气　　　n̥tʃhim 回忆　　　nthuŋ 湖
9. CCVVC 型　　　mpiɛn 挤（奶）　　　pɣoŋ 马　　　kɣoŋ 喉咙
10. CCCV 型　　　ŋkhɣɣ 驱赶　　　nthlɣ 泥巴　　　mphla 灌（水）

11. CCCVC 型 ŋkhɣip 剪刀 mpɣvk 狼 mpɣɔˀ 偷

12. CCCVV 型 ŋkɣai 丢失 mplei 戴（手镯） mphlui 放生

13. CCCVVC 型 ŋkhɣoih 裂缝 ŋkɣaik 菠萝 ŋkɣvik 使……掉

在以上音节结构类型中，第五种类型"辅音 + 元音 + 元音 + 元音"的音节形式出现频率低，只有有限的几个词是这种音节结构。CCV型、CCVV 型、CCCV 型、CCCVV 型、CCCVVC 型的音节形式出现频率不是很高，其余的音节形式都很常见，尤以 CVC 型、CVVC 型、CCVC型、CCVVC 型、CCCVC 型出现频率最高。

二　音节结构特点

从上面的音节结构类型中，我们可看出岳宋佤语的音节结构具有如下特点。

（1）岳宋佤语的音节开头都有辅音。因为元音开头的音节前面都带有声门音（喉塞音）ˀ。音节开头的辅音可以是单辅音，也可以是两合或三合复辅音。

（2）每个音节必须有元音。

（3）辅音单独不能构成音节。岳宋佤语的音节均由辅音和元音一起构成。

（4）一个音节最多可以用六个音素符号来拼写，如"ŋkɣaik"菠萝，最少可以用两个音素符号来拼写，如"ˀo"姐姐，也可以用三至五个音素符号拼写。

（5）音节末尾可以带辅音，也可以不带辅音。音节末尾的辅音都是单辅音，不会出现复辅音。音节末尾出现的辅音主要为 m、n、ŋ、ˀ、k、p、t、h。

（6）因元音不分松紧，故音节没有松紧之分。音节没有声调。

第三章　词汇

佤语词汇系统的形成和发展与佤族社会、佤族生活有着密切的联系。西盟佤族长期居住于阿佤山中心地带，大山环抱，过去与外界接触少，他们在长期与大自然作斗争的过程中，对当地的动物、植物非常熟悉。词汇中表示当地动物、植物的词语很丰富，很多也是常用词，如 mak kɔk "杈依果"、mak nun "波罗蜜"、poh "麂子"等。佤语词汇中，表示具体事物的名词比较多，表示抽象事物概念、事物类属的词语较少。

第一节　词的构成

根据词的音节数量，可将词分成单音节词、双音节词和多音节词。岳宋佤语的词汇以单音节词居多，双音节词也有一部分，三音节或三音节以上的词比较少。形容词和动词多为单音节词，名词中有一部分双音节词。根据词的语素构成情况，可将词分为单纯词和合成词。由一个语素构成的词，叫单纯词。由两个或两个以上的语素构成的词，叫合成词。岳宋佤语的单纯词较多，合成词要少一些。

一　单纯词

从音节来看，单纯词有单音节、双音节、多音节的。其中，以单音节单纯词居多，多音节的较少。

1. 单音节单纯词

ŋei 太阳	ŋai 眼睛	ʔoʔ 竹子	lɛh 红
kɣaʔ 路	ŋkhua 脑髓	plai 酒	ļom 锋利
khih 盐	phui 人	mauʔ 绳子	lah 比赛
ʒauŋ 寨子	taʔ 爷爷	peʔ 你们	kɣoʔ 打中
kɣak 水牛	pɣaŋ 蚊子	laŋ 长	pu 飞
fuat 围裙	piaŋ 中间	phu 厚	tʃheiŋ 缝
ŋkɣaih 晒台	ʔiŋ 今天	hoŋ 明亮	ŋauh 告诉
mphlaʔ 梭子	ʔaŋ 不	ka 先	kɣɤk 降落

2. 双音节单纯词

sim ʔuiŋ 星星	la ʔak 乌鸦	la ke 黄瓜
si tap 霜 / 寒冷	si puaŋ 青蛙	ka puk 粑粑
phu kɣɤŋ 膝盖	si ʔuiŋ 蛇	si tah 滑
la ʔaih 汗	ɱuik ʒoʔ 神仙	tʃhɣʔ phom 可怜
si ʔaŋ 骨头	nam ʔoi 糖	ʔak soʔ 螳螂

有些双音节单纯词是双声的，例如：

plɔʔ plɔh 猫头鹰	ki kiau 花（布）	tʃhɔʔ tʃhip 闪电
phuŋ phɔŋ 蝴蝶	ku kip 啰唆	ʒuŋ ʒiaŋ 摇晃、震动
ɣaih ɣen（衣服）皱		

二 合成词

从构词方式来看，岳宋佤语的合成词主要有复合式、附加式两种构词方式。其中复合式合成词要更多、更普遍些。另外也有少部分的词是通过内部屈折的形态变化构成。

（一）复合式合成词

复合式合成词是由两个或两个以上不相同的词根结合在一起构成。

从词根和词根之间的关系看，主要有五种基本的类型：联合型、支配型、修饰型、陈述型、补充型。

1. 联合型

由两个意义相同、相近、相关或相反的词根并列组合而成，又叫并列式。例如：

ntʃoˀ ʒauŋ　家乡　　　　　laŋ ŋeiŋ　长短
家　寨子　　　　　　　　长　短

tɛˀ tʃʰʏŋ　肢体　　　　　khʏoˀ ʈluiŋ　肥瘦
手　脚　　　　　　　　　瘦　肥

thiaŋ ˀɛt　大小　　　　　l̥auŋ them　高低
大　小　　　　　　　　　高　低

thiaŋ mo ˀɛt mo　粗细
粗　　　细

2. 支配型（动宾型）

前一词根语素表示动作、行为，后一词根语素表示动作、行为所支配关涉的事物。又叫动宾型。例如：

paik ŋkoˀ　挠痒　　　　　taik ŋai　打瞌睡
挠　痒　　　　　　　　　盖住　眼睛

tuik saih　打雷　　　　　ho laih　赶集
打　雷　　　　　　　　　去 市场

ntuk ŋai　取名　　　　　taiˀ kɣaiŋ　弹琴
教　名字　　　　　　　　弹　琴

l̥ih kɣ　起风
出　风

3. 修饰型

由一个词根语素修饰、限制另一个词根语素。现代汉语中一般是修饰语素在前，中心语素在后，故叫偏正型。岳宋佤语中一般是中心语素在前（多为名词性中心语素），修饰语素在后，构成的修饰型合成词以名词居多，动词很少。根据修饰语素的特点，可分为以下几小类。

（1）名词性中心语素 + 名词性修饰语素→名词

tai² sa ʔaŋ　穴（山洞）　　　　nthuŋ ka²　鱼塘
洞　岩石　　　　　　　　　　　池塘　鱼

n̩tʃo² vɯi suŋ　医院　　　　　　ɣom tɯih　乳汁
家　卫生　　　　　　　　　　　水　乳房

haik tɔŋ　头发　　　　　　　　haik ŋai　眉毛 / 睫毛
毛　头　　　　　　　　　　　　毛　眼睛

haik ŋkhɯi　胡子　　　　　　　ɣom mpuih　鼻涕
毛　下巴　　　　　　　　　　　水　鼻子

ɣom ŋai　眼泪　　　　　　　　mpoi men　公黄牛
水　眼睛　　　　　　　　　　　牛　雄性

haik phei²　羊毛　　　　　　　ʔia phɣɛ²　野鸡
毛　羊　　　　　　　　　　　　鸡　野外

khau² l̩a　茶树　　　　　　　　phlɣŋ ʔo²　竹笋
树　茶　　　　　　　　　　　　芽儿 竹子

mau² phɣɛ²　藤子　　　　　　　n̩o² kaiŋ　水稻
绳子 野外　　　　　　　　　　　谷子 水田

m̩oh n̩o²　谷粒　　　　　　　　n̩o² hɔ²　麦
种子 谷子　　　　　　　　　　　谷子 汉族

l̩a² sup　烟叶　　　　　　　　nte² mpoi　牛肉
叶子 烟　　　　　　　　　　　　肉　牛

nte² phei²　羊肉　　　　　　　nte² l̩iak　猪肉
肉　羊　　　　　　　　　　　　肉　猪

sɔm l̩iak　猪食　　　　　　　　ŋok tʃah　衣领
饭　猪　　　　　　　　　　　　脖子 衣服

fuat tɔŋ　包头　　　　　　　　tʃah kɣat　雨衣
围裙 头　　　　　　　　　　　　衣服 塑料

ŋkuih n̩tʃo²　房顶　　　　　　n̩tʃo² ʔeiŋ　厕所
上面 房子　　　　　　　　　　　房子 屎

l̩ok mpoi　牛圈　　　　　　　　l̩ok l̩iak　猪圈

52

圈　牛

圈　猪

kei vɔ² 门闩

toŋ xem 铁锅

闩　门

锅　铁

haŋ thai 铧

ŋai l̥ɔi 字

牙齿 犁

眼睛 书

mɔŋ tʃak 阎王

kɣa² feik 左边

领导 鬼

路　左

kɣa² tɔm 右边

plei² khau² 果子

路　右

水果 树

nte² haŋ 牙龈

肉　牙齿

（2）名词性中心语素 + 动词性修饰语素→名词

ɣom tʃhuat 水滴

n̪tʃo² l̥eiŋ 监牢

水　滴

家 / 房子 关

n̪tʃo² khɯ l̥ɔi 学校

n̪tʃo² tʃhuih 商店

家　学习

家　卖

xem tʃheiŋ 缝纫机

haik kiɛn 辫子

铁　缝

毛发 编

phui mpɣɔ² 贼

phui sai² 病人

人　偷

人　病

plai xɔuŋ 白酒

ɣom lou² 沸水

酒　烤

水　沸腾

n̪tʃo² phɣɔ² 厨房

n̪tʃo² taih 磨房

房子 吃饭

房子 舂（米）

phɣŋ khoik 脸盆

man ²uat 抹布

盆　洗

布　擦

mpɯ tʃai 盘缠

khau² ŋkhi² 拐棍

钱　花费

棍子 拄

（3）名词性中心语素 + 形容词性修饰语素→名词

phui thiaŋ 大人

kuan ²ɛt 小孩儿

53

人　大　　　　　　　　　　　孩子　小

mei² khuat　老头儿　　　　　pun　khuat　老太太

男人　年老　　　　　　　　　妇女　老

phui ʈʂha　穷人　　　　　　　phui ʃɤ²　富人

人　穷　　　　　　　　　　　人　富

phui lɤ²　坏人　　　　　　　khɔŋ ˀum　臭虫

人　坏　　　　　　　　　　　虫　臭

ŋkau² phik　糯米　　　　　　ɣom siŋ　开水

米　粘　　　　　　　　　　　水　熟

tʰla² ŋeiŋ　短裤

裤子　短

4. 陈述型（谓主型）

岳宋佤语中后一词根语素表示被陈述的事物，前一词根语素陈述后一词根语素。这和现代汉语中的主谓型合成词的语序相反，故也可以称为"谓主型"。例如：

m̥om phɤ²　福气　　　　　　m̥om khau²　美

好　灵魂　　　　　　　　　　好　树

lɤ² khau²　丑　　　　　　　sai² xom　悲伤

坏　树　　　　　　　　　　　痛　心

khi xom　忌妒　　　　　　　m̥om xom　满意

着急　心　　　　　　　　　　好　心

5. 补充型

一个词根语素补充说明另一词根语素。岳宋佤语中补充型合成词有两种语序。一种是"中心语素 + 补充语素"，例如：

ˀuat tiak　擦掉　　　　　　toh ntoh　戳破（气球）

擦　丢 / 掉　　　　　　　　　戳　破

ʈlup tiak　（把水）倒掉　　hɔk ˀoh　晒干

泼　丢 / 掉　　　　　　　　　晒　干

piɛh thut　割断　　　　　　thui tiak　减

割　断　　　　　　　　　　　拿　掉

tho² ḷeik　塞进

塞　进

另一种语序是"补充语素 + 中心语素"，例如：

kɛ taih　捣碎　　　　　ʔeim xɤh　养活

碎 捣 / 舂　　　　　　　活　养

phun thui　拿到　　　　n̩tʃum ʔeik　睡着

获得 拿　　　　　　　　舒服　睡

（二）附加式合成词

附加式合成词由词根语素和词缀语素组合而成。这类词又叫派生词。词缀在词根前的叫前缀，在词根后的叫后缀。岳宋佤语中以"前缀 + 词根"前加式合成词居多，后加式合成词很少。前缀大多是由实词语法化而来，但它们语法化的程度不一致，语法化程度低的还带有一定的词汇意义，甚至能作为词根构词。前缀主要有下面几种。

1. 前缀 pa

前缀"pa"是一个使其他词类名物化的词缀，它可以加在名词性语素或谓词性语素的前面，构成双音节或多音节名词。pa 的语法化程度较高，一般只能作词缀，不能独立成词。

（1）"pa"加在名词性语素或谓词性语素的前面，表示"……的人"，相当于汉语"……者"。

①pa + 名词素

　pa thɤ²　邻居　　　　pa n̩tʃo²　亲戚

　　边儿　　　　　　　　家

②pa + 动词素

　pa n̩tʃhai　巫师　　　pa sai²　病人

　　念（咒文）　　　　　病

　pa ŋkap　伙伴

　　交往

③pa + 形容词素

　pa tʃha　穷人　　　　pa ʃɤ²　富人

　　穷　　　　　　　富

　　pa lɣ² 坏人

　　坏

④ pa＋动词素＋名词素

pa ho ma　农民　　pa khɯ l̥ɔi　学生
　去 旱地　　　　　　读 书

pa ntuk l̥ɔi 老师　　pa kia sai² 医生
　教 书　　　　　　　看 病

pa pua phɣɔ² 乞丐
　讨 饭

⑤ pa＋动词素/形容词素（表示具有某类特征的人）

pa phlɔ² 瞎子　　pa vɔk 跛子
　瞎　　　　　　　歪

pa lɣt 聋子　　pa ɣu² 傻子
　聋　　　　　　傻

pa laiŋ 疯子　　pa tlei 结巴的人
　疯　　　　　　结巴

pa ʔɔ 哑巴
　哑

（2）"pa"放在名词性语素或谓词性语素的前面，表示"……的物体""……的东西""……的"。例如：

pa tɔ² 醋　　　pa khɣt l̥ɔi 橡皮
　酸　　　　　　擦 字

pa ŋkhɣŋ 枕头　　pa ʔem 生的
　枕　　　　　　生

pa siŋ 熟的
　熟

2. 前缀 kuan

"kuan"是一个语法化程度较低的词缀，它可以作词根表示"小孩子"的意思，可独立成词。kuan 语法化后作词缀，表"幼小、年幼晚辈、小巧"之意，用于表示人物或动物的名词素之前。有学者把这类词缀称为"类化词缀"或"类词缀"，类词缀是一个半开放的类，它们一部分比较接近于完全虚化的词缀，一部分接近于词根。例如：

kuan mei$^?$　　　儿子　　kuan pun　　　女儿
男性 / 男人　　　　　　　女性 / 妇女

kuan sai$^?$ mei$^?$ 孙子　　kuan sai$^?$ pun　孙女儿
后代 男　　　　　　　　　后代 女

kuan mpoi　牛犊　　　　kuan pɣɔŋ　马驹
牛　　　　　　　　　　　马

kuan phei$^?$　羊羔　　　　kuan l̥iak　猪崽
羊　　　　　　　　　　　猪

kuan so$^?$　狗崽　　　　kuan $^?$ia　小鸡
狗　　　　　　　　　　　鸡

3. 前缀 phun

"phun"一般加在时间名词素的前面，构成时间名词。例如：

phun ŋop　早晨、上午　　phun som　黎明
phun n̥ei$^?$　中午　　　　phun phu　下午、黄昏
phun mphu　晚上

4. 前缀 paŋ

"paŋ"作前缀一般放在动词的前面，构成与动词相关的器物名词，这些名词表示的事物通常是用木头做的。paŋ 具有使动词名物化的功能，它是一个语法化程度较高的词缀，不能独立成词，不能作词根。例如：

hauŋ 蒸（动词）　　　　paŋ hauŋ 蒸笼（名词）
thai 犁（动词）　　　　paŋ thai 犁（名词）

（三）内部屈折构词

岳宋佤语词的形态变化不丰富，但也有少部分词是通过形态变化构成的，主要是通过内部屈折的手段构成新词。内部屈折是依靠词根中的元音或辅音的变化来表达不同的语法意义或构成新词的一种方式，又称

语音交替或音位交替。岳宋佤语中的内部屈折主要是通过单辅音声母与复辅音声母的交替变化来构成。有以下几种情况。

1. 以单辅音声母与复辅音声母交替区分动词与名词。例如：

动词		名词	
kiɛp	夹	ŋkiɛp	夹子
veit	钩	mveit	钩子
piɛh	锯	mpiɛh	锯子
ȵleiŋ	磨刀	leiŋ	磨刀石
ntɛ²	使用	tɛ²	手
kah	梳	ŋkah	梳子
ŋkei	闩（门）	kei（vɔ²）（门）闩	

2. 以单辅音声母与复辅音声母交替区分动词的自动态和使动态。例如：

动词的自动态		动词的使动态	
lat	害怕	ȵlat	吓唬（使……害怕）
kɣʋik	掉	ŋkɣʋik	使……掉
ŋkah	（鞋带）散开	kah	解开（使……散开）
tʃhoŋ	站	ntʃhoŋ	竖立（使……站立）

第二节　四音格词

四音格词是由四个音节按照一定的规律组成的意义单位，在语音、语法、语义和修辞上都有自身不同于复合词或短语的特点。岳宋佤语中的四音格词，大多采用骈俪的形式，注意音韵和谐，语言比较简练，结构严谨。如果用 A、B、C、D 代表四音格词的四个音节，那么岳宋佤语主要有 ABCD 和 ABAC 两种音节类型，分别举例如下。

一　ABCD 型

ABCD 型的四音格词是由四个互不相同的音节组成，一般每个音节就是一个语素或一个词。这种类型分前后两部分，每部分两个音节，形成对仗。其结构组成有的是名词直接并列组合，有的是主谓结构（谓主结构）的并列组合，有的是修饰结构或动宾结构的并列组合。

1. 名词直接并列组合

ta² ʃo² mpɔu kɯiŋ　　　　　父老长辈
爷爷　奶奶　母亲　父亲

ʔia sim ḷiak so²　　　　　家畜家禽
鸡　鸟　猪　狗

2. 主谓结构（谓主结构）的并列组合

kam khuik suih phlɣŋ　　糠出苗，炭发芽（意为不可能发生的事）
糠　　出苗　炭　出芽

pot mpɔŋ ḷɣ² ɳtʃo²　　　　家破人亡
断　楼梯　烂　房子

ŋkhoŋ ḷih ŋkuih xu ḷom　　崇山峻岭
山　　冒出　顶部　　尖

3. 修饰结构的并列组合

nthuŋ ɣai² tai² nto　　　　火炕
潭　　深　洞　难

ṭluih ho liaŋ ʔiaŋ　　　　早出晚归
早　去　晚　回

4. 动宾结构的并列组合

vuik pɣau² hɯik xim　　　干农活
砍　杂草　拔　草

hauk mplɣŋ ḷih ɳtʃhu　　上坡下坡
上　坡　下　坡

mo² tɔŋ l̥ih ta²   藏头露尾

藏　头　出　尾巴

二　ABAC 型

ABAC 型是指四音格词的第一个音节和第三个音节相同，第二个和第四个音节不同。这种类型的四音格词也分为前后两部分，每部分两个音节，结构组成与前面的 ABCD 型类似。如：

1. 主谓结构（谓主结构）的并列组合

sai² tɛ² sai² tʃʰɤŋ   手痛脚痛

痛　手　痛　脚

tʃʰauŋ tɛ² tʃʰauŋ tʃʰɤŋ   手快脚快

轻　　手　轻　　脚

l̥ut moi l̥ut lo²   砍错斧子说错话

错　斧子　错　话

2. 动宾结构的并列组合

plai² ʔia plai² so²   杀鸡杀狗

杀　鸡　杀　狗

ʃoŋ thɛ² ʃoŋ ɤa   举一反三

懂　一　懂　二

第三节　词的聚合

本节主要探讨单义词、多义词和同音词。

一　单义词

词根据义项的多少可分为单义词和多义词。只有一个义项的词叫单义词。一般说来，一个词在产生之初，其意义大多是单一的，只有基本义。在长期的使用过程中，一些词在基本义的基础上产生了派生义，就成了多义词；那些始终没有发展出新义项的单词就一直是单义词。[①]岳宋佤语的单义词要多于多义词，表示动植物名称的词大多是单义词，有单音节的，也有双音节和多音节的，其中以单音节单义词居多。

（一）单音节单义词

只有一个音节构成的单义词。例如：

l̥ɛ² 雨	saih 雷	mɣ² 石头
xem 铁	paik 桥	plaŋ 肩膀
kɣei 屁股	tak 舌头	phui 人
kɣak 水牛	l̥iak 猪	puik 翅膀
vɔik 燕子	ʔo² 竹子	fɔŋ 玉米
ŋkau² 米	nte² 肉	plai 酒
tʃah 衣服	mpɣ 耳环	mpɯ 钱

（二）双音节单义词

由两个音节构成的单义词。例如：

sim ʔuiŋ 星星	tʃhɔ² tʃhip 闪电	sa ʔaŋ 岩石
ɣom mɣ² 石灰	n̩tʃo² tʃhuih 商店	haik tɔŋ 头发
haik ŋkhɯi 胡子	phu kɣɣŋ 膝盖	ɣom tɯih 乳汁
pun khuat 老太太	pa ɣu² 傻子	mpoi meŋ 公黄牛
plɔ² plɔh 猫头鹰	la ʔak 乌鸦	phɔŋ hɣ 蜘蛛
si ʔuiŋ 蛇	kak khau² 树枝	phlɣŋ ʔo² 竹笋

（三）多音节单义词

由三个及以上音节构成的单义词，岳宋佤语中有少部分三音节单义词，但三音节以上的单义词很少见。例如：

ɣom pai vɔi 泉水　　n̩tʃo² khɯ l̥ɔi 学校　　n̩tʃo² vɯi suŋ 医院

[①]　张斌主编《新编现代汉语》，复旦大学出版社，2002，第 180 页。

kɤ ŋo pun 姑娘　　　pa ho ma 农民　　　kuan saiˀ meiˀ 孙子

taiˀ sa ˀaŋ 山洞　　　tɔŋ phɣɔˀ ḷiak 猪食槽　　tih tʂa lut 木耳

ɣom keiŋ hia 蜂蜜　　tah taiˀ khɣɤŋ 肥皂　　ŋeiˀ ḷih meˀ 生日

二　多义词

有两个或两个以上义项而这些义项之间又具有内在联系的词，称为多义词。

多义词都是由单义词发展而来的，这是语言音义矛盾和词义发展演变的必然结果。一种语言的语音形式是有限的，客观的事物、现象则是无限的，以有限的形式反映无限的内容，就有了矛盾。用已有的词语记录新的意义，可以有效地解决这一矛盾，多义词既记录了新的意义，又不增加新词，从而使词汇既丰富发达又简明经济。一般的规律是，使用频率越高的词，义项也就越多。① 岳宋佤语也有一些多义词，多义词以单音节居多。例如：

kuiˀ：①光（阳光）（名词）；　　②发烧、发热（动词）

xom：①心脏、心（名词）；　　②脾气（名词）

ŋai：① 眼睛（名词）；　　②名字（名词）

sop：①寻找、找到（动词）；　　②找（零钱）（动词）；
　　　③ 挑选（动词）

pu：① 飞（动词）；　　② 飘（在空中）（动词）

ḷeik：① 进（屋）（动词）；　　②塞进（动词）；
　　　③钻（洞）（动词）；　　④浸入、渗入（动词）

suˀ：①做（动词）；　　②干（活）（动词）；
　　　③使（动词）　　　④弄（动词）

ŋkɣauˀ：①旁边（名词）；　　②周围、附近（名词）

si tap：①雪（名词）；　　②霜（名词）；
　　　③寒冷（形容词）

---

① 张斌主编《新编现代汉语》，复旦大学出版社，2002，第 181 页。

ŋah：①（水）清（形容词）；　　②干净（形容词）

n̠tʃhum：①插（牌子）（动词）；　　②盖（房子）（动词）；

　　　　③栽、种（树）（动词）

thui：①拿（动词）；　　　　　　②取（动词）；

　　　　③收到、拿到（动词）

l̥ih：①出去、出来、出现（动词）；②起（风）、升起（动词）；

　　　　③（水）流（动词）；　　　④淌（眼泪）（动词）；

　　　　⑤下（楼 / 雨 / 雪 / 霜 / 雹子）（动词）

三　同音词

同音词是语音相同而意义不同的词，是多词同音现象。岳宋佤语中也有一些同音词。例如：

plei²：水果（名词）；谎（话）（名词）

mpoi：牛（名词）；影子（名词）

mɣ²：石头（名词）；梦（名词）

ma：地（名词）；腌（菜）（动词）；很、太（副词）

thu：肚子（名词）；靠（动词）；一样（副词）

ʔaŋ：骨头（名词）；张（嘴）（动词）；不（副词）

khɛ²：月亮（名词）；后（时间名词 / 连词）

m̥om：好（形容词）；应该（动词）

第四节　语义场

一　语义场

人们根据一些词在词义上的共同特点和相互关系，把它们分成大大小小不同的类，组成了一个一个词义的聚合，这就是语义场。所以，语义场是语义的类聚，既有共同义素又有区别义素的一组词的相关语义聚合为一个语义场。① 属于同一语义场的各词义有共同的义素，表明它们同属一个语义场；又有一些不同的义素，表明词义彼此之间的区别。

二 语义场的层次

语义场有不同的层次，上一层次中某个词的义素必然为下一层次的各词所具有，而下一层次又必然有自己一些特殊的义素。例如 "phui"（人）与 "mei²（男人）——pun（女人）" 是同一语义场的两个层次。在 "mei²（男人）——pun（女人）" 这一层次中，"phui"（人）的义素它们都有，而 "mei²"（男人）的 "[＋ 男性]" 这一义素、"pun"（女人）的 "[＋ 女性]" 这一义素，则不是 "phui"（人）这个词所具备的。这里 "phui"（人）是上位词，"mei²"（男人）、"pun"（女人）是下位词。上位词和下位词的关系从逻辑角度看，就是属种关系。

岳宋佤语词汇中也有一些上位词和相应的下位词构成不同的语义场。例如：

（1）上位词：n̩tʃo² 家 / 房子

　　　下位词：n̩tʃo² khɯ l̩ɔi 学校　　　　　　n̩tʃo² tʃhuih 商店

　　　　　　　n̩tʃo² vɯi suŋ 医院　　　　　　n̩tʃo² l̩eiŋ 监牢

（2）上位词：pa n̩tʃo² 亲戚

　　　下位词：pau² 岳父 / 舅父 / 姨父 / 姑父　　mpɔu 岳母

　　　　　　　mpɔu＋ 排行 / 名字 舅母 / 姨母

（3）上位词：khau² 树

　　　下位词：khau² thɔ 桃树　　　　　　　　khau² me 李树

　　　　　　　khau² ŋkhi 松树　　　　　　　　khau² l̩a 茶树

　　　　　　　khau² ɣɛh 榕树

（4）上位词：plei² 水果

　　　下位词：thɔ 桃　　　　　　me 李子　　　　mak tʃu² 橘子

---

① 黄伯荣、廖序东主编《现代汉语》（增订五版上册），高等教育出版社，2011，第229页。

　　　　　　　muih khau² 木瓜　　ŋkɣaik 菠萝　　　muih 香蕉 / 芭蕉

　　　　　　　mak kɔk 桫依果　　mak nun 波罗蜜　　pei 芒果

（5）上位词：tai² 菜

　　　下位词：tai² phoiŋ 白菜　　luo pu 萝卜　　　kɣo² 芋头

　　　　　　　ma² khuu 茄子　　　ma hom/pɣɛ² 辣椒

（6）上位词：mpi 瓜

　　　下位词：mpi po 冬瓜　　　mpi ntum 南瓜　　la ke 黄瓜

三　同义义场和同义词

　　意义相同或相近的词的相关语义组成的语义场叫作同义义场，同一义场中的各个词叫作同义词。[①]

　　从语义关系的角度看，广义的同义词可分为等义词和近义词两类。等义词是指理性意义完全相同，附加义略有不同的一组词。等义词在语言中通常可以换用，这类词在词汇里比较少，它们的存在大多有特定的历史原因和语用意义。近义词是指理性意义有所差异，附加义也有所不同的一组词。

　　岳宋佤语中意义完全相同的等义词比较少见，很多同义词之间通常有细微的差异和用法的区别，即近义词比较多。下面我们来分析一些近义词的差别，近义词的差别表现在许多方面。

（一）理性意义方面的差别

1. 搭配对象不同

（1）sɔm、phɣɔ²、²eih、phɔ² "吃"

　　这几个词都是动词 "吃"，但它们的搭配对象却不同。sɔm 主要指 "吃干饭"；phɣɔ²，意为 "吃饭"，搭配对象比较广泛，没有特指是干饭还是稀饭，它有时也作名词指 "饭"；²eih，搭配对象不受限制，不管吃干饭还是稀饭，或是吃其他东西时都可用；phɔ² 则专门指吃水果，即吃

[①]　黄伯荣、廖序东主编《现代汉语》（增订五版上册），高等教育出版社，2011，第232页。

的对象是水果时只能用"phɔ²",不能用其他词。

（2）mpaik、phak、tai²、hɤm、khoik "洗"

这几个词都是动词"洗"，它们的差别表现在搭配对象的不同。mpaik专指"洗（菜）"；phak专指"洗（碗）"；tai²专指"洗（衣服）"；hɤm专指"洗澡"；khoik专指"洗（脸或手）"。

（3）puk、pɛh、phun "摘"

这几个词都是动词"摘"，不能混用。puk的搭配对象是"花"，专指"摘（花）"；pɛh与"果子、水果"搭配，专指"摘（果子）"；phun则与"菜"搭配，摘各种蔬菜、野菜都是用"phun"。

（4）khuik、phlɤŋ "发芽"

这两个词都表"发芽"，但是所指对象各异。khuik指"种子的发芽"；phlɤŋ则指"树的发芽，树长出新叶"，包括"竹子长出竹笋"等。

（5）nthut、pot "断"

这两个词的搭配对象和语义侧重点都有差别。nthut主要指"线断"，侧重于"拉断"，搭配对象是"线"之类的物体。pot主要指"棍子断"，侧重于"折断"，搭配对象是"棍子"等物体。

2. 语义侧重点不同

（1）tʃhɔk、khum "锄、挖"

这两个词都有"锄、挖"的意思，但语义侧重点不同。tʃhɔk指"锄草"，侧重于把地里的杂草锄掉。khum指"锄地、挖地"，侧重于"深挖"或"挖草后把草埋起来"等。

（2）hɔk、tʃhu² "晒"

两个词都表"晒"，但hɔk侧重于"晾晒、晒干"，如"晒衣服"等。tʃhu²侧重于"太阳照在人或物体的表面"，如"晒太阳、太阳晒"等。

（3）sam、ȵtʃhim "想"

这两个词都有"想"的意思，但二者的使用范围和语义侧重点不同。sam指"想、思考、肯、愿、想起"等多个含义，使用范围较广。而ȵtʃhim侧重于"对人或物的想念、思念"，使用范围窄，如"想家、想妈妈"等。

（4）piɛh、fok "割"

两个词都表 "割"，但其使用范围和语义侧重点有差异。piɛh 侧重于指 "对自上而下悬挂物体的割" 或其他类型的 "割"，使用范围广泛，如 "割下、割绳子、割断、割肉" 等。而 fok 则专指 "割草"，其他场合很少用。

当然，处于同义义场中的各组近义词的差别可能不只是表现在某一个方面，有时可能表现在几个方面，如搭配对象不同、语义侧重点不同以及感情色彩或语体色彩也不相同。其细微差别和词义搭配关系很复杂，值得我们深入地比较和分析。近义词在岳宋佤语中也大量存在，它们对语言表达起着积极的作用，使语言表达更丰富、更准确，增强语言表达的效果。

四　反义义场和反义词

意义相反或相对的两个词的相关语义构成反义义场，这两个词互为反义词。[①] 反义义场可分为两类：互补反义义场和极性反义义场。岳宋佤语中也有这两类反义义场。

（一）互补反义义场

指处于同一反义义场的两个词，肯定 A 必否定 B，肯定 B 必否定 A；反之亦然，两者中间不允许有非 A 非 B 的第三种情况存在。例如：

ˀem 生——sum 死　　　　　　vɔk 弯——plat 直
hok 对——l̠ut 错　　　　　　 noŋ 里——toˀ l̠eiˀ 外
meiˀ 男——pun 女　　　　　　pauh 开（门）——n̠tʃhoŋ 关（门）

（二）极性反义义场

处于极性反义义场的两个词，肯定 A 就否定 B，肯定 B 就否定 A；但否定 A 不一定就是肯定 B，否定 B 也不一定就肯定 A，两者之间可以

---

① 黄伯荣、廖序东主编《现代汉语》（增订五版上册），高等教育出版社，2011，第237页。

有中间状态和其他情况。例如：

thiaŋ 大——ʔɛt 小　　　l̥auŋ 高——them 低

laŋ 长——ŋeiŋ 短　　　ɣai² 远——thei² 近

phu 厚——xei 薄　　　loŋ 黑——phoiŋ 白

hoŋ 亮——fek 暗　　　ʧhiɛn 重——ʧhauŋ 轻

phɣa² 快——nia 慢　　　t̪luih 早——liaŋ 迟 / 晚

ŋah 清——koh 浊　　　t̪luiŋ 胖——khɣo² 瘦

kɣoh 硬——ʧua 软　　　ɣauk 新——pɣeim 旧

kai 紧——l̥ua 松　　　m̥om khau² 美——lɣ² khau² 丑

soŋ 苦——tɛ 甜　　　l̥uk（天气）热——kuat（天气）冷

nto 难——ʃo 易　　　ʃɣ² 富——ʧha 穷

反义词是词义与词义、词与词的关系，词和短语不能构成反义词。
如："坏"和"不坏"，"脏"和"不脏"等都不构成反义义场，也不是反义词，因为"不坏""不脏"都是短语。不过它们还是具有反义关系的。岳宋佤语中也存在这种具有反义关系的成对的词和短语，例如：

kui 有——ʔaŋ kui 没有　　　lom 锋利——ʔaŋ l̥om 钝

foh 宽——ʔaŋ foh 窄　　　si tah 光滑——ʔaŋ si tah 粗糙

n̪ʧum 好吃——ʔaŋ n̪ʧum 难吃

上述这几对词语，左边是词，右边的是短语，互相构成反义关系，而且这些词的反义关系只有在词的前面加否定词"ʔaŋ"（不）这种形式，没有其他相应的反义词。

第四章　词类

词类的划分，以语法功能为划分的主要依据，以意义、形态为参考。将能够单独充当句子成分、具有词汇意义和语法意义的词，划分为实词；将不能单独充当句子成分、只有语法意义的词，划分为虚词。岳宋佤语的词汇也可划分为实词和虚词两大类。实词可细分为名词、代词、数词、量词、形容词、动词、副词；虚词可细分为介词、连词、助词、感叹词等。

第一节　名词

名词表示人或事物或时地的名称，表示抽象概念的名称也属于名词。岳宋佤语词汇中，名词的数量最大、内容也较为丰富，其中具体事物名词占很大一部分，而表示抽象概念的名词相对较少。这可能与当地佤族人民对世界的认知及其思维方式有关。

一　名词的种类

岳宋佤语名词可分为人称名词、事物名词、时间名词、处所方位名词等类别。

（一）人称名词

表示人的姓氏名称或人物、亲属称谓等。

1. 姓氏名称

佤族的姓氏，往往以一位建寨祖先的名字，或迁徙过程中的重要地名，或历史传说中重大的事件为姓氏。如马散的"永欧"姓，是为纪念祖先从"欧"地迁来建寨，"永"，即佤语"寨"之义，故姓"永欧"。[1]

岳宋佤族的姓氏两个音节的比较多，也有三个音节的，四个音节或单音节的比较少见。例如：

（1）maŋ 忙（官，陈姓）　　　　ʒauŋ khui 永亏（魏姓）

khu 库（多）　　　　　　　　ʒauŋ plaih 永铺擂

no 糯

（2）sɛʔ sɔʔ 斯也所　　　　　　ʒauŋ niam 永娜木

ʒauŋ pan 永班　　　　　　si ʔuaih 斯乌艾

kɔn si taʔ 岗斯达　　　　　pa nauŋ 巴闹

ʒauŋ loh 永拉　　　　　　kɔn khuat 岗夸德

pui haʔ seʔ 普阿赛　　　　kɔn tʃheh 岗猜

ʒauŋ rauk 永饶　　　　　　kɔn tʃɔŋ 岗兆翁

ʒauŋ rhaih 永阿艾　　　　ʒauŋ auʔ 永奥

上面（1）组是岳宋乡岳宋村的主要姓氏，（2）组是岳宋乡班帅村的主要姓氏，因班帅村佤语的语音与岳宋村佤语的语音有些差异，故姓氏的记音也有所不同。岳宋佤族直接借汉族的姓氏就是一个音节，如"张、李、魏、陈"等。

2. 人物身份

lau foʔ 佤族（自称）　　　　phui 人

hoʔ 汉族　　　　　　　　　phui thiaŋ 大人

kui 拉祜族　　　　　　　　kuan ʔɛt 小孩儿

sɛm 傣族　　　　　　　　　kɤ ɳaʔ 婴儿

khaŋ 景颇族　　　　　　　mɛiʔ khuat 老头

pun khuat 老太太　　　　　mɛiʔ 男人

---

[1]　云南省民族事务委员会编《佤族文化大观》，云南民族出版社，1999，第 161 页。

pun 妇女　　　　　　　kɣ ŋo mei^ʔ 小伙子

kɣ ŋo pun 姑娘　　　　　pa ntuk lɔi 老师

3. 亲属称谓

　ta^ʔ 爷爷　　　　　　　^ʔeik 哥哥

　ʃo^ʔ 奶奶　　　　　　　^ʔo 姐姐

　kɯiŋ 父亲　　　　　　pho^ʔ mei^ʔ 弟弟

　mpɔu 母亲　　　　　　pho^ʔ pun 妹妹

　thiaŋ 伯父　　　　　　pau^ʔ 舅父

　thiaŋ 伯母　　　　　　pau^ʔ 姑父

（二）事物名词

事物名词所涵盖的范围比较广泛，涉及天文、地理、动物、植物，以及人体、食品、衣着、房屋建筑、用品用具，还有文化娱乐、宗教意识等。

1. 表示天文、地理、自然物

　ma 天　　　　　　　　mɣ^ʔ 石头

　ŋei 太阳　　　　　　　ŋkhoŋ 山

　kui^ʔ 光　　　　　　　tai^ʔ 洞

　khɛ^ʔ 月亮　　　　　　klɔŋ 河

　sim ^ʔuiŋ 星星　　　　　tɛ^ʔ 土

　phɣei^ʔ 天气　　　　　vaŋ 森林

　^ʔɔm 云　　　　　　　xem 铁

　saih 雷　　　　　　　paik 桥

　muik 坟　　　　　　　laih 市场

2. 表示动物、植物

　mpoi 牛　　　　　　　khau^ʔ 树

　phei^ʔ 羊　　　　　　phlɣŋ 芽儿

　voiŋ 老虎　　　　　　mau^ʔ phɣɛ^ʔ 藤子

　saŋ 象　　　　　　　fɔŋ 玉米

　poh 麂子　　　　　　mak nun 波罗蜜

71

khɯɯt 鹌鹑　　　　　　　　mak kɔk 桫依果

tui 白鹇　　　　　　　　　tai 棉花

si ˀuiŋ 蛇　　　　　　　　 tih 蘑菇

3. 表示人体器官

tɔŋ 头　　　　　　　　　　tɛˀ 手

ŋai 眼睛　　　　　　　　　haŋ 牙齿

mpuih 鼻子　　　　　　　　xom 心脏

mphɣ 脸　　　　　　　　　 feit 肠子

n̪tot 嘴　　　　　　　　　　thu 胃

4. 表示食品

ŋkauˀ 米　　　　　　　　　tom 蛋

ˀɤp 饭　　　　　　　　　　 plai 酒

ka puk 粑粑　　　　　　　　l̪a 茶

taiˀ 菜

n̪teˀ 肉

nam ˀoi 糖　　　　　　　　 kam 糠

5. 表示衣着

tʃah 衣服

t̪hlaˀ 裤子

fuat tɔŋ 包头

m̪ɔk 帽子

fuat 围裙

6. 表示房屋建筑

n̪tʃoˀ 房子　　　　　　　　tʃuaŋ 砖

n̪tʃoˀ phɣɔˀ 厨房　　　　　va 瓦

mpɔŋ 楼梯　　　　　　　　khauˀ 木头

mphai 火塘　　　　　　　　ɣoŋ 柱子

ŋkɣaih 晒台　　　　　　　　vɔˀ 门

l̪ok mpoi 牛圈　　　　　　　mpɔŋ 梯子

l̪ɔŋ 篱笆　　　　　　　　　phɯɯm 菜园

7. 表示日常生活、生产、劳动用具

ŋkhvŋ 凳子　　　　　　　toŋ xem 铁锅

khɣuat 床　　　　　　　mvɛ 筷子

mpik 扫帚　　　　　　　tʃhɔ 背篓

khik 柴　　　　　　　　n̪tʃeh 针

ʒɛp 箱子　　　　　　　kɯi 线

khɣ² ŋko 火炭　　　　　moi 斧头

mphai 灶　　　　　　　ŋau 柴刀

8. 表示文化娱乐、宗教意识方面

ŋai l̥ɔi 字　　　　　　　tʃak 鬼

l̥ɔi 画　　　　　　　　pa tʃai² 妖精

tʃei 纸　　　　　　　　mɔŋ tʃak 阎王

n̪tʃhu ka 故事　　　　　nɔŋ tɛ 地狱

n̪tʃhoʔ 山歌　　　　　　phɣ² 灵魂

ŋkɣauh 舞蹈　　　　　　n̪tʃhu 命运

khɣok 木鼓　　　　　　mpoi 影子

m̥uik ʒoʔ 神仙　　　　　mɣ² 梦

（三）时间名词

表示某个具体时间的名称。例如：

phun ŋ̊eiʔ 白天　　　　　lai nah 现在

phun phu 黄昏　　　　　saʔ 将来

ŋ̊eiʔ 日、日子　　　　　l̥oŋ 开始

khiʔ 月　　　　　　　　khɛʔ 最后

ntum 年、岁　　　　　　ntum ɣauk 新年

ntum ka 去年　　　　　lai laiʔ 节日

n̪tʃhu ka 从前　　　　　ŋ̊eiʔ m̥om 吉日

（四）处所方位名词

表示方位、方向、地点（地名、村寨名、河流名）等。例如：

73

piaŋ 中间   ȵtʃheŋ 角

ŋkɤauˀ 旁边   nthɤˀ 边儿

feik 左   ŋkɤauˀ 周围、附近

tɔm 右   kɤaˀ khɛˀ 背后

ka 前   kɤaˀ ŋkuih 上方（地势、河流）

khɛˀ 后   kɤaˀ ŋkɤɤm 下方（地势、河流）

toˀ l̥eiˀ 外   mɤ 界线

noŋ 里   ŋkɤɤm 底下

ʒauŋ suŋ 岳宋（乡）   si mau 思茅

muŋ kha 西盟（县）   ʒauŋ ɤaŋ 曼亨（村）

ma san 马散（寨）

二 名词的语法、语义特征

（一）名词的性别表达

岳宋佤语的名词本身没有表示"性"的形态变化，即没有严格意义上的性的语法范畴。区分性别主要靠附加成分表示，而且不是所有的名词都可以用附加成分来表示"性"，只有部分表人和动物的名称有阳性（雄性）、阴性（雌性）的区分。区分人和区分动物名称的性别用的附加成分不完全相同。

1. 人物名词的性别表达

指人的性别时，男性一般用"meiˀ"表示，女性一般用"pun"表示。"meiˀ"和"pun"均可单独作名词，独立运用。"meiˀ"表示"男性、男人"，"pun"表示"女性、女人"的意思，它们也可作为词素修饰其他成分。例如：

男性   女性

meiˀ khuat 老头儿   pun khuat 老太太

kɤ ṇo meiˀ 小伙子   kɤ ṇo pun 姑娘

kuan meiˀ 儿子   kuan pun 女儿

kuan saiˀ meiˀ 孙子   kuan saiˀ pun 孙女儿

pho² mei² 弟弟　　　　　　　pho² pun 妹妹

但是还有很多有性别之分的名词（亲属称谓）并不用这两个词素来区分，有的有专门的名称，有的表女性名称时加"mpɔu"。如：

男性　　　　　　　　　　　女性

ta² 爷爷　　　　　　　　　　ʃo² 奶奶

ʔeik 哥哥　　　　　　　　　　ʔo　姐姐

pau² 舅父　　　　　　　　　　mpɔu＋排行／名字　舅母

pau² 姨夫　　　　　　　　　　mpɔu＋排行／名字　姨母

pau² 姑父　　　　　　　　　　thiaŋ＋排行／名字（比父亲大的）姑母

　　　　　　　　　　　　　　mpɔu＋排行／名字（比父亲小的）姑母

thiaŋ 伯父　　　　　　　　　thiaŋ　伯母

2. 动物名词的性别表达

指动物的性别时，雄性通常加"meŋ"（雄性、公的）表示，雌性通常加"mpɔu"表示，"mpɔu"（母亲、雌性、母的）是能独立运用的名词，同时也可以作语素构成新词，表示雌性。例如：

雄性　　　　　　　　　　　雌性

mpoi meŋ／meŋ mpoi 公（黄）牛　mpɔu mpoi／mpoi mpɔu 母（黄）牛

kɣak meŋ 公水牛　　　　　　mpɔu kɣak 母水牛

pɣɔuŋ meŋ 公马　　　　　　　mpɔu pɣɔuŋ 母马

phei² meŋ 公山羊　　　　　　mpɔu phei² 母山羊

l̥iak meŋ 公猪　　　　　　　　mpɔu l̥iak／l̥iak mpɔu 母猪

meŋ so²／so² meŋ 公狗　　　　mpɔu so²／so² mpɔu 母狗

meŋ ʔia 公鸡　　　　　　　　mpɔu ʔia 母鸡

（二）名词的数量表达

岳宋佤语的名词本身没有表示数的形态变化，即没有严格意义上的数的语法范畴。岳宋佤语名词要表达数量，一般是与数量短语结合，或者加指代词表示。具体有四种方式。

（1）在名词后面加数量词组表示，语序为"名词＋数词＋量词"。以这种方式计数的名词既包括表示人的名词，也包括表示动物、植物、用具等的名词，使用范围比较广。例如：

ɣom ti thuŋ 一桶水   phui lui kai 三个人

水　一　桶　　　　　　人　三　个

ʔia pon mo 四只鸡   mpoi l̥ᴇ mo 六头牛

鸡　四　只　　　　　　牛　六　头

plai phuan kɔŋ 五瓶酒   khauʔ ŋa ŋkɔŋ 二十棵树

酒　五　瓶　　　　　　树　二十　棵

（2）表人物名词的双数"俩"，岳宋佤语一般用"ɣa kai"（两个）表示，"ɣa kai"一般位于名词后面，这种表达在岳宋佤语中不常用。例如：

kuan saiʔ meiʔ ɣa kai 孙子俩

孙子　　　　　　两个

kuan ʔᴇt khɯ l̥ɔi ɣa kai 学生俩

学生　　　　　　两个

（3）岳宋佤语名词双数的表达还可以用 ŋkɣom（量词），表示"对"或"双"。语序为"名词 + 数词 +ŋkɣom"。例如：

ntin ti ŋkɣom 一双鞋   puik ti ŋkɣom 一对翅膀

鞋　一　双　　　　　　翅膀　一　对

mvᴇ ti ŋkɣom 一双筷子   mplei ti ŋkɣom 一对手镯

筷子 一　双　　　　　　手镯　一　对

（4）在人物名词前加"hei ʔan nah"（那些）表示双数或多数，相当于汉语的"们"，有定指的意味。例如：

hei ʔan nah　　pa ntuk l̥ɔi　　老师们

那些　　　　　　老师

hei ʔan nah　　pa kɣom　　朋友们

那些　　　　　　朋友

hei ʔan nah　　pa khɯ l̥ɔi　　学生们

那些　　　　　　学生

（三）名词指大与指小的表达

1. 指大。岳宋佤语的名词本身大多没有相应的词素表示"大"的意义，要表示体积或排行"大"是通过添加形容词"thiaŋ"（大）表示的。

（1）表示体积、规模大可在名词后面加"thiaŋ"（大）。例如：

khau˞ thiaŋ 大树   mɣ˞ thiaŋ 大石头

  树   大   石头 大

kɣa˞ thiaŋ 大路   han thiaŋ 大鹅

  路   大   鹅   大

phui thiaŋ 大人   ʒauŋ thiaŋ 大寨子

  人   大   寨子 大

（2）表示排行大则一般在其人名或排行前面加"thiaŋ"，有时单独用"thiaŋ"称呼排行大的亲属，这样表示尊敬的意味。例如：

thiaŋ 伯父、大伯   thiaŋ 伯母

thiaŋ + ʒei˞ / 人名 大姨妈   thiaŋ + ˞i / 人名 二姨妈

       老大   老二

thiaŋ + 排行 / 人名 （比父亲大的）姑母

2. 指小。岳宋佤语名词的指小表达有几种情况，可以用 kuan、pho˞、kɣ、˞ɛt 来表示。

（1）kuan 表"孩子、幼小、后代、年幼晚辈"之意，用于人物或动物。kuan 既是语素也是词，可单用。例如：

kuan ˞ɛt 小孩儿   ȵtʃɔŋ kuan 子宫

kuan mei˞ 儿子   kuan pun 女儿

kuan sai˞ mei˞ 孙子   kuan sai˞ pun 孙女儿

kuan tɯi 孤儿（男）   kuan sai˞ pun 后代（女）

kuan mpoi 牛犊   kuan pɣɔuŋ 马驹

kuan phei˞ 羊羔   kuan l̩iak 猪崽

kuan so˞ 狗崽   kuan ˞ia 小鸡

kuan ka˞ 小鱼   kuan tʃak 小鹿

kuan saŋ 小象   kuan sim 小鸟

（2）pho˞ 表"小、年幼同辈"之意，通常加在名词前面，也可单用。例如：

    pho˞ mei˞ 弟弟   pho˞ pun 妹妹

年幼同辈 男性　　　　　　　　年幼同辈 女性

pho² 　　²o 姐妹　　　　　　　pho² 　　²eik 兄妹

年幼同辈 姐姐　　　　　　　　年幼同辈 哥哥

（3）kɣ 表"幼小、碎小、颗粒状"等意义，用于人物或其他无生命物体。例如：

kɣ ŋo mei² 小伙子　　　　　　kɣ ŋo pun 姑娘

kɣ n̩a² 婴儿　　　　　　　　　kɣ 灰尘

kɣ n̩i²（一）点（东西）

（4）加形容词 ²ɛt。²ɛt 表"小、幼小"之意，使用范围广泛。例如：

kuan ²ɛt 小孩儿　　　　　　　klɔŋ ²ɛt 小河

孩子　小　　　　　　　　　　河　　小

khau² ²ɛt 小树　　　　　　　　kɣa² ²ɛt 小路

树　　小　　　　　　　　　　路　　小

三　名词的构词特点

（一）部分名词具有前缀

岳宋佤语名词中常见前缀有"pa""kuan""phun""paŋ"及前加音"si"等，分别表示不同的意义。

1. 前加音 si

si tap 雪　　　　　　　　　　si tap 霜

si ²aŋ 骨头　　　　　　　　　si ²uiŋ 蛇

si puaŋ 青蛙　　　　　　　　（si）²aŋ kɣak 肋骨

2. 前缀 pa

岳宋佤语的部分名词带有前缀"pa"，前缀"pa"是一个使其他词类名物化的词缀，它可以放在名词、动词、形容词、短语等的前面，表示"……的人"或"……的物体"。

（1）"pa"放在名词、动词、形容词、短语等的前面，表示"……的人"，相当于汉语"……者"。

① pa＋名词

pa thɤʔ 邻居　　　　　pa ntʃoʔ 亲戚
　　 边儿　　　　　　　　　 家

② pa＋动词

pa ntʃhai 巫师　　　　pa saiʔ 病人
　　 念（咒文）　　　　　 病

pa ŋkap 伙伴
　　 交往

③ pa＋形容词

pa tʃha 穷人　　　　　pa ʃɤʔ 富人
　　 穷　　　　　　　　　　 富

pa lɤʔ 坏人
　　 坏

④ pa＋短语/词（表示职业）

pa ho ma 农民　　　　pa khɯ ḽɔi 学生
　 去 旱地　　　　　　　 读 书

pa ntuk ḽɔi 老师　　　pa kia saiʔ 医生
　 教　书　　　　　　　 看 病

pa po　铁匠　　　　　pa pua phɤʔ 乞丐
　 打铁　　　　　　　　　 讨 饭

⑤ pa＋动词/形容词（表示具有某类特征的人）

pa phlɔʔ 瞎子　　　　pa vɔk 跛子
　 瞎　　　　　　　　　　 歪

pa lɤt 聋子　　　　　pa ɣuʔ 傻子
　 聋　　　　　　　　　　 傻

pa laiŋ 疯子　　　　　pa tlei 结巴的人
　 疯　　　　　　　　　　 结巴

pa ʔɔ 哑巴　　　　　pa tʃaiʔ 妖精
　 哑　　　　　　　　　　 吃人

79

（2）"pa"放在名词、动词、形容词、短语等的前面，表示"……的物体""……的东西"。例如：

pa tɔ² 醋　　　　　　　pa ²ui 香料
　酸　　　　　　　　　　有异味

pa ŋ̥aŋ 项圈　　　　　　pa ŋkhʏŋ 枕头
　戴　　　　　　　　　　　枕

pa khʏt l̥ɔi 橡皮　　　　pa siŋ 熟的
　擦　字　　　　　　　　　熟

pa ²em 生的
　生

3. 前缀 kuan

"kuan"虚化后作词缀，表"幼小、年幼晚辈、小巧"之意，用于人物或动物名词。例如：

kuan mei² 儿子　　　　kuan pun 女儿

kuan sai² mei² 孙子　　kuan sai² pun 孙女

kuan mpoi 牛犊　　　　kuan pʏɔuŋ 马驹

kuan phei² 羊羔　　　　kuan l̥iak 猪崽

kuan so² 狗崽　　　　　kuan ²ia 小鸡

4. 前缀 phun

"phun"一般放在时间名词素前面，构成时间名词。例如：

phun ŋop 早晨、上午　　phun som 黎明

phun ŋ̥ei² 中午　　　　phun phu 下午、黄昏

phun mphu 晚上

5. 前缀 paŋ

"paŋ"一般用于木头做的器物名词，充当木头器物名词的前缀，具有使动词名物化的功能。例如：

hauŋ 蒸（动词）　　　　paŋ hauŋ 蒸笼（名词）

thai 犁（动词）　　　　paŋ thai 犁（名词）

（二）通过形态变化构成名词

岳宋佤语中的部分名词与其对应的动词、形容词等具有形态上的对应变化关系，具体有以下几种。

1. 以单辅音声母与复辅音声母交替区分动词与名词。有的还附加词缀"pa"构成名词。例如：

动词	名词
ŋkɣom 关系	pa kɣom 朋友
mpɣɔ² 偷	pa pɣɔ² 贼
kiɛp 夹	ŋkiɛp 夹子
veit 钩	mveit 钩子
piɛh 锯	mpiɛh 锯子
ɬleiŋ 磨刀	leiŋ 磨刀石
ntɛ² 使用	tɛ² 手
kah 梳	ŋkah 梳子

2. 以韵尾辅音的增减区分名词与动词。例如：

动词	名词
ŋthop 盖	ŋtho 盖子、塞子

3. 名词与动词同形。例如：

动词	名词
fuat 围	fuat 围裙
ŋkaŋ 扣	ŋkaŋ 扣子
sip 扇	sip 扇子
mplei 戴（手镯）	mplei 手镯
kah 说	kah 话
phɣɔ² 吃	phɣɔ² 饭
khum 锄/挖（地）	khum 锄头

这些形态上有关联或同形的名词与动词，在来源上究竟谁先谁后，是名词先产生还是动词先产生，或者二者同时产生，目前还没有确切的资料可供考察判断，也许这些词的产生存在层次的差异。

四　名词的组合特征

名词的组合特征是指名词可以与哪些词相组合，组合时的语序及特点等。

1. 名词一般不能重叠

岳宋佤语中同一个名词一般不能重叠，如不能说 l̩iak l̩iak（猪猪）、thih thih（鸭鸭）等。

2. 名词受数量词（组）修饰，组合时的语序为"名词 + 数词 + 量词"。例如：

mpoi ti① mo　一头牛　　　　　l̩iak ɣa mo　两头猪

牛　一　头　　　　　　　　　猪　二　头

ʔia lui mo　三只鸡　　　　　n̩tʃoʔ ti mo　一幢房子

鸡　三　只　　　　　　　　　房子　一　幢

3. 名词可以受名词修饰。名词直接修饰名词，不需用助词，语序为"中心词 + 修饰词"。例如：

n̩tʃoʔ plɔŋ　茅草房　　　　　kɔŋ ɣom　水缸

房子　茅草　　　　　　　　　缸　水

ntin man　布鞋　　　　　　　tʃhɔ　ʔoʔ　竹箩筐

鞋　布　　　　　　　　　　　箩筐　竹子

n̩oʔ　ʔin ntum　今年的谷子　　phui　ʒin nan　云南人

谷子　今年　　　　　　　　　人　　云南

xɣ l̩ɔi ʔeik　哥哥的书包　　　ŋai l̩ɔi lau foʔ　佤文

包书　哥哥　　　　　　　　　字　　佤族

4. 名词可以受代词修饰。名词受人称代词和指示代词修饰时，都不用加助词，但是语序有差异，分别为"名词（中心词）+ 人称代词"、"指示代词（指量）+ 名词（中心词）"。例如：

---

① 这里"ti"为数词"thɛʔ"（一）的变体，当 thɛʔ 与其他词组合后，通常变读为"tɣ"、"ta"或"ti"等。

ȵtʃoʔ tʃɔ　他的房子　　　　ḷɔi meʔ　你的书

房子　他　　　　　　　　书　你

ȵtʃoʔ khɯ ḷɔi heʔ 他们的学校　　taʔ　ʔɛʔ　我的爷爷

学校　　　他们　　　　　　爷爷　我

ʔin nah mpoi　这头牛　　　　ʔan nah ȵtʃoʔ　那幢房子

这个　牛　　　　　　　　那个　　房子

ʔin nah thih　这只鸭子　　　hei ʔan nah khauʔ 那些树

这个　鸭子　　　　　　　那些　　　树

5.名词可以受动词修饰。名词受动词修饰时也不用加助词，语序为"名词（中心词）+动词"。例如：

phui saiʔ　病人　　　　　　khauʔ ŋkhiʔ　拐杖

人　病　　　　　　　　　树　拄

kah phɔk　讲的话　　　　　ma khum　挖的地

话　讲　　　　　　　　　地　挖

6.名词可以受形容词修饰。形容词修饰名词不用加助词，语序为"名词（中心词）+形容词"。例如：

klɔŋ ʔɛt　小河　　　　　　ȵtʃoʔ them　矮房子

河　小　　　　　　　　　房子　矮

si ʔuiŋ thiaŋ　大蛇　　　　ŋkhɤŋ laŋ　长凳子

蛇　　大　　　　　　　　凳子　长

phui ḷiau　聪明人　　　　　tʃah tʃheʔ　湿衣服

人　聪明　　　　　　　　衣服　湿

五　名词的句法功能

名词在句子中主要作主语、宾语、定语、状语。具体句法功能如下。

（一）名词作主语

名词作主语大多位于谓词（动词/形容词）性词语的后面，一般没有形态标记。例如：

（1）taiŋ ʃoˀ man.　　　　　　　　　　奶奶织布。
　　　织　奶奶　布

（2）ma nʧum mak kɔk tei phɔˀ.　　　移依果很好吃。
　　　很　好吃　移依果　受助　吃

（3）sɔm mpoi kɣiɛt.　　　　　　　　　黄牛吃草。
　　　吃　黄牛　青草

（二）名词作宾语

名词作宾语大多位于主语之后。例如：

（1）tuiˀ kɯiŋ　na　khauˀ ŋkhɯiˀ.　　爸爸把树砍倒了。
　　　砍　爸爸　助词　树　　倒

　　　或 ŋkhɯiˀ tuiˀ kɯiŋ　na　khauˀ.
　　　　　倒　　砍　爸爸　助词　树

（2）khɣ ˀeih ta ˀ ɬɣm.　　　　　　　爷爷正在吃稀饭。
　　　正　吃　爷爷　稀饭

（3）tuiˀ ʧɔ　ˀoˀ.　　　　　　　　　　他砍竹子。
　　　砍　他　竹子

（4）mpaik ˀo tai ˀ phoiŋ.　　　　　姐姐洗白菜。
　　　洗　　姐姐　白菜

（三）名词作定语

名词作定语修饰名词时，中心成分在前，修饰成分在后。例如：

（1）lɣˀ na　　sɔ　voˀ thiaŋ.　　　（事物名词做定语）
　　　坏　助词　锁　门　大

　　　　　　　　　　　　　　　　　　大门的锁坏了。

　　　hɣik pu sim ŋkuih khauˀ.　　　树上的鸟飞走了。
　　　已经　飞　鸟　上面　树

（2）thui ʧɔ lɔi ˀeik.　　　　　　　（人物名词做定语）
　　　拿　他　书　哥哥

　　　　　　　　　　　　　　　　　　哥哥的书被他拿走了。

84

（3）ma thiaŋ ɣom ntum ka.　　　　（时间名词做定语）
　　很　大　　水　去年

　　　　　　　　　　　　　　　　去年的水很大。

（4）ʔuik hɣik phui noŋ ʒauŋ.　　　（处所方位名词做定语）
　　都　来　人　里　寨子

　　　　　　　　　　　　　　　　寨子里的人都来了。

（四）名词作状语

大多是时间名词作状语，状语一般位于句子的后面。例如：

（1）ho kɯiŋ khɯiŋ miŋ pu saʔ.　　　　　　爸爸明天去昆明。
　　去 父亲　昆明　明天

（2）khum ʔɛʔ ma phun phu.　　　　　　　　下午我挖地。
　　挖　我 旱地 下午

（3）khau phoʔ meiʔ tʃo ta ʃo ntum khɛʔ saʔ. 他弟弟明年考大学。
　　考　弟弟　他 大学　明年　将

（4）ho n̩tʃhum peʔ l̩a phun ŋop ʔiŋ.　　　你们今天上午去种茶。
　　去　种 你们 茶 上午　今天

第二节　代词

　　起替代和指示作用的词称为代词。"代词不是根据句法功能划分的词类，它是根据表达功能，即是否具有替代或指称功能划分出来的一种特殊的词类。"[①] 从替代或指称的对象看，代词可分人称代词、指示代词和疑问代词三大类。代词的语法功能与它所替代、所指示的语言单位的语法功能大致相当，所替代的词语能作什么句法成分，代词就作什么句法成分。

---

① 张斌主编《新编现代汉语》，复旦大学出版社，2002，第317页。

一 人称代词

岳宋佤语的人称代词分单数、双数和多数三类，没有主格、宾格、领格的区分，也没有性的区分。第一人称的双数没有包括式、排除式之分，而多数却有包括式、排除式之分。第一、二、三人称代词均无对称、引称之分。具体如表 4-1。

表 4-1　人称代词简表

人称	单数	双数	多数
第一人称	$ʔɛ^ʔ$ 我	$ʔa^ʔ$ ɣa kai 咱俩 / 我俩	$ʔa^ʔ$ 咱们 $ʔe^ʔ$ 我们
第二人称	$me^ʔ$ 你	$pa^ʔ$ /$pa^ʔ$ ɣa kai 你俩	$pe^ʔ$ 你们
第三人称	tʃɔ 他 / 她	$ho^ʔ$ /$ho^ʔ$ ɣa kai 他俩 / 她俩	$he^ʔ$ 他们 / 她们

（一）人称代词的数

岳宋佤语的人称代词有单数、双数、多数的区别。"双数"是运用异根的形式构成的，有的在异根基础上还可以附加，如 "$ʔɛ^ʔ$"（我）与 "$ʔa^ʔ$ ɣa kai"（咱俩 / 我俩），"$me^ʔ$"（你）与 "$pa^ʔ$/$pa^ʔ$ ɣa kai"（你俩）。第一、二、三人称的双数形式都可以带有 "ɣa kai"（两个）。"多数"运用异根和内部屈折两种形式。第一人称的多数是运用异根的形式，第二、三人称的多数与双数相比，是运用内部屈折的形式构成的，如 "$pa^ʔ$"（你俩）与 "$pe^ʔ$"（你们），"$ho^ʔ$"（他俩 / 她俩）与 "$he^ʔ$"（他们 / 她们）。

（二）反身代词

反身代词 "$tei^ʔ$"（自己）的使用有几种情况。

1. "$tei^ʔ$"（自己）一般放在谓语动词之后，强调动作行为的产生是主语本身所致，而不是由于外力，"$tei^ʔ$"（自己）是主语（多为人称代词）的复指和替代。例如：

（1）kah tei² me² tei².   你自己说自己。
　　说 自己 你 自己

（2）su² tei² vai su² me².   你自己的事情自己做。
　　做 自己 活儿 做 你

（3）moh tei² ɳʧo² ʧɔ.   他自己家。
　　是 自己 家 他

（4）tai² tei² ʧah me².   你自己洗衣服。
　　洗 自己 衣服 你

2. "tei²"（自己）也可作定语修饰名词，放在名词后面，直接修饰不用加助词。例如：

（1）suh ʧɔ kuan tei².   他打自己的孩子。
　　打 他 孩子 自己

（2）phak ʔɛ² ȶloŋ tei².   我洗自己的碗。
　　洗 我 碗 自己

3. "tei²（自己）+ 人称代词"表"（自己）亲自"义。例如：

ho khin tei² ʧɔ ɣom.   他亲自去接水。
去 接 自己 他 水

（三）泛指人称代词

"pa ʒauŋ"（别人、人家）。例如：

mpɣɔ² pa ʒauŋ ʔan nah ļoi.   那本书被别人偷了。
偷 别人 那个 书

（四）人称代词的句法功能

人称代词在句中可作主语、宾语、定语。

1. 作主语

（1）sai² ʧɔ.   她生病了。
　　病 她

（2）pe̱² ho phɣɔ² hɔ.   你们吃饭去吧！
　　你们 去 吃饭 语助

（3）ʔuik ho he^ʔ.   他们全都去了。
     全   去 他们

（4）khoik ʔɛʔ mphɣ.   我在洗脸。
     洗   我 脸

2. 作宾语

（1）suh tʃɔ me^ʔ.   他打你。
     打   他 你

（2）me^ʔ ho kɔk he^ʔ.   你去请他们。
     你   去 叫 他们

（3）ŋkhɔh tɔ^ʔ n̥o^ʔ na pe^ʔ.   谷子分给你们吧！
     分   给 谷子 受助 你们

3. 作定语

（1）kɯiŋ ʔɛʔ   我的父亲
     父亲 我

（2）xɣ l̥ɔi me^ʔ   你的书包
     包 书 你

（3）moh tʃɔ ʃo^ʔ ʔɛʔ.   她是我的奶奶。
     是   她 奶奶 我

（4）ma m̥om phɣ^ʔ pa^ʔ.   你俩的运气很好。
     很   好 运气 你俩

二 指示代词

指示代词有指示和替代的作用。按句法功能划分，指示代词可以分为指示代名词、指示代副词和特殊指示代词三类。

（一）指示代名词

指示代名词用来指代人，也用来指代事物。有近指和远指之分，岳宋佤语中 ʔin 为近指，ʔan 为远指。例如：

ˀin nah phui	这个人	ˀan nah phui	那个人
这个　　人		那个　　人	
ˀin nah ˀia	这只鸡	ˀan nah ˀia	那只鸡
这个　鸡		那个　鸡	
ˀin nah n̩tʃoˀ	这座房子	ˀan nah n̩tʃoˀ	那座房子
这个　房子		那个　房子	

指示代名词中有一类是代处所方位名词的，称为处所指示代词，其句法功能也和处所方位名词一致。例如：

tho nah	这里	thauˀ nah	那里
kɣaˀ nah	这边	kɣaˀ hei nah	那边
kɣaˀ ŋkuih kɣaˀ nah	这上面	kɣaˀ ŋkuih kɣaˀ hei nah	那上面
上面　　这边		上面　　那边	
kɣaˀ ŋkɣ̞m kɣaˀ nah	这下面	kɣaˀ ŋkɣ̞m kɣaˀ hei nah	那下面
下面　　这边		下面　　那边	

处所指示代词在句中可作主语、宾语、定语。例如：

（1）moh　thauˀ nah　foŋ.　　　　那里是玉米。（主语）
　　　是　　那里　玉米

（2）ˀot ʒauŋ　ˀeˀ tho nah.　　　　我们的寨子在这里。（宾语）
　　　在 寨子　我们　这里

　　　ŋkom meˀ thauˀ nah.　　　　你在那里坐着。（宾语）
　　　坐　你　那里

（3）tʃah thauˀ nah moh tʃah phih？　那里的衣服是谁的？（定语）
　　　衣服　那里　　是　衣服 谁

（二）指示代副词

指示代副词的功能同副词大体相同，常用的有"teik"（这样）、"sok"（那样）、"mpɣŋ……teik"（这么、那么）等，放在形容词、动词的前面或后面指示性状。例如：

mpɣŋ……teik thiaŋ	这么大	mpɣŋ……teik thiaŋ	那么大
这么　　　大		那么　　　大	

mpɣŋ······teik laŋ　　这么长　　　　mpɣŋ······teik l̥auŋ　　这么高
这么　　　　长　　　　　　这么　　　　高

mpɣŋ······teik foh　　这么宽　　　　mpɣŋ······teik ɣaiʔ　　这么深
这么　　　　宽　　　　　　这么　　　　深

mpɣŋ······teik liaŋ　　这么久　　　　mpɣŋ······teik phu　　这么厚
这么　　　　久　　　　　　这么　　　　厚

mpɣŋ······teik ʔɛt　　那么小　　　　mpɣŋ······teik hun　　那么多
那么　　　　小　　　　　　那么　　　　多

mpɣŋ······teik ʒom　　那么少　　　　mpɣŋ······teik mplɣŋ　　那么陡
那么　　　　少　　　　　　那么　　　　陡

mpɣŋ······teik them　　那么矮　　　　mpɣŋ······teik ʔɛt mo　　那么细
那么　　　　矮　　　　　　那么　　　　细

指示代副词在句中主要作状语。例如：

（1）mpɣŋ na mak nun teik huan seih.　　　　波罗蜜长这么大了。
　　　助 波罗蜜 这么 生长 助

（2）mpɣŋ phoʔ meiʔ tʃɔ teik ʔɛt seih.　　　　他弟弟这么小。
　　　弟弟　他 这么 小 助

（3）mpɣŋ tʃɔ teik them seih.　　　　　　他那么矮。
　　　他 那么 矮 助

（4）mpɣŋ ʔan nah l̥iak teik thiaŋ seih.　　　那头猪这么大了。
　　　那个　猪 这么 大 助

（5）mpɣŋ phoʔ pun teik l̥auŋ.　　　　　妹妹那么高了。
　　　妹妹　那么 高

（6）tɔʔ na tʃɔ, hɣik mpɣŋ ʔɛʔ kui teik hun seih.
　　　给 助他 已经　　 我 有 这么 多 助
　　　　　　　　　　　　　　　　　　我已经有这么多了，给他吧！

（7）ma m̥om na tʃah teik kia na eih seih.　这样穿衣服好看。
　　　很　 好 助衣服这样 看 助 穿 助

（8）l̥ut na suʔ sɔk.　　　　　　　　那样做不对。
　　　错 助 做 那样

（三）特殊指示代词

岳宋佤语指示代词中还有表示复数的指示代词，主要有"hei nah"（这些）、"hei ʔan nah"（那些），它们都可以用于指物或指人。例如：

hei nah khauʔ	这些树	hei ʔan nah mpoi	那些牛
这些	树	那些	牛
hei nah phui	这些人	hei ʔan nah phui	那些人
这些	人	那些	人

三　疑问代词

疑问代词的主要用途是表示有疑而问（询问）或无疑而问（反问、设问）。

（一）疑问代词的类别

常用的疑问代词，按其疑问对象的不同可分为七组，见表4-2。

表 4-2　疑问代词简表

疑问对象	疑问代词
问人	phih 谁；phih 哪个
问事物	phoh 什么；mv 哪个（果子等）
问时间	lai mvʔ 几点；lai mvʔ 什么时候
问处所	thyʔ mvʔ 哪里；thyʔ mvʔ 什么地方
问数目	tv nɛʔ mvʔ 多少（几）；mvʔ mo 几个
问原因	na phoh 为什么
问方式、性质、状态等	lɔʔ mvʔ 怎么（怎样） suʔ……lɔʔ mvʔ 怎么样

（二）疑问代词的句法功能

疑问代词在句中可作主语、宾语、定语、状语、谓语等句法成分。

1. 作主语

（1）ȵtʃhɔuˀ phih tei ?　　　　　　　谁在唱歌？
　　唱歌　谁　助

（2）ho pɛh phih muih ?　　　　　　　哪个去摘芭蕉？
　　去　摘　哪个　芭蕉

2. 作宾语

（1）ˀauˀ meˀ mɣ ?　　　　　　　　你要哪个（橘子）？
　　要　你　哪个

（2）ho heˀ thɣˀ mɣˀ ?　　　　　　　他们去哪里（什么地方）了？
　　去　他们　哪里

（3）kui hei nah pei tɣ nɛˀ mɣˀ ?　　这堆芒果有多少个？
　　有　这些　芒果　多少

3. 作定语

（1）pɛh meˀ muih khauˀ mɣˀ mo ?　你摘了几个木瓜？
　　摘　你　木瓜　几个

（2）moh ˀin nah siaŋ phiŋ phih ?　这是谁的照片？
　　是　这个　相片　谁

4. 作状语

（1）ˀeik meˀ lai mɣˀ ? kauk lai mɣˀ ?
　　睡　你　什么时候　起床　什么时候

　　　　　　　　　　　　　你什么时候睡？什么时候起床？

（2）suh meˀ tʃɔ na phoh ?　　　　你为什么打他？
　　打　你　他　为什么

（3）ho lɔˀ mɣˀ ˀin nah kɣaˀ ?　这条路怎么走？
　　去　怎么　这个　路

（4）hɣik moŋ kha ho lɔˀ mɣˀ ?　到西盟怎么走？
　　到　西盟　去　怎么

5. 作谓语

（1）suˀ ˀin nah tʃah　lɔˀ mɣˀ ?　这件衣服怎么样？
　　　　这个　衣服　怎样

第三节　数词

数词表示数目或次序。

一　数词的分类

数词可分为基数词、序数词及概数。

（一）基数词

岳宋佤语的基数词都是用佤语本身固有的，不像岩帅佤语"30~99"都是借用傣语数词。基数词表示数目的多少，可分为系数词、位数词及复合数词。

1. 系数词

岳宋佤语数词的计算系统是十进位的。系数词包括0~9的个位数数词，例如：

mᴇ	零		thᴇ?	一
ɣa	二		lui	三
pon	四		phuan	五
l̥ᴇ	六		?a l̥ᴇ	七
tᴇ?	八		tᴇm	九

2. 位数词

位数词包括十、百、千、万、亿、万亿、兆等。岳宋佤语的位数词相比汉语多了一个"ŋa"（二十），但是没有"亿"等更大的位数词，位数词"vaŋ"（万）是汉语借词。

ko	十		ŋa	二十
keŋ	百		xeŋ	千
vaŋ	万			

3. 复合数词

系数词和位数词可以组成复合数词，大致有三种组合情况。

（1）系数词 + 位数词

这种语序组合表示整数，其中系数词"thɛ"与其他词组合位于其他词前面时音变为"ti"，例如：

lui ko	三十		ti keŋ	一百
pon ko	四十		ɣa keŋ	二百
phuan ko	五十		lui keŋ	三百
l̩ɛ ko	六十		lui xeŋ	三千
ˀa l̩ɛ ko	七十		lui vaŋ	三万
tɛˀ ko	八十		ti keŋ vaŋ	一百万
tɛm ko	九十		ɣa keŋ vaŋ	二百万

（2）位数词 + 系数词

此种组合中的位数词主要是"ko"（十）与"ŋa"（二十），表示整数带个数，个数在整数之后，不用连词连接。例如：

ko thɛˀ	十一		ŋa thɛˀ	二十一
ko ɣa	十二		ŋa ɣa	二十二
ko lui	十三		ŋa lui	二十三
ko pon	十四		ŋa pon	二十四
ko phuan	十五		ŋa phuan	二十五
ko l̩ɛ	十六		ŋa l̩ɛ	二十六
ko ˀa l̩ɛ	十七		ŋa ˀa l̩ɛ	二十七
ko tɛˀ	十八		ŋa tɛˀ	二十八
ko tɛm	十九		ŋa tɛm	二十九

（3）系数词 + 位数词 + mɛ+……

岳宋佤语中表示"零"用mɛ，但"mɛ"不能单独使用，必须与数词连用。

一般来说，表示三十以下的非整数不需要加mɛ，但表示三十以上的非整数时，个位数与十位数之间要加mɛ，十位数（或二十）与百位数之间要加mɛ，百位数与千位数、千位数与万位数、个位数与百位数之间等都要加mɛ。例如：

lui ko mɛ thɛˀ	三十一		ˀa l̩ɛ ko mɛ thɛˀ	七十一

pon ko mɛ thɛ²　　四十一　　　　　tɛ² ko mɛ thɛ²　　八十一

phuan ko mɛ thɛ²　五十一　　　　　tɛm ko mɛ thɛ²　九十一

l̥ɛ ko mɛ thɛ²　　　六十一　　　　　tɛm ko mɛ tɛ²　　九十八

lui keŋ mɛ tɛ²　　三百零八

pon keŋ mɛ phuan ko　四百五十

lui xeŋ mɛ tɛ² ko mɛ thɛ²　三千零八十一

tɛ² xeŋ mɛ lui keŋ mɛ ŋa tɛm　八千三百二十九

ti vaŋ mɛ lui xeŋ mɛ lui keŋ mɛ tɛ²　一万三千三百零八

4. 基数词的运算法

岳宋佤语基数词的运算法有"加""减"法，无"乘""除"法。用
"A＋nauk（加）＋B"来表示"A 加 B"。例如：

phuan nauk ko　　　五加十

ɣa nauk tɛ²　　　　二加八

用"A＋thui tiak（拿掉、减）＋B"来表示"A 减 B"。例如：

ko thui tiak phuan　十减五（十拿掉五）

ŋa thui tiak pon　　二十减四（二十拿掉四）

（二）序数词

序数词表示次序的先后。包括一般次序、长幼排序等类别。

1. 一般次序

（1）岳宋佤语用"pa（第）＋ 基数词"的格式来表示"第……"。
例如：

pa ka　　　　第一　　　　　　pa ²a l̥ɛ　　　第七

pa ɣa　　　　第二　　　　　　pa tɛ²　　　　第八

pa lui　　　　第三　　　　　　pa tɛm　　　　第九

pa pon　　　　第四　　　　　　pa ko　　　　　第十

pa phuan　　　第五　　　　　　pa ko thɛ²　　第十一

pa l̥ɛ　　　　　第六　　　　　　pa ŋa thɛ²　　第二十一

（2）用"pa（第）＋ 基数词 ＋ 量词"格式表示"数量的次序"，例如：

pa ɣa khi²　　　第二个月　　　　　pa pon ʧʰɣŋ　第四次

第二 月   第四 次

pa l̥ɛ tʃhɤŋ   第六回   pa lui ŋei²   第三天

第六 回   第三 天

（3）若表示"第……个"，指物体时用"物体 +pa+ 基数词"的格式，指人时则用"人称代词 +pa+ 基数词"的格式。"第一个（首先）"用"pa l̥oŋ"表示；"最后一个"用"pa thu khɛ²"表示。例如：

1）moh tʃo pa l̥oŋ tei l̥eik.   他是进去的第一个人。
   是 他 首先 助 进

2）²uik su² ²an nah pa thu khɛ² nɛ.   最后一个人做完了。
   完 做 那个 最后 助

3）moh me² pa thu khɛ².   你是最后一个人。
   是 你 最后

4）kɣʋik plih pa thu khɛ².   最后一个果子掉了。
   掉 果子 最后

5）moh ²in fɔŋ pa l̥oŋ me² tei phun.   这是你摘的第一个苞谷。
   是 这 苞谷 首先 你 助 摘

6）moh ²in mak tʃu² pa lui tʃo tei phɔ². 这是他吃的第三个橘子。
   是 这 橘子 第三 他 助 吃

2. 长幼排序

佤语中长幼的排列顺序有一套习惯的称呼，而且长幼次序有男性和女性的区别，具体如下。

排行	男性（兄弟）	女性（姐妹）
老大	²ai	ʒei²
老二	ɲi	²i
老三	sam	²am
老四	sai	²ɔk
老五	ŋɣ²	²ip
老六	lok	²iɛt
老七	tʃit	²u
老八	pɛt	

（三）概数

概数是指不确定的数，岳宋佤语中概数的表达主要有两种方式。

1. 用数词与其他词的组合来表达概数

（1）数词与概数词"kha pa"（大概、左右、差不多）组合

在数词、量词之前加 kha pa，语序一般为"kha pa + kui（有）+
（名词）+ 数词 + 量词"（更常用）或者"kha pa＋kui（有）+ 数词 +
（量词）+（名词）"，表示"大概 / 左右 / 差不多……"之意。例如：

kha pa kui mpoi ko mo　　　　　大概十头牛
大概　有　牛　十　头

kha pa kui phui phuan kai　　　　差不多五个人
差不多　有　人　五　个

kha pa kui phui ˀa ḻɛ tɛˀ kai　　　七八个人左右
左右　有　人　七　八　个

kha pa kui nteˀ pon ʧit　　　　　差不多四斤肉
差不多 有　肉　四　斤

kha pa kui ɣa lui keŋ mpɯ　　　大约二三百块钱
大约　有 二 三 百　钱

kha pa kui lui ko ntum　　　　　大概三十岁
大概　有 三 十　岁

（2）数词与"hauh"（多）、"mɛ kɣ n̻iˀ"（多一点）组合

在数词、量词后面加 hauh 或 mɛ kɣ n̻iˀ，语序一般为"（名词）+ 数
词 + 量词 ＋hauh / mɛ kɣ n̻iˀ"，表示"……多"之意。例如：

phuan ko vaŋ hauh　　　　五十多元钱
五　十　元　多

pa kia saiˀ ɣa keŋ kai hauh　　两百多位医生
医生　　两 百 个 多

ˀia ŋa mo hauh　　　　二十多只鸡
鸡 二 十 只　多

lui t͡ʃit mɛ kɤ ȵi²   三斤多一点

三 斤 多 一 点

phuan hoŋ mɛ kɤ ȵi²   五两多一点

五   两 多 一 点

ti keŋ mɛ kɤ ȵi²   一百多一点

一 百 多 一 点

2. 两个相邻的数字连用来表达概数

（1）"一"至"九"中相邻的两个基数连用

岳宋佤语中这种概数表达法要注意的是：一定是相邻的数，不能间隔，如不能说"三五天"；一般是两个相邻的基数连用，不能是三个或三个以上的基数连用，如不能说"七八九天"。任何两个相邻的个位数都可以组成概数。例如：

thɛ² ɣa mo   一二个   ɣa lui mo   二三个

一 二 个   二 三 个

lui pon mo   三四个   pon phuan mo 四五个

三 四 个   四   五 个

phuan l̩ɛ mo 五六个   l̩ɛ ²a l̩ɛ mo   六七个

五   六 个   六 七 个

²a l̩ɛ tɛ² mo 七八个   tɛ² tɛm mo   八九个

七 八 个   八 九 个

kha pa kui lui pon kai   差不多三四个

差不多 有 三 四 个

kha pa kui ɣa lui t͡ʃit   差不多两三斤

差不多 有 二 三 斤

（2）用"一"至"九"中相邻的两个系数加"十""百""千""万"等位数来表示概数。例如：

pon phuan ko mo   四五十个

四   五 十 个

l̩ɛ ²a l̩ɛ ko mplah   六七十张

六 七 十 张

ɣa lui keŋ kai phui　　两三百人

二 三 百 个 人

pon phuan keŋ mo　　四五百个

四 五 百 个

ɣa lui xeŋ　　　　两三千　　　ʔa l̥ɛ tɛʔ xeŋ　　七八千

二 三 千　　　　　　　　七 八 千

phuan l̥ɛ vaŋ　　　五六万　　　tɛʔ tɛm vaŋ　　八九万

五 六 万　　　　　　　　八 九 万

二　数词与量词的组合

数词常跟量词一起组成数量词组，岩帅佤语中，数词"11~29"与量词组合时，其语序为"十位 + 量词 + 个位"，而 30 以上的数量词组合的语序为"数词 + 量词"。岳宋佤语中，所有数词与量词的组合语序均为"数词 + 量词"。例如：

1. 数词"1~10"与量词组合

lui ŋ̊eiʔ　　　三天　　　　pon mo　　　四个

三 天　　　　　　　　　四 个

phuan mplah　五页　　　　tɛʔ tʃhɣŋ　　八次

五 页　　　　　　　　　八 次

2. 数词"11~29"与量词组合

ko thɛʔ mo　　十一条　　　ko l̥ɛ ŋkon　　十六棵

十一 条　　　　　　　十六 棵

ŋa lui mo　　二十三个　　ŋa tɛm ntʃoʔ　二十九户

二十三 个　　　　　　二十九 户

3. 数词"30~99"与量词组合

lui ko mo 三十件　　　　phuan ko mɛ l̥ɛ mo　五十六只

三 十 件　　　　　　　五 十 六 只

ʔa l̥ɛ ko tʃhɣŋ 七十遍　　tɛm ko mɛ lui kon　九十三瓶

七 十 遍　　　　　　　九 十 三 瓶

三 数词的句法功能

1. 数词的主要功能是与量词连用作名词的定语，数量词组一般放在所修饰的名词后面。例如：

（1）lau fo² lui kai 三个佤族
  佤族 三 个

（2）sɔm mpoi ti mo xim ɣa fɔn ! 一头牛喂两捆草！
  吃 牛 一 头 草 两 捆

（3）tʃɔk tʃɔ tei tɔ² tʃah na mpou ti mplah.
  买 她 助 给 衣服 助 妈妈 一 件

  她买了一件衣服给妈妈。

2. 数词与名量词组合的数量词组可以重叠，表示数量多。重叠后的数量词组作定语修饰名词，放在名词后面。例如：

（1）khau² ti ŋkɔŋ ti ŋkɔŋ 一棵一棵的树（一棵棵树）
  树 一 棵 一 棵

（2）ka² ti mo ti mo 一条一条的鱼（一条条鱼）
  鱼 一 条 一 条

（3）ŋkɣaik ti mo ti mo 一个一个的菠萝（一个个菠萝）
  菠萝 一 个 一 个

3. 数词与量词组合还可作句子的主语、宾语等成分。例如：

（1）ti tʃit kui ko hoŋ. 一斤有十两。（主语）
  一 斤 有 十 两

（2）ŋkhɔh me² tɔ² ɣa mo khu kai ! 你分给每人两个吧！（宾语）
  分 你 给 两 个 每 个

（3）²eih tʃɔ nɛ ²uik ti mpoiŋ. 他一口吃完了。（状语）
  吃 他 助 完 一 口

（4）ho me² ɣa tʃhɣŋ. 你去两次。（补语）
  去 你 两 次

4. 数词有时在句中也可单独作主语或宾语。例如：

（1）m̥om l̥ɛ kheiŋ pon.　　　　　六比四好（吉利）。（主语）

　　　好　六　比　四

（2）m̥om xom ʔɛʔ ʔan tɛʔ, ʔaŋ ʔɛʔ m̥om xom ʔan pon.

　　　喜欢　我 那 八　不 我　喜欢　那 四

　　　　　　　　　　　　我喜欢八，不喜欢四。（宾语）

第四节　量词

量词是表示计量的单位，表示人、事物或动作单位的计量。岳宋佤语的量词与汉语相比，没那么丰富，但比印欧语系语言的量词要丰富得多。

一　量词的分类

岳宋佤语的量词可分为名量词、动量词两大类。名量词多，动量词少。

（一）名量词

名量词表示人和事物的计量单位。可分为专用名量词和借用名量词，专用名量词又可分为个体量词、集合量词、度量衡量词、不定量词、时间量词等。借用名量词中有的借自名词，有的借自动词。

我们先来看专用名量词。

1. 个体量词

个体量词较多，可分为类别量词、性状量词、通用量词、反响型量词等类别。

（1）类别量词

类别量词是用于具有同类属性名词上的量词。常见的有 "kai"（个），只用于人。例如：

phui ti kai　　　一个人　　　　kuan ʔɛt khɯ l̥ɔi ti kai 一个学生

人　一 个　　　　　　　　　　学生　　　　　一 个

101

kɤ ŋa² ti kai　　一个婴儿　　　pa ntuk l̥ɔi ti kai　　　一个老师
婴儿　一 个　　　　　　　老师　　一 个

pa kɤom ti kai　一个朋友　　　pa kia sai² ti kai　　　一个医生
朋友　　一 个　　　　　　　医生　　一 个

mo 表"只、条、头"等，可用于所有动物的表量。它也是通用量
词。例如：

sim ɤa mo　　两只鸟　　　　l̥iak ti mo　　　一头猪
鸟　两 只　　　　　　　　猪 一 头

ka² ti mo　　　一条鱼　　　　mpoi ti mo　　　一头牛
鱼 一 条　　　　　　　　　牛　　一 头

（2）性状量词

性状量词用于具有同类性状的名词上。主要有三种。

① ŋkɔŋ 表"棵、根、朵"等，用于自然生长的棵状、条状物体（包
括树木、花草、一般事物等）。例如：

khau² ti ŋkɔŋ　一棵树　　　la mpe² ti ŋkɔŋ/ŋkhua　一根甘蔗
树　一 棵　　　　　　　甘蔗　　　一　　根

fɔŋ　ti ŋkɔŋ　　一根玉米　　khau² thɔ ti ŋkɔŋ　　　一棵桃树
玉米 一 根　　　　　　　桃树　　　一　棵

ŋkai² ti ŋkɔŋ　　一根稻草　　tai² ka ti ŋkɔŋ　　　一根韭菜
稻草 一 根　　　　　　　韭菜　一 根

tʃhuŋ ti ŋkɔŋ　一根葱　　　pɤuih ti ŋkɔŋ/mo　　　一朵花
葱　一 根　　　　　　　花　一 朵

haik tɔŋ ti ŋkɔŋ 一根头发　　haik fa² ti ŋkɔŋ　　　一根汗毛
头发　一 根　　　　　汗毛　一 根

haik ti ŋkɔŋ　一根羽毛
羽毛 一 根

② mplah 表"片、张、面、页、块"等，用于薄而小的平面、薄片
状物体。例如：

l̥a² khau² ti mplah 一片叶子　　　　phɤɔ² ti mplah　一床被子
叶子　一 片　　　　　　　被子 一 床

tʃei ti mplah　　　一张纸　　　　man ti mplah　　一块布

纸　一　　张　　　　　　　　布　　一　　　块

tʃah ti mplah　　　一件衣服　　　tʃhi ti mplah　　一面旗

衣服　一　件　　　　　　　　旗　一　　面

pha tʃit ti mplah　　一块毛巾　　　l̥ɔi ti mplah　　一页书

毛巾　一　　块　　　　　　　书　一　　页

③pla² 表"半、只"（成双成对物体其中之一）。对这些成双成对物
体的其中之一进行计量时，既可以用性状量词"pla²"（半），也可以用通
用量词"mo"。例如：

ntin ti pla²　　　　一只鞋　　　　va ʃi ti pla²　　　　一只袜子

鞋　一　半　　　　　　　　袜子　一　半

ŋai　ti pla²/mo　一只眼睛　　　l̥a² ʒauk ti pla²/mo　一只耳朵

眼睛　一　只　　　　　　　耳朵　一　　只

tʃhɤŋ ti pla²/mo 一只脚　　　　tɛ² tʃah ti pla²/mo　一个衣袖

脚　一　只　　　　　　　衣袖　一　个

plaŋ ti pla²/mo　一个肩膀　　　mpɤom ti pla²/mo　　一个肾

肩膀一　个　　　　　　　肾　一　个

tɛ² ti pla²/mo　一只手

手　一　只

（3）通用量词

通用量词是量词中使用频率最高、搭配最广泛的量词。岳宋佤语中
通用量词"mo"（个），适用范围很广，用于表示天体、人体器官、动
物、植物、农具、工具、建筑物、床具、食物、饰品等各种物体。没有
固定量词搭配的名词需要称量时，都能使用通用量词"mo"（个）。"mo"
（个）类似于汉语的泛指量词"个"，但二者的使用范围有一些不同：岳
宋佤语的通用量词"mo"（个）能表示大部分事物的计量，但不能表示
"人"的计量；汉语的"个"则对事物和人都能计量。例如：

ŋei　ti mo　　　一个太阳　　　sim ²uiŋ ti mo　　一颗星星

太阳　一　个　　　　　　星星　一　颗

l̻iak ti mo 　一头猪　　　　ka² ti mo 　　　一条鱼
猪　一　头　　　　　　　　鱼　一　条

tai² ti mo 　一棵菜　　　　thɔ ti mo 　　　一个桃子
菜　一　棵　　　　　　　　桃子　一　个

kui ti mo 　一根线　　　　mau² nɔŋ ti mo 　一条腰带
线　一　根　　　　　　　　腰带　　一　条

mpik ti mo 　一把扫帚　　　pa ŋaŋ ti mo 　一个项圈
扫帚　一　把　　　　　　　项圈　一　个

mplei ti mo 　一个手镯　　　ŋkhɤŋ ti mo 　一把椅子
手镯　一　个　　　　　　　椅子　一　把

khɤuat ti mo 　一张床　　　pa ŋkhɤŋ ti mo 　一个枕头
床　一　张　　　　　　　　枕头　　一　个

tʃuaŋ ti mo 　一块砖　　　　ɣoŋ ti mo 　　一根柱子
砖　一　块　　　　　　　　柱子一　根

n̻o ti mo 　一个肺　　　　tom ti mo 　　一个肝
肺　一　个　　　　　　　　肝　一　个

xom ti mo 　一颗心脏　　　haŋ ti mo 　　一颗牙齿
心脏　一　颗　　　　　　　牙齿　一　颗

nt̪laiŋ ti mo 　一个膀胱　　　fuat tɔŋ ti mo 　一个包头
膀胱　一　个　　　　　　　包头　　一　个

fuat ti mo 　一条围裙　　　pa ʃuk ti mo 　一件事
围裙一　条　　　　　　　　事情　一　个

n̪tʃho² ti mo 　一首歌　　　n̪tʃo² ein ti mo 　一个厕所
歌　一　首　　　　　　　　厕所　　一　个

l̻ok mpoi ti mo 一个牛圈　　l̻ok l̻iak ti mo 　一个猪圈
牛圈　一　个　　　　　　　猪圈　一　个

（4）反响型量词

反响型量词是指量词与被修饰的名词完全相同或部分相同。又称
"专用量词"、"拷贝型量词"、"反身量词"或"临时量词"。反响型量词
来源于被称量的名词本身，同时又专用于对该名词的称量。岳宋佤语有

反响型量词，但不是很丰富，主要是一部分表处所的名词能用作反响型量词，其他名词则很少用。例如：

ŋkhoŋ　ti　ŋkhoŋ　　　　　　　一座山
山　　　一　　山

tai²　ti　tai²　　　　　　　　　一个洞
洞　　一　　洞

ȵʨo²　ti　ȵʨo　　　　　　　　一家人
家　　一　　家

klɔŋ　ti　klɔŋ　　　　　　　　一条河
河　　一　　河

ʒauŋ　ti　ʒauŋ　　　　　　　　一个寨子（村子）
寨子　一　寨子

ȵʨo² vɯi suŋ　ti　ȵʨo² vɯi suŋ　一个医院
医院　　　　一　　　医院

phɯm　ti　phɯm /mo　　　　　一个园子
园子　一　园子（个）

2. 集合量词

集合量词可分为定量集合量词（有定）和不定量集合量词（无定）两类。岳宋佤语中定量集合量词只有一个"ŋkɣom"（双、对），不定量集合量词常见的有："thei"（行）、"mvɔŋ"（片、块）、"tia"（串、排）、"ŋkah"（柄）、"ȵʧhop"（把）、"fɔn"（捆、束、吊）、"tlɣk"（堆）等。

（1）"ŋkɣom"（双、对），表示成双成对的事物。例如：

ntin　ti　ŋkɣom　　　一双鞋
鞋　　一　　双

mpɣ　ti　ŋkɣom　　　一对耳环
耳环　一　对

kaŋ kɔi　ti　ŋkɣom　　一对兔子
兔子　　一　　对

ŋai　　ti　ŋkɣom　　　一双眼睛
眼睛　一　　双

（2）"thei"（行），表示一个长条形、长块形区域的事物。例如：

n̥oʔ hɔʔ ti thei　　　　一行麦子

麦子　　一　行

l̥a ti thei　　　　　　一行茶

茶　一　行

（3）"mvɔŋ"（片、块），指大面积、成片的事物。例如：

khauʔ ti mvɔŋ　　　　一片树林

树　　一　片

ma ti mvɔŋ　　　　　一块地

地　一　块

（4）"tia"（串、排），表示干巴、房子等连成串状、连成一排。例如：

nteʔ kɣoh ti tia　　　一串干巴

干巴　　一　串

n̥tʃoʔ ti tia　　　　　一排房子

房子　一　排

phui ti tia　　　　　　一排人

人　一　排

（5）"ŋkah"（柄），表示一串东西连在一个把柄上面。例如：

muih　ti　ŋkah　　　一柄芭蕉

芭蕉　一　柄

（6）"n̥tʃhop"（把）。例如：

taiʔ ti n̥tʃhop　　　　一把菜

菜　一　把

ŋkauʔ ti n̥tʃhop　　　一把米

米　一　把

（7）"fɔn"（捆、束、吊）。例如：

khik ti fɔn　　　　　一捆柴

柴　一　捆

pɣuih ti fɔn　　　　　一束花

花　一　束

ȵui ti fɔn   一吊珠子

珠子 一 吊

（8）"tlʌk"（堆）。例如：

ʔeiŋ ti tlʌk   一堆粪

粪 一 堆

3. 度量衡量词

度量衡量词是用于度量衡和货币单位的量词。

（1）度量衡量词有非标准的、标准的两类。

①非标准度量衡量词多是本语词，主要有"top"（庹，左右两臂平伸的距离）、"nthɔk"（拃，拇指与中指展开的距离）、"nthoŋ"（步）等。例如：

ti top   一庹

ti nthɔk   一拃

ti nthoŋ   一步

②标准度量衡量词有"tʃhi"（尺）、"mi"（米）、"li"（里）等，"tʃit"（斤）、"hoŋ"（两）、"ŋkɣik"（亩）等，大部分借自汉语。例如：

man lui tʃhi   三尺布

布 三 尺

nteʔ ȵiak pon tʃit   四斤猪肉

猪肉 四 斤

nɔ maŋ lui hoŋ   三两香油

香油 三 两

nam ʔoi lɛh phuan hoŋ   五两红糖

糖 红 五 两

kaiŋ ɣa ŋkɣik   两亩田

田 两 亩

（2）表示货币单位的量词有："vaŋ"（元）、"tʃoʔ"（角）、"fuiŋ"（分）等，均借自汉语。例如：

ɣa vaŋ 两元   lui tʃoʔ 三角

phuan fuiŋ 五分

4. 不定量词

表示不定数量。主要有两个："ka nik"［（一）些］、"kɣ n̥iʔ"［（一）点儿］。

5. 时间量词

用于计算时间单位。常用的有："khɛk"（一会儿）、"ŋ̊eiʔ"（天 / 日）、"som"（夜 / 晚）、"khiʔ"（月）、"ntum"（年 / 岁）、"n̥tʃhu"（辈子）等。其中时量词"khiʔ"（月）的用法与汉语中的量词"月"有些差异：汉语中的量词"月"计量时间，指月份，数词限在十二以内，"月"与数词连用，多表示序数量，如"一月 / 春二三月"分别表示"第一个月 / 春天的第二或第三个月"；岳宋佤语的"khiʔ"直接与数词连用时不表示序数量，而表示基数量，相当于数量名结构，如"ti khiʔ"表示"一个月"的意思。例如：

ti khiʔ	一个月	ya khiʔ	两个月
一 月		两 月	
lui khiʔ	三个月	pon khiʔ	四个月
三 月		四 月	

时间量词一般与数词结合在一起表时间量。例如：

ti ŋ̊eiʔ	一天	phuan ŋ̊eiʔ	五天
pon som	四晚	ya ntum	两年
ti n̥tʃhu	一辈子		
ti ŋ̊eiʔ mɛ ti som	一昼夜（一天一夜）		
lui ŋop	三个上午		
三 上午			
ya ŋ̊eiʔ	两个中午		
两 中午			
pon phu	四个下午		
四 下午			

我们接着看借用名量词。借用名量词主要有两种：借自名词、借自动词。

1. 借自名词

（1）借用有关的器具、用具名词来表量。例如：

thuŋ（水）桶	ɣom ti thuŋ	一桶水
	水　一　桶	
ʈloŋ 碗	ʔɤp ti ʈloŋ	一碗饭
	饭 一 碗	
xɣ 包	taiʔ ti xɣ	一包菜
	菜 一 包	
kɔŋ 罐子	plai ti kɔŋ	一罐酒
	酒 一 罐	
phiŋ 瓶	ɣom ti phiŋ	一瓶水
	水　一　瓶	
lok 杯子	ɣom ti lok	一杯水
	水　一　杯	
thɔŋ 袋子	fɔŋ ti thɔŋ	一包（袋）玉米
	玉米一 包	
	l̥aʔ sup ti thɔŋ	一袋烟
	烟　一 袋	
thei（宽的）带子	n̥oʔ hɔʔ ti thei	一行麦子
	麦子　一 行	
	l̥a ti thei	一行茶
	茶一 行	
ŋkah 梳子	muih ti ŋkah	一柄芭蕉
	芭蕉 一 柄	
ŋkhɔŋ 刀盒/剑套	ŋkuat ti ŋkhɔŋ	一把刀
	刀 一 把	
	ma hom ti ŋkhɔŋ	一个辣椒
	辣椒　一 个	

　　这里名词"ŋkah"（梳子）借用为量词"柄"，主要是其形状相似；而名词"ŋkhɔŋ"（刀盒/剑套）借用为量词修饰辣椒，也主要是因为辣椒的形状与剑套的形状相近。

（2）借用抽象名词来表量。例如：

ŋkɣom 关系	ntin ti ŋkɣom	一双鞋
	鞋　一　双	
	mpɣ ti ŋkɣom	一对耳环
	耳环　一　对	

2. 借自动词

tʃhuat 滴	nɔ maŋ ti tʃhuat	一滴油
	油　　一　滴	
	ɣom ti tʃhuat	一滴水
	水　一　滴	
	tʃhɔ² ti tʃhuat	一滴露水
	露水　一　滴	
fɔn 捆 / 拴 / 系	haik kiɛn ti fɔn	一根辫子
	辫子　　一　根	
	khik ti fɔn	一捆柴
	柴　一　捆	
ntʃhop 抓（一把）	tai² ti ntʃhop	一把菜
	菜　一　把	
	ŋkau² ti ntʃhop	一把米
	米　一　把	
ntui 切（肉坨）	nte² ti ntui	一坨肉
	肉　一　坨	
ŋkop 叠（布 / 书）	man ti ŋkop	一层布
	布　一　层	

（二）动量词

动量词较少。常见的有 "tʃhɣŋ"（次、回、下、遍、顿）、"nthoŋ"（步）等。例如：

| hɣik ti tʃhɣŋ | 来一回 | ²eih ti tʃhɣŋ | 吃一顿 |
| 来　一　回 | | 吃　一　顿 | |

ʔɣh ti tʃhɤŋ   念一遍   ho ti tʃhɤŋ   去一次

念 一 遍   去 一 次

thiɛt ti tʃhɤŋ   踢一下   ho ɣa nthoŋ   走两步

踢 一 下   走 两 步

动量词有的来源于名词（与动作有关的名词）。例如：

tʃhɤŋ 脚   thiɛt ti tʃhɤŋ   踢一脚

                 踢 一 脚

mpoiŋ 口   khiɛt ti mpoiŋ   咬一口

                 咬 一 口

                 hɔk ti mpoiŋ   喊一声

                 喊 一 声

tɛʔ 手   suh ti tɛʔ   打一下

                 打 一 下

二 量词的语法功能

（一）组合功能

在句子中，量词一般不能单独使用。量词通常要和数词、名词或动词结合在一起做句子成分，名量词有时还可与指示代词或疑问代词结合。

1. 名词计量时，通常在名词后加数量词组表示。数词在前，量词在后。例如：

phui ti kai 一个人   kah ti poi 一句话

人 一 个   话 一 句

l̥ɔi ɣa mo 两本书   khauʔ ko lui ŋkɔŋ 十三棵树

书 两 本   树 十 三 棵

mpoi ŋa phuan mo 二十五头牛   lui ko mɛ l̥ɛ ŋeiʔ 三十六天

牛 二 十 五 头   三 十 六 天

2. 动词计量时，量词与数词、动词结合的语序则是"动词 + 数词 +
动量词"。例如：

ho ɣa tʃhʏŋ 去两趟   suh ɣa tɛʔ 打两下
去 两 趟   打 两 下

tʃhim ɣa mpoiŋ 尝两口   suʔ ti tʃhʏŋ 做一遍
尝   两 口   做 一 遍

3. 指示代词修饰名词时，中间不用加量词，基本语序是"指示代词 +
名词"。例如：

hei nah soʔ   这群狗
这 些 狗

ʔin nah saiʔ   这种病
这 个 病

ʔin nah tʃah   这件衣服
这 个 衣服

4. 量词还可与疑问代词结合

名量词与疑问代词结合时的语序为"名词 +……+ 疑问代词 + 名
量词"。例如：

kui（phui）peʔ ɲtʃoʔ tei mʏʔ kai？   你家有几个人？
有 人 你们 家 助 几 个

kui ḻiak peʔ mʏʔ mo？   你家有多少头猪？
有 猪 你们 多少 头

动量词与疑问代词结合时的语序为"动词 +……+ 疑问代词 + 动
量词"。例如：

hɣik ho meʔ khɯiŋ miŋ mʏʔ tʃhʏŋ？   你去过昆明几次了？
已经 去 你 昆明 几 次

ho peʔ mʏʔ ŋeiʔ？   你们走了几天（才到昆明）？
走 你们 几 天

（二）句法功能

量词不能单独充当句子成分，必须与数词、代词结合在一起作句子成分。

名量词与数词、代词结合在句中主要作主语、宾语、定语；动量词与数词结合，在句中主要充当状语、补语。例如：

（1）ʔaŋ khup tei phoʔ lui mo.　　（果子）三个不够吃。（作主语）
　　　不　够　助　吃　三　个

（2）suʔ ʔɛʔ nɛ ɣa mo.　　我做了两件（衣服）。（作宾语）
　　　做　我　助　两　件

（3）tʃɔk tʃɔ kaʔ phuan mo.　　他买了五条鱼。（作定语）
　　　买　他　鱼　五　条

（4）thui tʃɔ nɛ ʔuik tɤ tʃhɤŋ.　　他一次拿完了。（作状语）
　　　拿　他　助　完　一　次

（5）suʔ meʔ nɛ tɤ tʃhɤŋ.　　你做一遍。（作补语）
　　　做　你　助　一　遍

（6）ʔot heʔ ɣa som.　　他们住了两晚。（作补语）
　　　在　他们　两　夜

（三）量词的重叠

量词通常不能重叠。若要表"每"义，在量词前面直接加"khu"（每）。例如：

khu ŋ̊eiʔ 每天（天天）　　　khu kai 每个（个个）
　每　天　　　　　　　　　　每　个

khu tʃhɤŋ 每次（次次）　　　khu ʈlɤh 每处（处处）
　每　次　　　　　　　　　　每　处

ʔuik hɤik phui khu kai.　　每个人都来了。
都　来　人　每　个

ʔuik n̠tʃum tei phoʔ khu mo.　　每个果子都好吃。
都　好吃　助　吃　每　个

ho ʔɛʔ n̠tʃoʔ meʔ khu ŋ̊eiʔ.　　我天天都来你家。
去　我　家　你　每　天

表"依次（逐个）"，可用"一个一个"（数词与量词结合以后再重

113

叠）。例如：

pe² ho tɤ kai tɤ kai.

你们 走 一 个 一 个

你们一个个地走（不要着急）! / 你们一个一个地走（不要着急）!

第五节　形容词

形容词表示事物的形状、性质和状态等。岳宋佤语的形容词单音节的比较多，双音节的较少，三音节以上的很少。

一　形容词的分类

形容词一般分为性质形容词和状态形容词两类。

1. 表示性质的形容词，如：

kuat	（天气）冷	soŋ	苦
l̥uk	（天气）热	tɛ	甜
m̥om	好	tʃua	软
lɤ²	坏	kɣoh	硬
l̥iau /n̥tʃhaŋ	聪明	vau	勇敢

2. 表示状态的形容词，如：

khuat	老	thiaŋ	大
tʃua	嫩	²ɛt	小
ɣauk	新	loŋ	黑
pɣeim	旧	phoiŋ	白
laŋ	长	foh	宽（阔）
ŋeiŋ	短	²aŋ foh	窄
phɣa²	快	nia	慢
plat	直		

二　形容词的构词特点

佤语各方言的构词方法有着明显的特征，就是有些词带有前加音"si"，如名词、动词、形容词中都有一些词带有"si"，岳宋佤语的形容词也具有这个特点。

1. 形容词有的带前加音"si"，如：

si ŋa 黄　　　　　　　　si tah 滑 / 光滑

si koh 浑浊　　　　　　si lua 松 / 疏松

si ʔoh 干 / 干燥　　　　si ʔu 温 / 暖和

si ʔum 臭　　　　　　　si ȵeit 小气

si tap 寒冷　　　　　　si ŋah 干净 / 清澈

si nik 热闹　　　　　　si vuŋ 呆头呆脑

si tʃheh 湿

2. 形容词与动词同形，如：

vɔk 歪 / 弯（形容词）　　　vɔk 弯（动词）

3. 形容词与名词同形，如：

si tap 寒冷（形容词）　　　si tap 雪 / 霜（名词）

三　形容词的语法特点

（一）形容词的名物化

1. 形容词能加前缀"pa"构成名物化。例如：

pa ɣauk 新的　　　　　　pa ṃom 好的

pa pɣeim 旧的　　　　　　pa laŋ 长的

pa ʔem 生的　　　　　　　pa ŋeiŋ 短的

pa ɣom 稀的　　　　　　　pa l̥auŋ 高的

pa meŋ 公的　　　　　　　pa them 矮的

pa mpɔu 母的　　　　　　pa lɔŋ 黑的

pa thiaŋ 大的　　　　　　pa ʔɛt 小的

（二）形容词的否定式

形容词能受副词"ˀaŋ"（不）修饰，表示否定。例如：

ˀaŋ thiaŋ 不大　　　　　　　ˀaŋ ˀɛt 不小

ˀaŋ pɣoi 不脏　　　　　　　ˀaŋ them 不低

ˀaŋ tʃhauŋ 不轻　　　　　　ˀaŋ ŋein 不短

ˀaŋ ɣaiˀ 不远　　　　　　　ˀaŋ hun 不多

（三）形容词的程度加深

可在形容词前面加程度副词，表示形容词性质或程度的加深。

前加的副词有"ma"（很/非常/更/太）、"som"（比较）、"tu"（最）等。例如：

ma pɣeim 很旧　　　　　　ma m̥om 非常好

ma laŋ 更长　　　　　　　ma ŋein 太短

ma　　vau tʃɔ. 他非常勇敢。

非常　勇敢 他

ma　hun　kɣ n̥iˀ. 太多了。

太　多 一点儿

som soŋ 比较苦　　　　　　som nto 比较贵

tu ʒom 最少　　　　　　　tu l̥iau 最聪明

还可在形容词前面加"pheiˀ ma"（极），相当于汉语的"极、……极了、……得很"。例如：

pheiˀ ma hun 极多（多极了/多得很）

极　　　　多

pheiˀ ma foh 极宽（宽极了/宽得很）

极　　　宽

pheiˀ ma ɣaiˀ 极深　　　pheiˀ ma loŋ 极黑

极　　　深　　　　　　极　　　黑

pheiˀ ma m̥om khauˀ ha. 漂亮极了。

极　　漂亮　　语助

phei^ʔ ma nɔh ha. 高兴极了。

极　　　高兴 语助

phei^ʔ ma phɣa^ʔ ha. 快极了。

极　　　快 语助

phei^ʔ ma ȵtʃum tei ^ʔeih ^ʔin tai^ʔ. 这菜好吃极了。

极　　　　好　助　吃　这　菜

（四）形容词的态

岳宋佤语中部分形容词有自动、使动范畴的区别。主要语法形式是在形容词前面或后面加"su^ʔ"（弄、使、做）表示使动。句子中一般以形容词后面加"su^ʔ"即"形容词 +su^ʔ"表示使动更常见。例如：

plat 直　　　　　　　　　su^ʔ……plat / plat su^ʔ 弄直

vɔk 歪 / 弯　　　　　　　su^ʔ……vɔk / vɔk su^ʔ 弄歪 / 弄弯

tʃheh 湿　　　　　　　　su^ʔ……tʃheh / tʃheh su^ʔ 弄湿

l̥om 锋利　　　　　　　　su^ʔ……l̥om / l̥om su^ʔ 使锋利

laŋ 长　　　　　　　　　su^ʔ……laŋ / laŋ su^ʔ 弄长

ŋein 短　　　　　　　　su^ʔ……ŋein / ŋein su^ʔ 弄短

phu 厚　　　　　　　　　su^ʔ……phu / phu su^ʔ 弄厚

例句：

vɔk khau^ʔ.　　　　　　　　　树弯了。（自动）

弯　　树

vɔk su^ʔ ^ʔɛ^ʔ na khau^ʔ.　　　　我把树弄弯了。（使动）

弯　做　我　助　树

或 su^ʔ ^ʔɛ^ʔ na khau^ʔ vɔk.　　　我把树弄弯了。（使动）

弄　我　助　树　弯

ŋkhein khau^ʔ.　　　　　　　树歪了。（自动）

斜　　树

ŋkhein su^ʔ ^ʔɛ^ʔ na khau^ʔ.　　　我把树弄歪了。（使动）

斜　　做　我　助　树

117

loŋ mphɤ ʔɛʔ.　　　　　　我的脸黑了。（自动）

黑　脸　我

loŋ suʔ ʔɛʔ mphɤ teiʔ.　　我把我的脸弄黑了。（使动）

黑　做　我　脸　自己

（五）形容词重叠表选择疑问

岳宋佤语的形容词一般不能重叠，但是可在中间嵌入否定副词"ʔaŋ"（不）构成重叠表示选择疑问。例如：

foh ʔaŋ foh 宽不宽　　　　phu ʔaŋ phu 厚不厚

宽　不　宽　　　　　　　　厚　不　厚

pɣeʔ ʔaŋ pɣeʔ 辣不辣　　　phoiŋ ʔaŋ phoiŋ 白不白

辣　不　辣　　　　　　　　白　　不　白

m̥om ʔaŋ m̥om tei kia 好看不好看

好　不　好　助看

m̥om khauʔ ʔaŋ m̥om khauʔ 美不美

美　　　不　美

四　形容词的句法功能

形容词在句中可充当定语、谓语、补语等多种句法成分。

（一）作定语

形容词作定语修饰名词时，通常位于名词之后，一般不需加助词。例如：

khauʔ ʔɛt 小树　　　ŋkhɤŋ laŋ 长凳子

树　小　　　　　　凳子　长

tʃah pɣeim 旧衣服　　kɣaʔ foh 宽阔的路

衣服　旧　　　　　路　宽

118

（二）作谓语

形容词作谓语通常位于主语的前面。例如：

（1）ma ḻiau phoʔ meiʔ.　　　　　　弟弟非常聪明。
　　　非常 聪明 弟弟

（2）ma ɣiɛn phoʔ pun tʃɔ.　　　　　他妹妹很勤快。
　　　很 勤快 妹妹 他

（3）(ma) tɔʔ ʔan nah pleiʔ khauʔ.　　那种果子（很）酸。
　　　很 酸 那个 果子

（4）ma ɣauk ʔin nah tʃah.　　　　　这件衣服很新。
　　　很 新 这个 衣服

（三）作补语

形容词作动词补语时经常位于动词的前面，有时也位于动词及宾语的后面。例如：

（1）ŋah taiʔ tʃah.　　　　　　　　衣服洗干净了。
　　　干净 洗 衣服

（2）ntum ḻɛʔ ŋoʔ ntʃoʔ tʃɔ tʃheh.　　雨水淋湿了他家的谷子。
　　　淋 雨 谷子 家 他 湿

（3）hɣik mom ntʃiɛm tan tʃhɣ meʔ tei.　你的自行车修理好了。
　　　已经 好 修理 单车 你 助

（四）形容词加助词"pa"（的）还可作句子的主语、宾语。例如：

（1）pa kɣoh ʔaŋ ntʃum ŋkom.　　　　硬的不好坐。（主语兼话题）
　　　助 硬 不 好 坐

（2）mom xom tʃɔ pa loŋ.　　　　　　他喜欢黑的。（宾语）
　　　满意 他 助 黑

第六节 动词

动词表示动作行为、心理活动、发展变化、存在状态等。

一 动词的分类

从语义特征来看，佤语动词大概可以划分为六个类别。

1. 表示动作行为的动词

tʃvp 穿（衣）　　　　　　suh 打（人）

kia 看　　　　　　　　　sɔm 哭

sut 捡　　　　　　　　　phɔuk 骑

phɔ² 吃（水果）　　　　　ŋiɛt 听

n̩tʃuih 跳　　　　　　　　thui 拿

2. 表示心理活动的动词

muih 爱（小孩）　　　　　kai² xom 相信

sam 想　　　　　　　　　lat（害）怕

mpɤt 喜欢　　　　　　　sam 希望

3. 表示存在、出现、变化、消失的动词（存现动词）

ʔot 在（存在）　　　　　kui 有

l̩ih 出现　　　　　　　　huan 生长

kɤai 消失　　　　　　　ʒɤt（火）熄灭

4. 表示判断的动词

moh 是

ʔaŋ moh 不是

5. 表示能愿的动词

ʃɤ² 能够　　　　　　　　ʃoŋ 会

sam 愿意　　　　　　　m̩om 应该

sam 肯　　　　　　　　ʔau² 要

6. 表示趋向的动词

hauk 上（楼）/ 上来 / 上去　　l̥ih 下（楼 / 雨）/ 下去

hɣik 来　　　　　　　　　ho 去

l̥ih 出来 / 出去 / 出　　　l̥eik 进 / 进来 / 进去

sɣ² tʃhoŋ 起来

二　动词的构词特点

（一）以单辅音声母与复辅音声母交替区分动词与名词

动词		名词	
kiɛp	夹	ŋkiɛp	夹子
veit	钩	mveit	钩子
piɛh	锯	mpiɛh	锯子
t̪leiŋ	磨刀	leiŋ	磨刀石
ntɛ²	使用	tɛ²	手
kah	梳	ŋkah	梳子

（二）动词与名词同形

动词		名词	
fuat	围	fuat	围裙
ŋkaŋ	扣	ŋkaŋ	扣子
sip	扇	sip	扇子
mplei	戴（手镯）	mplei	手镯
kah	说	kah	话
khum	挖	khum	锄头

（三）有些单音节动词前可以增加一个前加音节，变成双音节词

这个前加音节的声母与原单音节词的声母相同，韵母一般是"u"。这类双音节动词与相应单音节动词的语义有所不同，表示动作的草率、随便、反复进行。例如：

tʃaʔ	抢、占	tʃu tʃaʔ	乱抢、乱占
thɯɯŋ	碰	thu thɯɯŋ	碰来撞去
plaih	翻	plu plaih	翻来翻去
thɯɯik	揉	thu thɯɯik	揉来揉去

三　动词的语法特点

　　动词和形容词在词类划分上有交叉特点。二者的共同点有：经常作谓语，能受副词"不"修饰，大部分能用肯定否定并列形式提问，能作补语等。但它们还有一些不同的特点：大部分动词能带宾语，形容词不能带宾语；多数动词不能受"很"修饰，多数形容词能受"很"修饰；动词能受动量词修饰，形容词则不能受动量词修饰等。岳宋佤语动词的语法特征有四个方面。

（一）动词的态

　　岳宋佤语的动词有自动态和使动态的区别。自动态大多指某种动作行为并非外力引起，而是由行为本身发出的；使动态指某种动作行为是由外力引起的。表达使动范畴的语法形式有屈折式和分析式两种。

　　1. 屈折式

　　屈折式通过语音变化来体现，形式较为丰富。语音变化有不同的元音交替、不同的辅音（声母中的辅音）交替，二者交替时常伴随声调的不同等。岳宋佤语中动词使动态为屈折式的词较少，不像岩帅佤语那么多。只见单辅音声母与复辅音声母交替的几个例词。例如：

自动态	使动态
lat 害怕	t̠lat 吓唬（使……害怕）
kɣɣik 掉	ŋkɣɣik 使……掉
ŋkah（鞋带）散开	kah 使……解开

　　2. 分析式

　　岳宋佤语中用"分析式"表示动词的使动范畴更常见些，一般是在动词前面或后面加"suʔ""tɔʔ"等，前加式为"suʔ/ tɔʔ……＋动词"，后加式为"动词＋su²/ tɔ²"。

（1）加使动词"su²"

"su²"是"做、干"的意思，为及物动词，表使动时有"使、弄"的意思。例如：

pliak 转动	su²……pliak 使……转动
khɣɔp 符合	su²……khɣɔp 使……符合
nɛ² 混合	su²……nɛ² 使……混合
koh 浑浊	su²……koh 搅浑
kɣɤk 降落	su²……kɣɤk 使……降落
l̥oit 溶化	su²……l̥oit 使……溶化
kɣai 消失	su²……kɣai 使……消失
sɔm 哭	su²……sɔm 弄哭
moik 碎	su²……moik 弄碎
heiŋ 醒	su²……heiŋ 弄醒
ŋkhɯi²（墙 / 树）倒了	su²……ŋkhɯi²（把墙 / 树）弄倒
plat 直	su²……plat 弄直
vɔk 歪、弯	su²……vɔk 弄歪、弄弯
t∫heh 湿	su²……t∫heh 弄湿

（2）加使动词"tɔ²"

"tɔ²"表"给、让"之意，表使动时有"给……，使……"的意思。例如：

²iaŋ 回	tɔ²……²iaŋ 使……回
phɔuk 骑	tɔ²……phɔuk 使……骑
sɤ² t∫hoŋ 起来	tɔ²……sɤ² t∫hoŋ 使……起来

（3）除了加使动词"su²"或"tɔ²"外，岳宋佤语中动词的使动态还可以加其他一些词来表示。例如：

²eim 活了 活	²eim……xɤh 养活、使……活 活　养
²eik 睡 睡	ŋam……²eik 使……睡 哄 / 安慰　睡

nthut（线）断　　　　　　　　xut……nthut（将线）弄断

断　　　　　　　　　　　　　拉　断

pot（棍子）断　　　　　　　　fiɛ……pot（将棍子）弄断

断　　　　　　　　　　　　　折　断

nuat 紧（了）　　　　　　　　nuat kai 弄紧

紧（动词）　　　　　　　　　紧　紧（形容词）

3. 自动态动词和使动态动词的句法功能

自动态动词在句中一般作谓语。使动态动词中，屈折式使动词一般也作谓语，如果是分析式使动词，那么动词一般与使动词一起构成动补关系，使动词作谓语，动词本身通常作补语。例如：

（1）lat ˀɛˀ.　　　　　　　我害怕。（自动）
　　　害怕　我

　　　t̪lat tʃɔ ˀɛˀ.　　　　　他吓唬我。（使动）
　　　吓唬　他　我

（2）heiŋ　kɯiŋ.　　　　　爸爸醒了。（自动）
　　　醒　　爸爸

　　　suˀ ˀɛˀ kɯiŋ heiŋ.　　我把爸爸弄醒了。（使动）
　　　弄　我　爸爸　醒

（3）pot　kak khauˀ.　　　树枝断了。（自动）
　　　断　　树枝

　　　suˀ kak khauˀ pot.　　把树枝弄断了。（使动）
　　　弄　　树枝　　断

（4）sɔm　tʃɔ.　　　　　　他哭了。（自动）
　　　哭　他

　　　sɔm suˀ ˀɛˀ tʃɔ.　　　我把他弄哭了。（使动）
　　　哭　弄　我　他

（5）moik　t̪loŋ.　　　　　碗碎了。（自动）
　　　碎　　碗

　　　moik suˀ ˀɛˀ t̪loŋ.　　我把碗弄碎了。（使动）
　　　碎　弄　我　碗

ȶloŋ　moik　suˀ　ˀɛˀ.　　　　碗被我弄碎了。（使动）

　碗　　碎　　弄　　我

（二）动词的体（体范畴）

岳宋佤语对事件的表述，根据发生变化过程的不同阶段大致可分为四种基本状态：将行体、进行体、完成体、曾行体。四种状态分别由相应的成音节语法成分（助词）作标记，位于谓语动词前面，形成佤语动词的体范畴。

1. 将行体（saŋ /ˀɣh 将、将要）

将行体表示动作、行为将要发生，用将行体助词"saŋ"或者"ˀɣh"（将、将要）表达，"saŋ"或者"ˀɣh"一般位于句首，在主语及动词的前面。表达将行体时助词"saŋ"与"ˀɣh"只能选用其中一个，不能同时运用，"saŋ"更常用些。例如：

（1）saŋ/ˀɣh　heˀ　tei　ho.　　　　　　　　　　他们要走了。

　　　将要　　他们　助　走

（2）saŋ/ˀɣh　ˀɛˀ　ho　khɯiŋ　miŋ　pu　saˀ.　　　我明天要去昆明。

　　　将要　　我　去　　昆明　　　明天

（3）saŋ /ˀɣh　meˀ　tei　suˀ　phoh　phun　phu？　你下午要做什么？

　　　将要　　你　助　做　什么　　下午

（4）saŋ　phoˀ　meiˀ（ˀɛˀ）tei　khau　ta ʃo　ntum　khɛˀ.

　　　将要　弟弟　　（我）助　考　大学　　明年

　　　　　　　　　　　　　　　　（我）弟弟明年要考大学了。

2. 进行体（khɣn /moh na 正在，正……着）

进行体采用动词前面加进行体助词"khɣn"或"moh na"（正在，正……着）的方式表达，用以表示动作、行为正在进行的意思。例如：

（1）khɣn /moh na　phɣˀ　siˀ.　　　　　　　　我们正在吃饭。

　　　正在　　　　吃饭　我们

（2）khɣn / moh na　suˀ　meˀ　phoh？　　　　你在做什么？

　　　正在　　　　做　你　什么

（3）khɤn /moh na ʔeik tʃɔ.　　　　　　　　他正在睡觉。

　　　正在　　　　　睡觉 他

　3. 完成体（hɤik 已经，已经……了）

完成体采用动词前面加完成体助词"hɤik"（已经，已经……了）的方式表达，用以表示动作、行为发生在过去或动作行为已经完成。例如：

（1）hɤik suʔ na n̠tʃoʔ.　　　　　　　　　房子已经建好了。

　　　已经 做 助 房子

（2）hɤik fei phɤeiʔ.　　　　　　　　　　天已经黑了。

　　　已经 黑 天气

（3）hɤik ʔiaŋ kɯiŋ na tum tei khɯiŋ miŋ.　爸爸已经从昆明回来了。

　　　已经 回 爸爸 助 从 助 昆明

　4. 曾行体

岳宋佤语严格来说没有"曾行体"，表达"发生过什么"时一般采用在句末添加"no"（以前）来表示是以前发生过的。例如：

（1）hɤik ho tʃɔ pɤʔ tʃiŋ no.　　　　　　他去过北京。

　　　已经 去 他 北京 以前

（2）hɤik n̠tʃhɔuʔ heʔ ʔin n̠tʃhoʔ no.　　她们唱过这首歌。

　　　已经 唱 她们 这 歌 以前

（3）ʔaŋ ʔɛʔ ma tʃha kɯ ta ʃo no.　　　我没上过大学。

　　　不 我 未曾 上 大学 以前

（4）ʔaŋ meʔ mɛ tʃɔ ma tʃha sɤʔ phɤʔ tei no. 你和他没见过面。

　　　没有 你 和 他 未曾 见 互相 助 以前

岳宋佤语的上述四种体标记分别表示体范畴的四种基本类别，但这并不排除多种状态的综合出现，有时为强调动作进行状态的特征，为准确表现某种特殊状态，或者为使句子更有表现力，更生动形象，可以在一个句子中同时使用表示两种状态的体标记。如进行体标记"moh na"就可以与将行体标记"ʔɤh"连在一起，构成合成词"moh na ʔɤh"（正要），表示动作、行为"正要进行"。例如：

moh na ʔɤh ʔaʔ ɤa kai ho.　　　　　　　我俩正要走。

正 要　　我 俩 走

（三）动词的重叠

大多数动词不能重叠，但也有少量动词可以重叠，岳宋佤语动词 AA 式重叠表示"让对方重新考虑一下，征求对方意见后再做决定"的意思。例如：

ŋiɛt ŋiɛt m̬oŋ 听听　　　　kah kah sɤ 说说
听　听　听见　　　　　　说　说　语助

sam sam sɤ 想想　　　　kia kia sɤ 看看
想　想　语助　　　　　　看　看　语助

l̬ih l̬ih l̬eik l̬eik 出出进进
出　出　进　进

me² kia kia ²in nah l̬ɔi！　　你看看这本书吧！
你　看　看　这个　书

（四）动词的否定式

动词能受否定副词的修饰。否定副词主要有两个："²aŋ"（不、没）与"pho"（别、不要）。例如：

（1）²aŋ tʃɔ ma su l̬ɔi tei².　他还没做作业。
　　　没 他 助 做 作业 自己

（2）²aŋ ²ɛ² ho khɯiŋ miŋ.　我不去昆明。
　　　不 我 去　昆明

（3）pho ho！　　　　　别去！／别走！
　　　别 去／走

（4）me² pho tɔut sup.　你不要抽烟！
　　　你 不要 抽 烟

（5）me² pho ²ɤh tʃɔ.　你别说（骂）他！
　　　你 别 骂 他

（五）动词的名物化

动词可加名物化前缀 pa 构成名词性成分。例如：

pa ˀeih 吃的   pa sam 想的
    吃   想

pa ʧɤp 穿的   pa ˀot 住的
    穿   居住

四　动词的句法功能

动词在句中主要充当谓语，此外还能充当主语、补语、定语等句法成分。

1. 作谓语

动词作谓语一般放在主语前面，没有其他修饰成分时常位于句首。如：

（1）moh na mpaik ˀɛˀ taiˀ.   我正在洗菜。
    正在　　洗　我　菜

（2）ˀiaŋ mpɔu ˀɛˀ.   我妈妈回来了。
    回　妈妈　我

（3）ˀɤh ʧɔ tei ho khum ma.   他要去挖地。
    要　他　助　去　挖　地

（4）lịh hoˀ ɣa kai.   他俩出来了。
    出来　他俩

（5）kɣoˀ lụk not ˀan nah sim.   那只鸟被他射中了。
    射中　子弹　那个　鸟

2. 作主语

动词作主语一般也是位于谓语后面。如：

（1）mom nʧoih kheiŋ sɔm.   笑比哭好。
    好　笑　比　哭

（2）ma ˀah（ˀeˀ）na suˀ tei vai.   干活很累。
    很　累 我们 助 做 助　活

3. 作补语

作补语的动词通常位于句末的多，即补语放在宾语的后面。如：

（1）tui² ʔɛ² ʔin khau² ŋkhɯi².　　　　　　我把这棵树砍倒了。
　　　砍　我　这　树　　倒

（2）kɔk tʃɔ phoʔ meiʔ hein.　　　　　　　　他把弟弟叫醒了。
　　　叫　他　弟弟　　醒

4. 作定语

动词作定语时放在所修饰的名词后面。如：

（1）hɣik siŋ ʔɣp plɔuʔ.　　　　　　　　　煮的饭已经熟了。
　　　已经 熟　饭　煮

（2）ma ɳtʃum pleiʔ khauʔ pɛh tʃɔ tei phɔʔ.　他摘的果子很好吃。
　　　很　好吃　果子　摘　他 助 吃

（3）ma khɔt mpoi xɣh ʔeʔ ɳtʃoʔ tei .　　　我们家养的牛很壮。
　　　很　壮　牛　养 我们 家 助

第七节　副词

副词限制、修饰动词、形容词性词语，表示程度、范围、时间等意义。副词是一类比较特殊的词类，既具有实词的某些语法特点，比如可以充当句法成分，能作状语，有些副词还能独用甚至单独成句。同时，副词又具有虚词的某些特征，比如粘着、定位、虚化、封闭，大多词语意义空灵，语法意义突出。从语义的角度划分，副词大致可以分为程度副词、范围副词、时间副词、否定副词、语气副词、情状方式副词等类别。

一　程度副词

程度副词主要表示性质状态的程度。常见的有以下几种。

1. ma "很""太""极（了）""……得很"

ma 一般位于所修饰的形容词前面。例如：

（1）ma ʒom 很少　　　　　　　ma ʃo 很便宜
　　　很　少　　　　　　　　　很 便宜

（2）ma ʔah ʔɛʔ.　　　　　　　　　我很累。

　　很　累　我

（3）ma tɔʔ ʔin mak kɔk.　　　　　这移依果很酸。

　　很　酸　这　移依果

（4）ma ʒom, ʔaŋ khup tei ʔeih.　　太少了，不够吃。

　　太　少　不　够　助　吃

（5）ma laŋ ʔin tʃah.　　　　　　　这衣服太长了。

　　太　长　这　衣服

（6）ma thiaŋ ʒauŋ siʔ.　　　　　　我们的寨子大得很。

　　很　大　寨子　我们

（7）ma n̪tʃum n̪tʃhoʔ tʃɔ tei ŋiɛt.　他的歌好听极了。

　　很　好　歌　他　助　听

2. khɯm "更"、pa tu "最"

khɯm、pa tu 一般也是位于所修饰的形容词前面。例如：

（1）khɯm ŋeiŋ 更短　　　　　　khɯm ʒom 更少

　　更　短　　　　　　　　　　更　少

（2）khɯm ɣaiʔ 更远　　　　　　khɯm tʃhauŋ 更轻

　　更　远　　　　　　　　　　更　轻

（3）khɯm m̪om tei kia na suʔ sɛ.　这样更好看。

　　更　好　助　看　这样

（4）moh tʃɔ pa tu ɬuih hɣik ʔin.　今天他来得最早。

　　是　他　最　早　来　今天

（5）moh phih pa tu ʔɛt ntum na peʔ paŋ tei?

　　是　谁　最　小　年纪　助　你们　班　助

　　　　　　　　　　　　　你们班上谁的年龄最小？

3. sam "稍微、稍、略微"

sam 一般位于所修饰的形容词前面。例如：

sam phɣaʔ 稍快　　　　　　　　sam nia 略慢

稍微　快　　　　　　　　　　　略微　慢

4. ʔaŋ pheiʔ ma "非常、十分"

ʔaŋ pheiʔ ma 一般位于所修饰的形容词或动词前面。例如：

（1）ʔaŋ pheiʔ ma m̥om nah pɣuih tei kia.　　这花非常好看。
　　　非常　　好这花助看

（2）ʔaŋ pheiʔ ma sam tʃɔ ɳtʃoʔ.　　　　　他十分想家。
　　　十分　　想他家

5. som "较、比较"

som 一般也是位于所修饰的形容词前面。例如：

（1）som thiaŋ ʔin ntin.　　　　　　　这双鞋较大。
　　　较　大 这鞋

（2）som phoiŋ hak tʃɔ.　　　　　　　她的皮肤较白。
　　　较　　白 皮肤 她

二　范围副词

范围副词主要表示事物或性质状态的范围。常见的有以下几种。

1. ʔuik、mo "全部、都、统统"

ʔuik 一般位于动词前面，而 mo 一般位于人称代词前面。例如：

（1）ʔuik kia.　　　　　　　　　　　全看了。
　　　全部 看

（2）ʔuik sih mo ʔeʔ l̥ɔi.　　　　　　　作业都写完了。
　　　完　写 全部 我们 作业

（3）ʔuik suʔ mo siʔ ɳtʃoʔ tei vai noŋ ma.
　　　都　干 全部 我们 家　助 活 里 地
　　　　　　　　　　　　　　　我们一家都去地里干活。

（4）hei nah ɳtʃhoʔ ʔuik ʃoŋ mo tʃɔ tei ɳtʃhouʔ.
　　　这些　　山歌　都 会 全部 他 助　唱
　　　　　　　　　　　　　　　这些山歌他全都会唱。

2. noŋ "仅、只"

noŋ 一般位于人称代词前面。例如：

（1）ho ʧeik nɔŋ ʧɔ l̩a.　　　　　　　　只有她一个人去采茶。
　　　去 采 只 她 茶

（2）ʔeih nɔŋ ʧɔ nte² mpoi ʔaŋ ʔeih nte² l̩iak.
　　　吃 只 他 肉 牛 不 吃 肉 猪
　　　　　　　　　　　　　　　　他只吃牛肉不吃猪肉。

3. ma "也"

ma 表类同，一般位于所修饰的动词、形容词或副词前面。例如：

（1）ma sam kia ʧɔ ʔin l̩ɔi.　　　　　　他也想看这本书。
　　　也 想 看 他 这 书

（2）ma mpɤt phɔ² ʔɛ² pei.　　　　　　我也喜欢吃芒果。
　　　也 喜欢 吃 我 芒果

（3）ma ho n̠ʧhum me² kaiŋ mɛ he².　　你也和他们一起去种地。
　　　也 去 种 你 田 和 他们

（4）ma ʔaŋ mpou ʃoŋ ʔin pa ʃuk.　　　妈妈也不知道这件事。
　　　也 不 妈妈 知道 这 事情

三　时间副词

时间副词包括表示时间和频率的副词。常见的时间副词有以下几种。

1. no² "刚才"

no² 通常位于句末。例如：

（1）ho hɤm ʧɔ tei no².　　　　　　　他刚才去洗澡了。
　　　去 洗澡 他 助 刚才

（2）ho n̠ʧhou² si² no².　　　　　　　刚才我们唱了。
　　　去 唱 我们 刚才

2. ɣauk "刚刚"

ɣauk 通常位于句首。例如：

（1）ɣauk tum kɯiŋ si mau.　　　　　爸爸刚刚从思茅回来。
　　　刚刚 从……来 爸爸 思茅

（2）ɣauk ˀuik phak ˀɛˀ ȶloŋ.　　　　　　　我刚刚洗完碗。
　　刚刚　完　洗　我　碗

3. ka "先"，khɛˀ "后"

ka 既可以放在谓语动词前面，也可以放在句末。khɛˀ 一般放在句末。例如：

（1）peˀ　ka ŋkom !　　　　　　　　　你们先坐！
　　你们　先　坐

（2）ho phɣɔˀ ˀɛˀ ka.　　　　　　　　我先去吃饭了。
　　去　吃饭　我　先

（3）ka ho puan ʧɔ ʧhuˀ, ho kia ḷɔi khɛˀ. 他先打球后看书。
　　先　去　玩　他　球　去　看　书　后

4. kom "立刻，马上"

kom 通常位于所修饰的动词后面。例如：

（1）ˀɛˀ ˀiaŋ kom !　　　　　　　　　我马上回来！
　　我　回　马上

（2）ˀuik phɣɔˀ meˀ phak kom ȶloŋ.　　吃完饭你马上洗碗。
　　完　吃　你　洗　马上　碗

5. thɔuk "早就"

thɔuk 通常位于句首，位于动词或副词前面。例如：

（1）thɔuk hɣik kia ʧɔ ˀin ḷɔi nɔˀ.　　这本书他早就看过了。
　　早就　已经　看　他　这　书　过去

（2）thɔuk sam ˀiaŋ ˀeˀ ti ɳʧoˀ.　　　我们早就想回家了。
　　早　想　回　我们　助　家

6. nauk "快，赶紧"

nauk 通常位于句首。例如：

（1）nauk meˀ ho phɣɔˀ.　　　　　　　你快去吃饭吧！
　　快　你　去　吃饭

（2）nauk meˀ ho kui ḷɔi.　　　　　　你赶紧去上课！
　　赶紧　你　去　上　课

7. ma kɣaˀ "经常、常常"

ma kɣaˀ 表示频率，一般位于动词前面，放在句首。例如：

（1）ma kɣaˀ suˀ tʃɔ vai mɛ pa thɣˀ.　　　他常常帮邻居家干活。

　　　常常　　干　他　活　和　邻居

（2）ma kɣaˀ ho sop tʃɔ tei xah mɛ ˀɛˀ.　　他经常来找我玩。

　　　经常　　去　找　他　助　玩　和　我

8. mphɣˀ "又、再、还"

mphɣˀ 表示重复，一般位于句首，放在主语中心语前面。例如：

（1）mphɣˀ phoˀ pun tei phak ɬloŋ.　　　妹妹又去洗碗了。

　　　又　　妹妹　助　洗　碗

（2）mphɣˀ tʃɔ tei hɣik.　　　　　　　他又来了。

　　　又　　他　助　来

（3）mphɣˀ meˀ（tei）ˀeih ti ɬloŋ.　　　你再吃一碗吧！

　　　再　　你　助　吃　一　碗

（4）mphɣˀ ˀɛˀ tei phak ti tʃhɣŋ.　　　我再洗一次。

　　　再　我　助　洗　一　次

（5）sam mphɣˀ ˀɛˀ tei ho ŋkiɛk ˀan nah sim.

　　　想　还　我　助　去　抓　那个　鸟

　　　　　　　　　　　　　　　　　　我还想去抓那只鸟。

9. ti vɯt "一下子、忽然"

ti vɯt 一般位于句末。例如：

（1）n̩tʃum ˀeik tʃɔ ti vɯt.　　　　　他一下子睡着了。

　　　舒服　　睡　他　一下

（2）ḻih ḻɛˀ ti vɯt.　　　　　　　　忽然下起雨来。

　　　下　雨　一下

10. tɔuk lai "随时"。

tɔuk lai 一般位于句首。例如：

tɔuk lai sam ho sop meˀ tʃɔ.　　　你可以随时去找他。

随时　　想　去　找　你　他

11. lai mɤ pa ˀaŋ "迟早"

lai mɤ pa ˀaŋ "迟早"，表示不定时。例如：

（1）lai mɤ pa ˀaŋ　me² kui n̩tʃo².　　　　　　你迟早要结婚的。
　　　迟早　　　　你　有　家

（2）lai mɤ pa ˀaŋ　ˀin n̩tʃo² saŋ tei ŋkhɯi².
　　　迟早　　　　这 房子 要 助　倒
　　　　　　　　　　　　　　　　　这座房子迟早要倒的。

12. kɤa² "往往、经常"

kɤa² "往往、经常"，表频率。例如：

kɤa² ˀaŋ ˀɛ² ˀot phun ŋei ti n̩tʃo².　　　我白天往往不在家。
往往 不 我 在 白天　助　家

13. vai "重新"

vai 通常位于句首，放在主语中心语前面。例如：

（1）vai　tʃɔ tei tʃok tiŋ si² ti mo.　　　　他重新买了一台电视。
　　　重新 他 助 买 电视 一 台

（2）vai　ˀɛ² tei su² ti tʃhɤŋ.　　　　　　我重新做一次。
　　　重新 我 助 做 一 次

四　否定副词

1. ˀaŋ "不、没"

ˀaŋ 通常放在动词或形容词前面修饰动词、形容词。经常用在叙述句和疑问句中，一般位于主语中心语前面，有时位于句首。例如：

ˀaŋ ˀɛt 不小　　　　　　　　　　ˀaŋ ɤai 不远

ˀaŋ noh 不懒　　　　　　　　　　ˀaŋ su² 不做

ˀaŋ sɤk 不抬　　　　　　　　　　ˀaŋ ho 不走

（1）ˀaŋ tʃɔ ho n̩tʃhum khau².　　　　他不去种树。
　　　不 他 去　种　　树

（2）moh ˀaŋ ˀo tʃɔ ma ho si mau？　　他姐姐没去思茅吗？
　　　是　不 姐姐 他　去　思茅

135

（3）ʔaŋ ʔin mak tʃuʔ n̥tʃum tei phɔʔ.　　这橘子不好吃。
　　　不　这　橘子　好吃　助 吃

（4）moh ʔaŋ meʔ ma taiʔ tɔŋ tei？　　你还没洗头吗？
　　　是　不 你　　洗　头 自己

2. pho "勿、别、不要"

pho 用于命令句、祈使句中，一般位于所修饰的动词前面。例如：

pho kia！　别看！　　　　　　　　pho ho！　别走！

pho hɣik！　别来！　　　　　　　pho tʃiɛ！　别吵！

（1）meʔ pho khi！　　　　　　你别着急（不要着急)!
　　　你　别　着急

（2）meʔ pho ho n̥tʃoʔ tʃɔ！　　你别去他家！
　　　你　别　去　家　他

（3）pho ŋkom ŋkɣauʔ ʔɛʔ！　　别挨着我坐！
　　　别　坐　旁边　我

（4）pho tʃhik tʃhɣŋ ʔɛʔ！　　别踩我的脚！
　　　别　踩　脚　我

3. ʔaŋ…ma tʃha "尚未、未曾、从未"

（1）ʔaŋ ʔɛʔ ma tʃha ho pɣʔ tʃiŋ.　　我尚未去过北京。
　　　不 我　尚未　去　北京

（2）ʔaŋ tʃɔ ma tʃha ho ma.　　他没种过地。
　　　不 他　尚未　去 地

（3）ʔaŋ tʃɔ ma tʃha hɣik.　　他没来过。
　　　没 他　未曾　来

（4）ʔaŋ heʔ ma tʃha sɣʔ ʔin nah sim.　　他们从没见过这种鸟。
　　　没 他们　从未　看见　这个　鸟

五　语气副词

语气副词主要修饰动词或形容词，表示不同的语气和感情。常见的语气副词有以下几种。

1. xɔuˀ "确实"

xɔuˀ 一般位于所修饰的形容词或副词前面。例如：

xɔuˀ l̥auŋ ɔˀ 确实高　　　　　　　　xɔuˀ phɣaˀ ɔˀ 确实快

确实　高　语助　　　　　　　　　　　确实　快　语助

xɔuˀ tɔˀ ɔˀ 确实酸　　　　　　　　　xɔuˀ ˀɛt mo ɔˀ 确实细

确实 酸 语助　　　　　　　　　　　　确实　　细　语助

（1）xɔuˀ ˀaŋ mpɔu ˀɛ ˀot tei n̥tʃoˀ.　　　我妈妈确实不在家。

　　 确实　不　妈妈　我　在　助　家

（2）xɔuˀ ma hun sim noŋ van.　　　　　山林里的鸟确实多。

　　 确实　很　多　鸟　里　森林

2. xɔuˀ "真……"

xɔuˀ 一般位于动词或形容词前面，通常放在句首。例如：

（1）xɔuˀ hɣik tiɛn noŋ ʒauŋ.　　　　　寨子里真要通电了。

　　　真　　来　电　里　寨子

（2）xɔuˀ ˀɣh tʃɔ tei ˀiaŋ.　　　　　　他真要回去。

　　　真　　要　他　助　回

（3）xɔuˀ saiˀ ˀɛˀ.　　　　　　　　　我真病了。

　　　真　病　我

3. kha pa "可能"

kha pa 表推测，一般放在动词或副词前面，通常位于句首。例如：

（1）kha pa ho pɛh heˀ pleiˀ khauˀ.　　　他们可能去摘果子了。

　　　可能　去　摘 他们　果子

（2）kha pa ho ˀɛˀ khɯiŋ miŋ kauˀ saˀ.　　后天我可能要去昆明。

　　　可能　去　我　　昆明　　后天

（3）kha pa ˀaŋ tʃɔ ˀiaŋ ti n̥tʃoˀ ˀin ntum.　今年他可能不回家。

　　　可能　不　他　回　家　　今年

4. hai sɔm "差不多"

hai sɔm 一般放在动词或形容词前面，通常位于句首。例如：

（1）hai sɔm ʃoŋ ˀɛˀ kah lau foˀ.　　　我差不多学会了佤语。

　　　差不多　懂　我　话　佤族

（2）hai sɔm ṃom saiˀ phoˀ meiˀ.　　　　　弟弟的病差不多好了。

　　　差不多　好　病　弟弟

5. na phoh "怎么、为什么"

na phoh 表疑问，通常位于句末。例如：

（1）moh ˀaŋ tʃɔ ho khɯ ḷɔi na phoh？　　他怎么不上学呢？

　　　是　不他　去　上 学　为什么

（2）moh ˀaŋ meˀ ˀiaŋ ti ṇtʃoˀ pu kauˀ na phoh？

　　　是　不你　回　家　昨天　为什么

　　　　　　　　　　　　　　　　　　　昨天你为什么不回家？

六　情状方式副词

常见的表情态方式的副词有以下几种。

1. ˀaŋ……toˀ ma "不停地"

（1）ˀaŋ tʃɔ toˀ ma ɣom ṇtʃɣ tei.　　　她不停地喝水。

　　　不她　停　水　喝　助

（2）ˀaŋ taˀ toˀ ma sup tɔut tei.　　　爷爷不停地抽烟。

　　　不爷爷停　烟　抽　助

2. ti tum "一起"

ti tum 一般位于句末。例如：

（1）ho ṇtʃhum heˀ kaiŋ ti tum.　　　他们一起去种地。

　　　去　种　他们 地　一起

（2）kɣoˀ meˀ phɣɔˀ mɛ siˀ ti tum.　　你留下来和我们一起吃饭吧！

　　　等　你　吃饭 和 我们 一起

3. taŋ "故意"

taŋ 通常位于句首。例如：

（1）taŋ tʃɔ tei thɯiŋ ˀɛˀ.　　　　　　他故意撞我。

　　　故意他　助　撞　我

（2）taŋ phoˀ meiˀ ˀɛˀ tei l̥ɣˀ suh tɬloŋ.　弟弟故意把碗打破了。

　　故意 弟弟　我 助 破 打 碗

4. teiˀ "亲自"

teiˀ 表"自己"之意，也可作虚词表"亲自"义。例如：

（1）ho khai teiˀ tʃo xui.　　　　　　他亲自去开会。

　　去 开 自己 他 会

（2）ho suˀ teiˀ ˀɛˀ.　　　　　　　　我亲自做。

　　去 做 自己 我

（3）ho kia teiˀ kɯiŋ ˀɛˀ.　　　　　爸爸亲自来看我。

　　去 看 自己 爸爸 我

第八节　介词

　　介词，依附在实词或短语前面共同构成"介词短语"，主要用于修饰、补充谓词性词语。介词常常充当语义成分（格）的标记，标明跟动作、性状有关的时间、处所、方式、原因、目的、施事、受事、对象等。

　　岳宋佤语的介词，大致可分为六种，即表处所和方向的、表时间的、表原因和目的的、表工具和手段的、表比较的、表关涉对象和范围的。下面对岳宋佤语的介词分别举例分析。

一　表示处所和方向

1. ta / kɣa "于、在"。这里的"ta"有时音变为"ti"。例如：

（1）plɔuˀ mpɔu phɣɔˀ ta n̥tʃoˀ.　　　妈妈在家煮饭。

　　煮 妈妈 饭 在 家

（2）suˀ tʃɔ kuŋ tʃo kɣa si mau.　　　他在思茅工作。

　　做 他 工作 在 思茅

2.（ˀot）……ŋkɣau² "于、在…附近（旁边）"。例如：

（1）sɣ² ˀE² khɤk sim ti mo ŋkɣau² n̩tʃo² he².

　　看见我　鸟窝　一个　附近　家 他们

　　我在他们家附近看到一个鸟窝。

（2）ˀot nthuŋ ti mo ŋkɣau² ʒauŋ.　　　在寨子附近有一个池塘。

　　在 池塘 一个　附近 寨子

3. ŋkɣau² "在……周围"。例如：

n̩tʃhum khau² ŋkɣau² n̩tʃo² khɯ l̩ɔi.　　　在学校周围栽树。

种　　　树　　周围　　　学校

4. tum "自、从、从……来"。例如：

（1）tum muŋ kha hɣik si mau kui l̩E mo ʃiau si².

　　从　　西盟　到　思茅 有 六 个　小时

　　　　　　　　　　　　　　　　　从西盟到思茅要 6 个小时。

（2）ɣauk tum　 tʃo khɯiŋ miŋ.　　　他刚从昆明回来。

　　刚 从……来 他 昆明

（3）tum　　　ˀE² ʒauŋ suŋ.　　　我从岳宋来。

　　从……来 我 岳宋

二　表示时间

1. ka "于……之前、在……之前"。例如：

（1）ŋka khum ma ka n̩tʃhum tei tai².　在种菜之前先挖地。

　　先　挖 地 前　种　助 菜

（2）hɣik ˀE² ta n̩tʃo² ka l̩ih l̩E² thiaŋ. 在下大雨之前我回到了家。

　　到　我 家　前 下 雨　大

2. tum……khE²…… "于……之后、从……之后"。例如：

（1）tum tʃo tei ˀaŋ sɣ² mpɔu tei² khE² ˀiŋ.

　　从　他 助 不 看见 妈妈 自己 后 今天

　　　　　　　　　　　　从今以后他再也不能见到他母亲了。

（2）tum tʃɔ tei ʔaŋ hɣik khɛʔ ʔiŋ.　　　从今以后他就不再来了。

　　　从　他　助　不　来　后　今天

3. lai "当……时、在……时、……的时候"。例如：

（1）ʔuik nɔh phui　lai　　laiʔ.　　　过节时人们都很高兴。

　　　都　高兴　人　在……时　节日（在休息时）

（2）l̥ih tʃɔ　lai　phɣɔʔ ŋei tei.　　　吃中饭时他出去了。

　　　出　他　在……时　中饭　助

（3）sop tʃɔ ʔɛʔ　lai　ʃia khɔ / laiʔ.　　　下课时他来找我。

　　　找　他　我　在……时　下课 / 休息

4. hɣik "到、直到"；tum……hɣik…… "自……到……，从……
到……"。例如：

（1）tum tʃɔ tei ʔaŋ ʔiaŋ ta n̻tʃɔʔ pu kauʔ hɣik ʔiŋ.

　　　从　他　助　没　回　家　昨天　到　今天

　　　　　　　　　　　　　自昨天到今天他都没回家。

（2）kɣɔʔ tʃɔ pa kɣom teiʔ hɣik phun mphu. 他等朋友直到天黑。

　　　等　他　朋友　其　到　　晚上

5. leŋ "整、自始至终"。例如：

（1）suʔ mpɔu vai nɔŋ ma leŋ ŋeiʔ.　　　妈妈整天都在地里干活。

　　　干　妈妈　活　里　地　整　天

（2）ŋkɣauh tʃɔ leŋ phu（phun phu）.　　　她整个下午都在跳舞。

　　　跳舞　她　整　下午

三　表示原因和目的

1. na "为此、因此"。例如：

（1）ʔoh phɣeiʔ, ʔaŋ　ʔeʔ　sɣʔ tei n̻tʃɣ yom na.

　　　干　天气　不　我们　看见　助　喝　水　因此

　　　　　　　　　　　　由于干旱，我们没水喝。

（2）ʔaŋ tʃɔ ŋiɛt kah, ʔɣh mpɔu me tʃɔ na.

　　　不　他　听话　骂　妈妈　对　他　为此

因他不听话，妈妈批评他了。

2. sam（tɔ²）……"为了……"。例如：

（1）sam tɔ² l̩a huan tei m̩om, kɣa² n̩tʃhɣ² tʃɔ ŋkɔm tɔ² ŋkhɯɯŋ
　　　想　给　茶　生长　助　好　经常　浇水　他　和　送　肥料

noŋ l̩a.
里　茶

为了茶叶长得好，他经常去给茶树浇水、施肥。

（2）sam hauk ŋkhɣ ta ʃo, ŋkhɣ ²eik tei m̩om.
　　　想　上　学习　大学　学习　哥哥　助　好

为了能考上大学，哥哥努力地学习。

四　表示工具和手段

na "以、用"，用在作为工具的名词前面，表示动作行为是由该名词做所凭借的工具进行的。岳宋佤语中，如果所凭借的工具是容器型的、能装东西的，那么通常就不用 "na"，而是用 "noŋ + 表工具的名词" 表示。例如：

（1）tui² khau² na ŋkuat　　　　　　　用刀砍树
　　　砍　树　用　刀

（2）khɣɔk ʃo² man na ŋkhɣip.　　　　奶奶用剪刀剪布。
　　　剪　奶奶　布　用　剪刀

（3）khoik mphɣ tei noŋ phɣŋ khoik　用脸盆洗脸
　　　洗　脸　助　里　盆　洗（洗脸盆）

（4）khin ²o ɣom noŋ n̩tʃho.　　　　　姐姐用竹筒接水。
　　　接　姐姐　水　里　竹筒

（5）plɔu² phɣɔ² noŋ toŋ　　　　　　用锅煮饭
　　　煮　饭　里　锅

（6）thiɛt tʃɔ na tʃhɣŋ　　　　　　　用脚踢他
　　　踢　他　用　脚

142

五　表示比较

1. kheiŋ "比"

（1）them tʃɔ kheiŋ ʔɛʔ.　　　　　　　　　他比我矮。

　　　矮　他　比　我

（2）thiaŋ n̩tʃoʔ na ȵi ka kheiŋ ʔɛʔ.　　尼嘎家的房子比我家的大。

　　　大　房子　助　尼嘎　比　我

2. thu……ŋkɔm/ mɛ "跟/和……一样"

thu tluiŋ tʃɔ ŋkɔm meʔ.　　　　　　　你跟他一样胖。

一样　胖　他　和　你

六　表示对象和范围

1. me / na 对、对于

（1）m̩om suʔ pa ntuk l̩ɔi me ʔɛʔ.　　　老师对我很好。

　　　好　做　老师　　对　我

（2）ʔɤʔ ʔɛʔ ʔo me tʃɔ.　　　　　　　　我对她称嫂子。

　　　叫　我　嫂子　对　她

（3）nto na kah phɔk tei nop na phoʔ meiʔ ʔɛʔ.

　　　难　这　故事　助　记住　对　弟弟　我

　　　　　　　　　　　　　对于弟弟来说，记住这个故事很难。

2. nɔŋ "仅、只、除……之外"

ʔuik hɤik mo phui, moh nɔŋ tʃaŋ li faŋ pa ʔaŋ hɤik.

全部　到　都　人　是　只　张丽芳　不　到

　　　　　　　　　　　　除张丽芳外，其他人都到了。

第九节　连词

连词起连接作用，连接词、短语、分句和句子等，表示并列、选择、递进、转折、条件、因果等关系。连词具有纯连接性，这类词只有连接作用，没有修饰限制作用。连词不能单独用来回答问题；不表示实在的词语意义，只表示语法意义和语法关系，不能充当句子成分；大多不能重叠使用。岳宋佤语连词表示的语法关系有并列、承接、选择、递进、因果、假设、条件、让步、转折、目的等。

有的连词可以用于表示多种语法关系。如："maʔ……ŋɔm"，既能表示并列关系的"又……又……"义，又能表示递进关系的"不仅……而且（也）……"义。"ʔoh"既能表示让步关系的"倒是"义，又能表示假设关系的"即使"义。下面对岳宋佤语的连词用法分别举例分析。

一 表示并列关系

1. mE"和"

mE"和"，表示并列关系。只能用来连接并列的词，不能用于连接分句。例如：

（1）ho n̠tʃhum ʔEʔ mE ʔeik l̥a.　　　我和哥哥去种茶。
　　　去　种　我　和　哥哥　茶

（2）ʔai faŋ mE tʃau li ɣɔŋ ʔuik moh phui muŋ kha.
　　　岩方　和　赵丽容　都　是　人　西盟
　　　　　　　　　　　　岩方和赵丽容都是西盟人（佤族）。

（3）xɤh tʃɔ n̠tʃoʔ tei soʔ mE miau.　　　他家养了狗和猫。
　　　养　他　家　助　狗　和　猫

2. ŋkɔm"又、和"

ŋkɔm 用于连接形容词或动词，表示并列关系。例如：

（1）them ʔin n̠tʃoʔ ŋkɔm tʃheh teiʔ.　　　这房子又矮又潮湿。
　　　矮　这　房子　又　潮湿　其

（2）l̥auŋ ʔeik tʃɔ ŋkɔm khɣoʔ teiʔ.　　　他哥哥又高又瘦。
　　　高　哥哥　他　又　瘦　其

（3）tE ʔin pei ʔEt ŋkɔm ŋ̊u teiʔ.　　　这小芒果又甜又香。
　　　甜　这　芒果　小　又　香　其

（4）n̠tʃhou² he² ŋkɔm n̠tʃuih tei² na nɔh.　他们高兴得又唱又跳。
　　唱　他们　又　跳　其 因为 高兴

（5）sɔm²in kuan ²ɛt ŋkɔm n̠tʃoih tei².　　这个小孩又哭又笑。
　　哭　这 小孩　　又　笑　其

3. lai / mɛ "一边……一边……"

表示并列关系。主要用在动词前，表示一个动作行为与另一个动作
行为同时进行。例如：

n̠tʃhou² si² lai / mɛ ŋkɣauh tei².　　　　我们一边唱歌一边跳舞。
唱歌 我们 一边 / 和 跳舞 其（复指我们）

4. ŋkɔm "……同时又……"，表示伴随。例如：

（1）kia tʃɔ tiŋ si² ŋkɔm sih tei² l̠ɔi.　他写作业的同时又看电视。
　　看 他 电视　同 写 其 作业

（2）kah he² ŋkɔm su² tei² xɣ kɣat.　她们说话的同时又做挎包。
　　说话 她们 同 做 其　包

二 表示递进关系

1. ŋkɔm 还可以表 "不仅……而且……"。例如：

（1）m̠om mak kɔk tei kia ŋkɔm n̠tʃum tei².
　　好 移依果 助 看 而且 好吃 其

　　　　　　　　　　　　移依果不仅好看而且好吃。

（2）l̠ak tʃɔ ŋkɔm suh phui tei².　　他不仅骗人而且打人。
　　狡猾 他 而且 打 人 其

（3）n̠tʃhum si² l̠a ŋkɔm ʃiaŋ tʃiau.　我们不仅种茶而且种橡胶。
　　种 我们 茶 和 橡胶

（4）l̠iau phó² pun ŋkɔm ɣiɛn tei².　妹妹不仅聪明而且勤快。
　　聪明 妹妹　而且 勤快 其

2. ŋkɔm 还可以表 "不仅……也……"。例如：

（1）ʃoŋ ²eik tei n̠tʃhou² ŋkɔm ʃoŋ tei tai² kɣaiŋ.
　　会 哥哥 助 唱歌 也 会 助 弹 琴

145

哥哥不仅会唱歌，也会弹琴。

（2）si ʔoh phɣeiʔ, ʔaŋ ɣom n̪tʃhɣʔ taiʔ kui, ŋkɔm ʔaŋ ɣom n̪tʃɣ kui.
　　干旱　天气，　不水　浇　菜有，　也　不　水　喝有

　　　　　　　　天气干旱，不仅没有水浇菜，连喝的水都没有了。

三　表示承接关系

khEʔ "之后，然后（再）"

表承接关系。主要用来连接两个动词性短语或分句。通常放在后一个动词性短语或分句的后面，表示后一个动作行为紧接前一个动作行为而发生。例如：

（1）laik meʔ ta tʃik khEʔ phɣɔʔ meʔ pe puan tʃhuʔ khEʔ.
　　休息你　一下　后　吃（饭）你　再　玩　球　后

　　　　　　　　　　你吃完饭休息一下然后再打球。

（2）ka phɣɔʔ ʔEʔ taiʔ tʃah teiʔ khEʔ.　　我先吃饭然后再洗衣服。
　　先　吃饭　我　洗　衣服　其　后

四　表示假设关系

1.……nah……la……或……khih……la…… "如果……的话，就……"。
表示假设关系，用来连接句子。例如：

（1）saŋ kɣaʔ tei nto tei ho, nah l̪ih l̪Eʔ.
　　将　路　助　难助走　如果下　雨

　　　　　　　　　　如果下雨的话，这山路很难走。

（2）ʔaŋ meʔ m̪om xom nah tʃɔ, la meʔ ʔaŋ tʃɔk ʔah.
　　不　你　满意　如果它　就　你　不　买　语助

　　　　　　　　　　你不喜欢的话就不买了。

（3）khih khin tʃɔ ɣom, la ʔEʔ ʔaŋ ho.　她去接水的话我就不去了。
　　如果　接　她　水　就　我　不　去

（4）khih l̥ih l̥ɛˀ, la ˀɛˀ ˀaŋ ho ȵʧoˀ peˀ.
　　如果 下 雨 就 我 不 去 家 你们

　　　　　　　　　　　下雨的话我就不去你家了。

（5）khih kɔih ˀah, la ˀeˀ ho khum ma.
　　如果 热 助 就 我们 去 挖 地

　　　　　　　　　如果天晴，我们就去挖地。

（6）khih sop meˀ ˀɛˀ, la meˀ ka ta tiŋ hua nah ˀɛˀ.
　　如果 找 你 我 就 你 先 打 电话 给 我

　　　　　　　　如果你来找我，就先给我打个电话。

2. ˀoh……ma "即使……也……"，"虽然……也……"

表示假设关系，连接两个分句。例如：

（1）ˀvh ˀoh ʧo me ˀɛˀ, ma sop ˀɛˀ ne.
　　骂 即使 他 对 我 还是 找 我 他（复指）

　　　　　　　　　即使他骂我，我也还是要去找他。

（2）l̥ih ˀoh l̥ɛˀ, ma l̥ih ʧo.　　即使下雨，他也要出去。
　　下 即使 雨 也 出去 他

（3）kɔt ˀoh koin, ma ho ȵʧhum ʧo taiˀ.
　　厉害 即使 热 还是 去 种 她 菜

　　　　　　　　即使太阳很晒，她也还是去种菜。

五　表示条件关系

1. pun……la "只要……就……"，表示条件关系。例如：

（1）pun phoˀ（meiˀ）ˀot ta ȵʧoˀ, la mpou nɔh nih.
　　只要 弟弟 　　 在 助 家， 就 妈妈 高兴 助

　　　　　　　　只要弟弟在家的话，妈妈就很高兴。

（2）pun theh ˀɛˀ pu saˀ, la ˀɛˀ ho muŋ kha.
　　只要 有空 我 明天 就 我 去 西盟

　　　　　　　　只要明天有空，我就去西盟。

147

（3）pun tʃɔ tɔut sup, la tum tei ŋauʔ.　　　只要一抽烟，他就咳嗽。
　　　只要 他　抽　烟　就 开始 助　咳嗽

（4）pun l̥ɛʔ l̥ih, la l̥ɛʔ tum tei l̥ih noŋ n̥tʃoʔ siʔ.
　　　只要 雨　下　就　雨 开始 助 下　里　家 我们
　　　　　　　　　　　　　　只要一下雨，我家的房子就漏水。

（5）pun ʔvh mɛ la tʃɔ tum tei sɔm.　　 只要骂她，她就哭。
　　　只要 骂 和 就 她 开始 助 哭

（6）pun l̥ɛʔ ʔaŋ l̥ih, la heʔ ho tuiʔ khik.
　　　只要 雨　不 下　就 他们 去 砍　柴
　　　　　　　　　　　　　　　　　只要不下雨，他们就去砍柴。

2. sim "……才"（只有……才），表示条件。例如：

to ŋkhɯaŋ ŋkɔm n̥tʃʰvʔ, n̥oʔ hɔʔ la tʃɔ sim m̥om.
送 肥料　和　浇水　麦子 就 它 才　好
　　　　　　　　　　　　只有好好施肥浇水，麦子才长得好。

3. pun……la…… "一旦……就……"，表示条件。例如：

（1）pun tʃɔ ʔiaŋ la ʔaŋ l̥eih ho.　　　　他一旦回去就不来了。
　　　一旦 他 回去 就 不　再 去（走）

（2）pun pa la ʔaŋ l̥eih tʃeih nah meʔ.　 一旦借了就不还给你了。
　　　一旦 借 就 不　再　还　助 你

4. nah saʔ ne "否则、不然（不是的话）"表示条件关系。用来连接短语或句子，引进表示相反结果的话语。例如：

（1）ho ma m̥om, ʔaŋ meʔ syʔ tei n̥tʃhop n̥oʔ nah saʔ ne.
　　　去 地　好，　不 你 看见 助　收获 谷子　不然
　　　　　　　　　　　　　你要好好种地，不然就收不到谷子。

（2）ŋkhv meʔ m̥om, ʔaŋ ʔɛʔ tʃɔk meʔ tʃvp tʃah yauk nah saʔ ne.
　　学习 你　好，　不 我 买 你　穿　衣　新　 否则
　　　　　　　　　　　　你要好好学习，不然就不给你买新衣服。

六　表示因果关系

1. nah"因为、由于"，表示因果关系。例如：

（1）ʔuik kɣoh taiʔ, nah ʔaŋ lɛʔ lih. 由于不下雨，菜都干死了。
　　　都　干　菜　因为　不　雨　下

（2）liaŋ kauh tʃɔ liaŋ hɣik nah. 　　由于起得晚，他今天迟到了。
　　　晚　起　他　迟　到　由于

2. ……ʔin"（因为）……所以……"表示因果关系，一般用在后一分
句的前面。这与汉语的"因为"和"所以"两个词配合用不一样，岳宋
佤语一般只用"ʔin"（所以）来表达这种因果关系。例如：

（1）saiʔ tʃɔ, ʔin ʔaŋ ho ma na. 　　因为生病，所以他不去干活。
　　　病　他　所以　不　去　地　语助

（2）mpɣɔʔ tʃɔ, ʔin suh kɯiŋ tʃɔ teiʔ na.
　　　偷　他　所以　打　爸　他　其　语助

　　　　　　　　　　　　　　因为他偷东西，所以他爸爸打他。

七　表示让步关系

1. ʔoh"倒是"，表示让步关系。例如：

（1）lɛh ʔoh nah tʃah, ʔaŋ ṃom tei kia.
　　　红　倒是　这　衣服　不　好　助　看

　　　　　　　　　　　　　　这衣服红倒是红，但不好看。

（2）thiaŋ ʔoh nah pleiʔ khauʔ, ʔaŋ ɳtʃum tei ʔeih.
　　　大　倒是　这　果子　不　好吃　助　吃

　　　　　　　　　　　　　　这果子大倒是大，但不好吃。

（3）thiaŋ ʔoh nah lɛʔ, ʔam lih ta tʃik.
　　　大　倒是　这　雨　但是　下　一下（一会儿）

　　　　　　　　　　　　　　雨倒是下得大，但是下得时间短。

八 表示转折关系

1.ʔam"但、但是",表示转折关系。"ʔam"在句中有时可以省略。例如:

(1) tɤʔ ʔɛʔ phoʔ meiʔ tei ʔaŋ noh, ʔaŋ ŋiɛt ʔah.
　　叫 我 弟弟 助 不 闹 不 听 助

　　　　　　　　　我告诉弟弟不要吵了,但是他不听。

(2) suʔ tʃɔ vai leŋ ŋeiʔ ʔiŋ, ʔam ʔaŋ man ʔuik ʔah.
　　干 他 活 整 天 今天 但 没 助 完 助

　　　　　　　　　他今天干了一天的活,但是还没干完。

(3) ʔaŋ tʃɔ l̥auŋ, ʔam kɔt nɔk tʃɔ.　　他虽然不高,但是力气很大。
　　不 他 高 但 厉害 劲 他

(4) ʔaŋ nah plei ʔ khauʔ m̥om tei kia, ʔam n̯tʃum tei ʔeih.
　　不 这 果子 好 助 看 但 好吃 助 吃

　　　　　　　　这果子虽然不好看,但是吃起来很甜。

九 表示选择关系

1. "mo(疑问词)+动词",表示"是……,还是……",表示选择关系。例如:

(1) mo　　moh tʃɔ lau foʔ mo moh kui? 他是佤族还是拉祜族?
　　疑问词 是 他 佤族 疑问词 是 拉祜族

(2) mo　　ho meʔ ma mo ho taiʔ meʔ tʃah?
　　疑问词 去 你 地 疑问词 去 洗 你 衣服

　　　　　　　　　　你是去地里还是去洗衣服?

2. "ʔaŋ……(moh)……la(moh)……","不是……就是……",
表选择。例如:

(1) ʔaŋ meʔ moh sɛm la moh hɔʔ.　　　你不是傣族就是汉族。
　　不 你 是 傣族 就 是 汉族

（2）ʔaŋ tʃɔ suh xim la khum ma, ʔaŋ thɤ khu ŋei².
不　他　打　草　就　挖　地　不　有时间　每　天

他不是锄草就是挖地，天天很忙。

3. moh ʔoh "或者"，用来连接并列的词语或分句，表示选择关系。例如：

（1）tʃɤp me² pa lɛh moh ʔoh pa si ŋa ʔuik m̥om tei kia.
穿　你　的　红　或者　的　黄　都　好　助　看

你穿红的或者黄的都可以。

（2）ʔin nah ma n̥tʃhum muih moh ʔoh n̥tʃhum muih khau² ʔuik
这个　地　种　香蕉　或者　种　木瓜　都

m̥om.
可以

这块地种香蕉或者木瓜都行。

十　表示目的关系

sam tɔ² "为了（想要）"，表示目的关系。例如：

（1）sam tɔ² kuan tei phun khɯ lɔi, ʔaŋ tʃɔ lai² tei nah vai su²
想要　孩子　助　得到　学习　书　不　她　休息　助　助　活　干

tei khu ŋei².
助　每　天

为了孩子能上学，她天天不停地干活。

（2）sam tɔ² n̥tʃo² tei phɣa² hɣih, kɔk tʃɔ phui hun ho tʃhui tei².
想要　房子　助　快　完　喊　他　人　多　去　帮　自己

为了尽快盖好房子，他请了很多人来帮忙。

第十节　叹词

叹词是表示感叹、呼唤、应答的词。叹词是一种通常独立于句法结构之外，以模拟人类自己的声音、表示人类自身情感为主的特殊的词类。

151

叹词没有词汇意义，也没有帮助实词造句的作用，但却可以表达某种情绪或应答的声音，能独立成句。叹词不和其他词发生结构关系，而是独立于句子之外，放在句子前后或插入句中时，叫作独立成分，在表达思想感情上起一种配合作用。

叹词的表意功用与语气词接近，主要表示各种语气、情感和情态，少数也可以用于应答和允诺。岳宋佤语的叹词可分为表呼叫催促、表应答、表痛楚和遗憾、表惊讶、表愤怒警告等类别。下面对岳宋佤语的感叹词分别举例分析。

根据意义的异同，岳宋佤语常见的感叹词有五类。

一　表示呼叫、催促

1. hei "喂"，用于日常交流中打招呼，或表呼叫、催促。例如：

（1）hei, nɔ peʔ kyoʔ ʔɛʔ !　　　　　　喂！你们等等我！
　　　 喂，给 你们 等 我

（2）hei, nia peʔ ho !　　　　　　　　喂！（你们）慢点儿走！
　　　 喂，慢 你们 走

（3）hei, man kah !　　　　　　　　　喂！不要出声！
　　　 喂，不要 说话

2. heʔ "嘿" "哎"，表呼叫、提醒。例如：

（1）heʔ, nauh peʔ !　　　　　　　　嘿（哎），快来呀！
　　　 嘿，赶紧 你们

（2）heʔ, ʔaŋ meʔ ho na phoh !　　　　嘿，你怎么不走！
　　　 嘿，不 你 走 为何

二　表示应答

1. phɔh "哎"，能单独用来回答问题。例如：

ʔai faŋ !　　　　　　　　　　　　岩方！（呼）
岩 方

phɔh·!　　　　　　　　　　　　　　哎！（应）

哎

2. phɔh "哎"，表应答。例如：

（1）phɔh, ho（ʔEʔ）ʔin !　　　　　　哎，就来了！

　　　哎，　来　我　这

（2）phɔh, moh nah ho ʔEʔ ʔin !　　　　哎，我这就去！

　　　哎　　是　助　去　我　这

三　表示痛楚、感叹、叹气、不满、遗憾等

1. ʔɤ hɔ/ ʔɤ "哎哟"，表痛楚。例如：

（1）ʔɤ hɔ/ ʔɤ, saiʔ haŋ ʔEʔ!　　　　哎哟！我的牙疼死了！

　　　哎哟　　疼　牙　我

（2）ʔɤ hɔ/ ʔɤ, saiʔ thɯiŋ meʔ ʔEʔ!　哎哟！你撞疼我了！

　　　哎哟　　疼　撞　你　我

2. ʔai "哎"，表示不满、责备。例如：

（1）ʔai, moh men　ho meʔ tɔh① ?　　哎！你怎么还不去？

　　　哎　是 怎么 不 去 你　助

（2）ʔai, meʔ tʃɔh ntEʔ tiŋ nau ʔEʔ tɔh ?　哎！你怎么用我的电脑？

　　　哎　你 怎么 使用 电脑 我　助

3. ʔua "啊"，表感叹、赞叹。

（1）ʔua, ma l̥auŋ na khauʔ!　　　　啊！这棵树真高！

　　　啊，真　高 这 树

（2）ʔua, ma m̥om ʔa !　　　　　　啊！真漂亮！（漂亮极了！）

　　　啊，真　好　叹词

────────

① "moh men……tɔh" 意为"怎么……还不"，表否定。"tʃɔh……tɔh" 意为"怎么……"，表肯定。

4. pɤŋ "啊" "啊哟"，表感叹、惊叹。

（1）pɤŋ①，tɔˀ ta hun !　　　　　　　啊！给那么多！
　　啊　　给　助　多

（2）pɤŋ, phui tei hun ʃeh noŋ n̩tʃɔˀ nteˀ thɔh !
　　啊哟　人　助　多　这么　里　房　　动物

　　　　　　　　　　　　　啊哟！动物园这么多人！

5. ˀai "哎"，表遗憾、叹气。

（1）ˀai, ˀaŋ ɣom l̩ɛˀ② kui tei n̩tʃɤ !　哎！都没水喝了！
　　哎！　不　水　助　有　助　喝

（2）ˀai, t̩lup xɯp !　　　　　　　　哎！汤倒了！
　　哎！　倒　汤

6. ˀua "啊"，表遗憾、后悔。

　　ˀua, phi ˀɛˀ nah kah !　　　　　啊，我把这事忘了！
　　啊，　忘　我　这　话（事）

7. ˀɤn "嗯"，表肯定、认定。

（1）ˀɤn, ɣauk phun ˀɛˀ taiˀ.　　　　嗯，我刚摘完菜。
　　嗯，　刚　摘　我　菜

（2）ˀɤn, moh seiˀ !　　　　　　　　嗯，就是这样！
　　嗯，　是　这样

四　表示惊惧、惊奇

ˀah "啊"

（1）ˀah, ˀot si ˀuiŋ tho nah ta③ mo!　啊！这儿有条蛇！
　　啊！在　蛇　这里　一　条

---

① pɤŋ 通常放在句首，表示惊讶，所给出的东西多于说话者的想象，说话者认为很多。
② 这里的 l̩ɛˀ 表示"水已彻底没了"，表强调，加强语气。
③ 这里的 "ta" 是数词"一"（thɛˀ）的变体，数词"thɛˀ"在句中有时变读为"ta"，有时又变读为"ti"。

（2）ˀah, ŋkhɯiˀ n̥tʃoˀ heˀ!　　　　　　　啊！他家房子倒了！
　　　啊！　倒　房子　他们

五　表示愤怒、警告

ˀah ˀia "啊呀、噢"

（1）ˀah ˀia, meˀ tʃoh suh phui tɔh!　啊呀，你敢（怎么）打人！
　　　啊呀，　你　怎么　打　人　语助
（2）ˀah ˀia, pun meˀ suˀ ʃiɛ nɛh, si ˀaŋ meˀ pot nih!
　　　啊呀，　只要　你　动　助　骨头　你　断　助
　　　　　　　　　　　　啊呀，你再动你的骨头就断了！
（3）ˀah ˀia, sam suh ˀɛˀ meˀ!　　　　噢，我真想打你一顿！
　　　噢，　想　打　我　你

155

第五章　短语

　　短语是词和词按照一定方式组合起来的语言单位，又叫词组。简单短语可以充当复杂短语的句法成分，很多短语加上语调可以成为句子。短语可以从多种角度去观察，从而分出不同的类别，最重要的有两种分类：一种是结构类，主要看构成短语的词与词之间的结构关系，可分出主谓短语等结构类；另一种是功能类，凭短语进入更大的短语里担任职务的能力，即充当句法成分的能力相当于哪一类词，可分出名词性短语等功能类。这里我们按照结构分类，可将岳宋佤语的短语分为主谓短语、动宾短语、修饰短语、补充短语、联合短语五种基本结构类型及同位（复指）短语、连动短语、兼语短语、名物化短语、比况短语等其他类型短语。

第一节　基本短语

一　主谓短语

　　主谓短语由主语和谓语组成。主语是谓语陈述的对象，表示要说的是谁或什么；谓语是说明和陈述主语的，说明主语怎么样或是什么。两部分是陈述和被陈述的关系。充当主语的多是名词、代词，充当谓语的多是动词、形容词。岳宋佤语中主谓短语的语序一般为"谓语 + 主语"，这是佤语本身的语序，但也偶尔出现"主语 + 谓语"的语序，造成"谓语 + 主语"与"主语 + 谓语"两种语序并存的情形。这可能是受汉语

等语言的影响，但"主语 + 谓语"语序的主谓短语很少。下面根据充当
主语、谓语的词类分别举例如下。

1. 动词 + 名词

xɣ² ȵiak 猪叫　　　　　　　　xɣ² phei² 羊叫

叫　猪　　　　　　　　　　　叫　羊

²u² meŋ ²ia 公鸡叫　　　　　　ŋkɣauh kɣ ŋo pun 姑娘跳舞

叫　公鸡　　　　　　　　　　跳舞　　姑娘

sai² tɔŋ 头痛　　　　　　　　ŋkɔ² kai² 身体痒

痛　头　　　　　　　　　　　痒　身体

ȵtʃum mak kɔk tei phɔ²　　　移依果好吃

好吃　移依果　助　吃

thoi tai ŋkɣE²　　　　　　　　白露花开放

开　白露花

2. 形容词 + 名词

la hut phɣei² pu kau² 昨天热　　ŋom tʃah 衣服漂亮

热　　天气　　昨天　　　　　　好　衣服

ŋom kai² 身体好　　　　　　　ȵom ŋkuat 刀子锋利

好　身体　　　　　　　　　　锋利　刀子

thiaŋ ȵtʃo² 房子大　　　　　　phɣa² xom 性子急

大　房子　　　　　　　　　　快　脾气

3. 动词 + 代词

hɣik phih 谁来　　　　　　　²e² ho / ho ²e² 我们去

来　谁　　　　　　　　　　　我们 去 / 去 我们

kah he² 他们说　　　　　　　²a² ho / ho ²a² 咱俩走

说　他们　　　　　　　　　　我俩 走 / 走 我俩

lat tʃo 她害怕　　　　　　　ȵtʃhou² pe² 你们唱歌

害怕 她　　　　　　　　　　唱歌　你们

4. 形容词 + 代词

ŋah tho nah 这儿干净　　　　ȵoŋ thau² nah 那里凉快

干净 这里　　　　　　　　　凉快　那里

157

them he² 他们矮   khɣɔ² ʧʃɔ 她瘦
矮　他们   瘦　　她

ȴluiŋ ˀɛ² 我胖   ʃa ho² 他俩白
胖　我   白 他俩

二　动宾短语

动宾短语又称为述宾短语，由有支配、涉及关系的两个部分组成，前面起支配作用的部分是动语，一般由动词充当；后一部分是宾语，是动语支配、关涉的对象，充当宾语的主要有名词、代词、数量短语及名物化的形容词、动词短语等。动语和宾语是支配和被支配的关系。岳宋佤语中动宾短语的语序为"动语 + 宾语"。

（一）名词作宾语

ʧʃɔk khɣʋŋ 买东西   tai² ʧʃah 洗衣服
买　东西   洗 衣服

tui² khik 砍柴   puk ȴa 摘茶叶
砍　柴   摘　茶

ho muŋ kha 去西盟   xɣh hia 养蜜蜂
去　西盟   养 蜜蜂

ȵʧʃhum ma 种地   hauk ŋkhoŋ 上山
种　地   上　山

ȵʧʃhim mpɔu 想妈妈   xɣh ȴiak 喂猪
想念　妈妈   养　猪

（二）代词作宾语

suh he² 打他们   tɔ² na ˀɛ² 给我
打 他们   给 助 我

ˀeih ˀin nah 吃这个   ho thau² nah 去那里
吃　这个   去　那里

sut hei nah 捡这些   kɔk me² 叫你
捡　这些   叫　你

（三）数量短语作宾语

tʃɤp ɣa mplah 穿两件（衣服）   tʃɔk lui mo 买三只（鸡）
穿　两　件   买　三　只
xɤh ɣa mo 养两头（牛）   ȵtʃhum ko ŋkɔŋ 栽十棵（树）
养　两　头   种　　十　棵
ȵtʃhɔu² ɣa poi 唱两句   ȵtʃɤ ta lok 喝一杯
唱　两　句   喝　一　杯

（四）动词、形容词短语构成的名物化成分作宾语

tʃɤp pa lɛh 穿红的   mpɤt pa tʃua 喜欢软的
穿　的　红   喜欢　的　软
ʔeih pa pɣe² 吃辣的   thui pa ʔɛt 拿小的
吃　的　辣   拿　的　小
tʃɔk pa ʔeih 买吃的   kɣoih pa ɱom 挑选好的
买　的　吃   选　　的　好

三　修饰短语

修饰短语由修饰语和中心语构成，两部分之间是修饰和被修饰的关系。名词、动词、形容词等都能作中心语，依据中心语的不同可将修饰短语分为以下几个类型。

（一）中心语为名词的修饰短语

可修饰名词的成分有名词、代词、形容词、动词、数量词（或短语）等，岳宋佤语中，这类修饰短语的语序一般为"中心语 + 修饰成分"。

1. 名词（中心词）+ 名词

名词修饰名词时，一般中心成分在前，修饰成分在后，二者之间不

需加助词，直接组合。但也出现了"名词＋名词（中心词）"的语序，仅局限于表示动物性别的几个词，如公鸡、母鸡、公猪、母猪等，这类词是两种语序都可以。例如：

meŋ ˀia / ˀia meŋ 公鸡   pan mak tʃuˀ 橘子树

雄性 鸡 鸡 雄性   树 橘子

fɔŋ ntum ka 去年的玉米   n̩tʃoˀ khɣok 木鼓房

玉米 去年   房子 鼓

xɣ kɣat phoˀ meiˀ 弟弟的挎包   taˀ mpoi 牛尾巴

挎包   弟弟   尾巴 牛

2. 名词（中心词）＋代词

修饰名词的代词包括人称代词、指示代词等。

（1）人称代词修饰名词，名词中心语在前面，人称代词在后面，两者之间一般不需加助词。例如：

n̩tʃoˀ khɯ ḷɔi peˀ 你们的学校   ma tʃɔ 他的地

学校   你们   地 他

ʒauŋ heˀ 他们的寨子   khɣuat ˀɛˀ 我的床

寨子 他们   床 我

haik tɔŋ meˀ 你的头发   ŋai ˀɛˀ 我的眼睛

发 头 你   眼睛 我

kuan tʃɔ 她的孩子   kɯiŋ tʃɔ 他的父亲

孩子 她   爸爸 他

ʃoˀ meˀ 你的奶奶   n̩tʃoˀ ˀɛˀ 我的家

奶奶 你   家 我

n̩tʃoˀ heˀ 他们家   n̩tʃoˀ meˀ 你家

家 他们   家 你

（2）指示代词直接修饰名词，常位于名词的前面，中间也不需加助词。例如：

ˀin ʒauŋ 这寨子   ˀin phui 这人

这 寨子   这 人

ʔin khauʔ 这树　　　　　　　　　ʔan saiʔ 那病

这　　树　　　　　　　　　　　　那　病

ʔin ʧah 这衣服　　　　　　　　　ʔan ntin ʧhʋŋ 那鞋子

这　衣服　　　　　　　　　　　　那　　鞋子

hei nah taiʔ 这些菜　　　　　　　ʔan pʋuih 那朵花

这些　　菜　　　　　　　　　　　那　花

ʔin nah phui 这个人　　　　　　　ʔin nah thih 这只鸭子

这个　　人　　　　　　　　　　　这个　　鸭子

ʔan nah mpoi 那头牛　　　　　　　ʔan nah khauʔ 那棵树

那个　　牛　　　　　　　　　　　那个　　树

hei ʔan nah n̠ʧoʔ 那些房子　　　　hei ʔan nah muih 那些香蕉

那些　　　　房　　　　　　　　　那些　　　香蕉

3. 名词（中心词）+ 形容词

形容词修饰名词时，通常位于名词之后，中间不需加助词。例如：

mauʔ laŋ 长绳子　　　　　　　　ʧah ʋauk 新衣服

绳子　长　　　　　　　　　　　　衣服　新

pʋuih lɛh 红花　　　　　　　　　ȵiak t̠luiŋ 胖猪

花　　红　　　　　　　　　　　　猪　胖

khauʔ thiaŋ mo 粗棍子　　　　　　ŋkhʋŋ them 矮凳子

棍　　粗　　　　　　　　　　　　凳　矮

xim ŋih 绿的草　　　　　　　　　khauʔ l̠auŋ 高的树

草　绿　　　　　　　　　　　　　树　　高

phui vau 勇敢的人　　　　　　　　mʋʔ si tah 光滑的石头

人　勇敢　　　　　　　　　　　　石头　光滑

n̠ʧoʔ them 矮矮的房子　　　　　　muih tɛ 甜甜的香蕉

房子　矮　　　　　　　　　　　　香蕉　甜

4. 名词（中心词）+ 动词

动词修饰名词中心语时，也是位于名词之后，中间不需加助词。例如：

taiʔ ʧɔk 买的菜　　　　　　　　　kʋak xʋh 养的水牛

菜　买　　　　　　　　　　　　　水牛　养

ma ɳʧhum 种的地   mpɯ pa 借的钱

地   种   钱   借

khau² tui² 砍的树   khɔŋ mpu 爬行的虫子

树   砍   虫   爬行

5. 名词（中心词）+ 数量词或数量短语

（1）数量短语修饰名词时，通常居于名词之后。① 例如：

phui lui kai 三个人   tom ²ia ko l̥ɛ mo 十六个鸡蛋

人   三 个   蛋   鸡 十 六 个

paik ta mo 一座桥   mɣ² ɣa mo 两块石头

桥   一 座   石头 两 块

ɳʧho² phuan ko mo 五十首歌 ntin ʧhɣŋ pon ŋkɣom 四双鞋

歌   五 十 首   鞋   四   双

表概数的数量短语能置于名词中心语之前做名词的定语。例如：

pon phuan kai phui 四五个人

四   五   个   人

ɣa lui mo mpoi 两三头牛

二 三 头 牛

（2）数量词修饰名词

汉语中有时"数词可直接修饰名词"，如"五人、三十人"等，岳宋
佤语中可用"数词 + 量词"表达。例如：

phuan kai 五人   lui ko kai 三十人

五   个   三 十 个

数词做"夜""年""天"② 等名词的定语时，在名词之前。例如：

ɣa ŋei² 两天   ta som 一夜

两 天   一 夜

pon ntum 四年

四   年

------

① 目前岳宋佤语中数量短语也能放在名词之前，形成"名 + 数量"与"数量 + 名"两种语序
并存使用的状况，而且"数量 + 名"语序越来越常用了，这是语言接触相互影响的结果。

② 有的学者认为这里的"夜、年、天"等都是时量词，是量词的小类。

6. 名词（中心词）+ 短语

短语修饰名词时均位于名词之后，中间不需加助词。

phui ʧhuih tai² 卖菜的人 | kah ²vh kɯiŋ 爸爸说的话

人　卖　菜　　　　　　　话　说　爸爸

phui ho ma 种地的人 | foŋ ²eih ɭiak 猪吃的苞谷

人　去　地　　　　　　　苞谷　吃　猪

mpoi sɔm kɣiɛt ŋkuih ŋkhɔŋ | 在山上吃草的牛

牛　　吃　青草　上　　山

tai kɣ ŋo pun lau fo² | 佤族姑娘的裙子

裙子　姑娘　　佤族

（二）中心语为动词的修饰短语

动词中心语的修饰成分有副词、形容词、代词等，这些修饰成分一般作状语。

1. 副词作状语修饰动词

副词作动词状语主要表示动作行为的程度、范围、否定、语气等。岳宋佤语中副词作状语一般位于动词前面，也有个别位于动词后面的。例如：

²aŋ ho 不走 | ɣauk thua 才离开

不　走　　　　　才　离开

su² ti tum 一起做 | kɣa² hɣik 经常来

做　一起　　　　　经常　来

ɣauk ho 刚走 | hɣik ho 已去

刚　走　　　　　已经　去

²aŋ ²au² 没要 | ²aŋ（man）kia 没看

没　要　　　　　没　　　看

2. 形容词作状语修饰动词

形容词作动词状语一般位于动词的后面，也有个别位于动词前面的。这里的形容词副词化了，具有副词的特点。例如：

ho vo 快去 | ho ɱom 慢走

去　快　　　　　走　好

163

kah nɔh 高兴地说   ˀɣh ȶlah 详细地讲

说　高兴   讲　详细

tuk kai 紧紧地拉住   fon ȴua 松松地绑着

拉 牢 / 紧   绑　松

nʧum tei ˀeih 好吃

好吃　助 吃

3. 代词作状语修饰动词

代词作动词状语一般位于动词的后面。例如：

ho sɔk 那样走   su˺ sei˺ 这样做

去　那样   做　这样

ʧhim lɔ˺ mɣ 怎么想   sih sei˺ 这样写

想　　怎么   写　这样

（三）中心语为形容词的修饰短语

修饰形容词中心语的，主要是副词、数量词等。

1. 副词修饰形容词

副词修饰形容词时语序通常为"副词 + 形容词"。例如：

ma ʒom 很少   ma hun 太多

很　少   太　多

ˀaŋ tɔ˺ ŋa 不酸   som ɣai˺ 比较远

不　酸   比较　远

khɯm ŋeiŋ 更短   ma nia 太慢

更　　短   太　慢

ˀaŋ ṃom 没好   ma ɣauk 很新

没　好   很　新

2. 数量词修饰形容词

数量词修饰形容词时语序一般为"数量 + 形"，有时也可为"形 +
数量"。例如：

lui mi ȴauŋ 三米高   ɣa ʧhi laŋ 两尺长

三 米 高   两 尺 长

phuan ʧit ʧhiɐn 五斤重　　　　ti nthɔk foh 一拃宽

五　斤　重　　　　　　　　一　拃　宽

ɣa top laŋ 两庹长

两　庹　长

（四）中心语为量词的修饰短语

量词的修饰成分主要有数词、指示代词等，其位置通常在量词之前。

1. 数词 + 量词

phuan mo 五个　　　　　　　ɣa ŋkɔŋ 两棵

五　　个　　　　　　　　　两　棵

lui mo 三件　　　　　　　　ta mplah 一片

三　件　　　　　　　　　　一　片

ta ŋkɣom 一双　　　　　　　ɣa ɬloŋ 两碗

一　　双　　　　　　　　　两　碗

2. 指示代词 + 量词

ʔin mo 这只　　　　　　　　ʔan mo 那个

这　只　　　　　　　　　　那　个

ʔin mo 这根　　　　　　　　ʔan mo 那本

这　根　　　　　　　　　　　那　本

3. 指量短语 + 形容词

ʔan mo pa lɛh 红的那件　　　ʔan ŋkɔŋ pa ɭauŋ 高的那棵

那　件　的　红　　　　　　　那　棵　的　高

四　补充短语

补充短语由有补充关系的两个成分组成，一个是中心成分，一个是补充成分。中心成分一般由谓词（主要是动词和形容词）充当，补充成分对中心成分加以补充和说明。

（一）动补短语

中心成分由动词充当的补充短语通常也称为动补短语。补语补充说明动作行为的结果、趋向、状态等。作动词补语的主要是动词、形容词、数量词等。

1. 动词作补语。例如：

suh ḷɤˀ 打破   taih kɛ 舂碎
打　破   舂　碎
toˀ ntoh 扎破   thɤŋ ŋkhɯiˀ 推倒
扎　破   推　倒
piɛh thut 割断   thɯiŋ ŋkhɯiˀ 撞翻
割　断   撞　翻

岳宋佤语中趋向动词一般不与动词连用来作动词的补语，它一般是独立使用，句法功能与一般动词相同。如"走出去、站起来"岳宋佤语只说"lih（出去）、tʃhoŋ（起来）"即可，"拿来、抬来"岳宋佤语只说"thui（拿）、sɤˀ（抬）"即可，这和汉语中趋向动词作趋向补语不同。

2. 形容词作补语。例如：

ntip ntip 压扁   tʃhoŋ plat 站直
压　扁   站　直
pɤ loŋ 染黑   khiɛh ḷom 削尖
染　黑   削　锋利
suˀ m̥om 做好   kia n̥tʃit 看准
做　好   看　准
taiˀ ŋah 洗干净   ŋkiɛˀ kai 捏紧
洗　干净   捏　紧
ˀeih ˀuik 吃完   n̥tʃɤ ˀuik 喝完
吃　完   喝　完

3. 数量词作补语。例如：

ˀeih ɤa ŋkɤɔ 吃两顿   thiɛt ta tʃhɤŋ 踢一下
吃　两　顿   踢　一　脚

ho ɣa ʧhɤŋ 走两回　　ŋkiɛk ta ȵʧhop 抓一把

走　二　回　　　　　抓　　一　　把

hɔk ɣa mpoiŋ 喊两声　　ʔɤh ta ʧhɤŋ 读一遍

喊　二　声　　　　　读　一　遍

（二）形补短语

中心成分由形容词充当的补充短语通常称为形补短语。形容词的补语表示性质状态的趋势和状态，对形容词起补充、说明的作用。岳宋伬语中作形容词补语的主要是副词，补语一般位于形容词的前面。例如：

ma ŋɯ ʔa 香极了　　ma ȵʧum ʔa 好吃极了

极　香　语助　　　　极　好吃　语助

ma ʔu ʔa 暖和极了　　ma ɱom ʔa 好极了

极　暖和　语助　　　　极　好　语助

hɣik loŋ ʔa 黑起来　　hɣik ɱom ʔa 好起来

已经　黑　语助　　　　已经　好　语助

hɣik ʃɣʔ ʔa 富起来　　hɣik hun ʔa 多起来

已经　富　语助　　　　已经　多　语助

五　联合短语

联合短语由语法地位平等的两个或两个以上部分组成，其间是联合关系，可细分为并列、递进、选择等关系。

（一）名词与名词并列

中间一般加连词 mɛ "和"，也可不加。例如：

xim mɛ khau² 草和树　　ʔɣp mɛ tai² 饭和菜

草　和　树　　　　　饭　和　菜

mei² mɛ muiŋ 夫妻　　mpɔu kɯiŋ 父母

丈夫　和　妻子　　　母亲　父亲

ta² mɛ ʃo² 爷爷和奶奶　　　miau mɛ so² 猫和狗

爷爷 和 奶奶　　　　　　　猫　　和　狗

（二）代词与代词并列

中间一般加连词 mɛ "和"。例如：

²ɛ² mɛ tʃo 他和我　　　　　　²e² mɛ he² 我们和他们

我 和 他　　　　　　　　　我们 和 他们

tho nah mɛ thau² nah 这里和那里

这里　　和　　那里

²in nah mɛ ²an nah 这个和那个

这个　　和　　那个

（三）动词与动词、形容词与形容词并列

中间一般加连词 mɛ "和"或 ŋkɔm "又"来连接，有时也可不加，直接并列联合。例如：

n̩tʃhou² mɛ ŋkɣauh tei 又唱又跳　　　thaiŋ kɣum 追赶

唱　　又　跳　助　　　　　　　追　　赶

n̩tʃoih ŋkɔm kah tei 又说又笑

笑　　又/和 说　助

to² ŋkɔm tɛ tei 又酸又甜

酸 又/和 甜 助

them ŋkɔm ²ɛt tei 又矮又小

矮 又/和 小 助

l̩auŋ ŋkɔm khɣo² tei 又高又瘦

高 又/和 瘦 助

phoiŋ ŋkɔm t̩luiŋ tei 又白又胖

白 又/和 胖 助

（四）名物化成分之间的并列

中间可加连词 mɛ "和"，也可不加。例如：

pa l̥auŋ　pa them 高的矮的　　　pa t̠luiŋ　pa khɣoʔ 胖的瘦的

　　高　　　矮　　　　　　　　胖　　　瘦

pa lɛh　mɛ pa ŋih 红的和绿的　　pa ʔeih　mɛ pa t̠ʂ̥vp 吃的和穿的

　　红　和　绿　　　　　　　　吃　和　　穿

pa n̠t̠ʂhɔuʔ mɛ pa ŋkɣauh 唱的和跳的

　　唱　　和　　　跳

pa hauh　mɛ pa po lia 　爬的和滚的

　　爬　　和　　滚

这里的"pa"是一个名物化前缀。

第二节　其他短语

一　同位（复指）短语

同位短语多由两项组成，前项和后项的词语不同，所指是同一事物。前项后项共作一个成分，因前后语法地位相同，故名同位短语；又因前后项有相互说明的复指关系，故又叫复指短语。例如：

t̠ʂau fu ɣuŋ　pa ntuk l̥ɔi 赵富荣老师

赵　富　荣　　老师

n̠t̠ʂoʔ ʒauŋ　t̠ʂo　muŋ kha 他的家乡西盟

家乡　　　他　西盟

phoʔ meʔ n̠i ka 你的弟弟尼嘎　　　peʔ　l̥ɛ kai 你们六个

弟弟　你　尼嘎　　　　　　　你们　六　个

kuan t̠ʂo ʒeiʔ ʃiaŋ 她女儿叶香　　　ʔeʔ　lau foʔ 我们佤族

女儿　她　叶　香　　　　　　　我们　佤族

二　连动短语

由两个或两个以上的动词性词语连用，它们之间没有联合、修饰、述宾、述补、主谓等关系，中间没有语音停顿，也没有复句中分句之间的各种逻辑关系。例如：

ho phɣɔ² 去吃饭　　　　　　ȶleiŋ ŋkuat sit tai² 磨刀切菜
去 吃（饭）　　　　　　　磨　刀　切　菜

ho tʃɔk tai² 出去买菜　　　　kau² kia tiŋ si² 起来看电视
去 买 菜　　　　　　　　起来 看 电视

ȵtʃoih tei① kah 笑着说　　　　ŋkiɛk tei ²eih　抓着吃
笑　 助　说　　　　　　　 抓　 助　吃

phok tei su² vai kɔm kuan ²ɛt　　　背着孩子干活
背　助 干活　和　小孩

mpaik ŋkau² plɔu² ²ʋp　　　　　淘米煮饭
淘／洗 米　煮 饭

ho tai² tʃah nthɣ² klɔŋ　　　　　去河边洗衣服
去 洗 衣服　边 河

sop xah mɛ pa kɣom　　　　　找朋友玩
找 玩耍 和　朋友

三　兼语短语

由一个动宾短语和一个主谓短语套叠在一起，而且前一动语的宾语兼作后一谓语的主语，形成有宾语兼主语双重身份的一个"兼语"，故名兼语短语。例如：

kɔk tʃɔ phɣɔ²　　　　　请他来吃饭
请 他 吃饭

tɔ² he² ho tʃeik ȴa　　让她们去采茶
让 她们 去 采 茶

tɣ² pe² ho khum ma　　叫你们去挖地
叫 你们 去 挖 地

_____

① 这类例句中的"tei"表伴随，表前一个动作伴随后一个动作同时进行。

ntuk tʃɔ sih ŋai lɔi　　　教他写字

教　　他　写　字

kɔk tʃɔ ŋkɣauh　　　　请她跳舞

请　她　跳舞

四　名物化短语

某些实词或实词短语可加名物化前缀"pa"（……的）构成名物化短语。岳宋佤语中一般是动词或动词性短语及形容词性词语可以构成这种名物化短语，而名词或代词一般不能加"pa"（……的）构成名物化短语。如不能说"pa lau foˀ"（佤族的）或"pa tʃɔ"（他的）。例如：

（一）pa + 动词

pa tʃɣp 穿的　　　　pa sam 想的

　穿　　　　　　　　　想

pa kah 说的　　　　pa ntʃhɔuˀ 唱的

　说　　　　　　　　　唱

（二）pa + 形容词

pa phoiŋ 白的　　　　pa foh 宽的

　白　　　　　　　　　宽

pa phu 厚的　　　　pa tluiŋ 胖的

　厚　　　　　　　　　胖

五　比况短语

由名词和"thu……mᴇ"组成，表示比喻，有时也表示推测，属形容词性短语。例如：

thu　mᴇ khauˀ　　　像木头一样

一样　和　木头

171

thu　mɛ　pa ʒoiˀ　　　像喝醉酒一样
一样　和　醉的

thu tʃhiɛn mɛ xem　像铁一样重
一样　重　和　铁

thu phoiŋ mɛ tai ŋkɣɛˀ　像白露花一样白
一样　白　和　白露花

thu　mɛ ȵiak　　　　　像猪一样
一样　和　猪

第六章　句法成分

　　岳宋佤语的句法成分可以分为主语、谓语、宾语、定语、状语、补语等。本章主要介绍这几种句子成分的构成、结构类型和意义类型等。

第一节　主语

一　主语的构成

　　主语是谓语陈述、说明、描写的对象。充当主语的成分以名词和名词性词语为主，谓词性词语也可以充当主语。

（一）名词性主语

　　岳宋佤语的主语以名词性词语为多，包括名词、名词短语、代词、代词短语、数词、数量短语等名词性词语，多表示人或者事物。岳宋佤语句子中，一般是谓语在前，主语在谓语后面，主要语序是"谓语 + 主语 + 宾语"。

1. 名词作主语

（1）ḷih　khɛʔ.　　　　　　　月亮出来了。
　　　出来 月亮

（2）moh ʃiŋ ʧhi ʔi pu saʔ.　明天是星期一。
　　　是　星期 一　明天

（3）ʧip sim kɣaʔ khauʔ.　　　　　　　　鸟在树上唱歌。
　　鸣叫 鸟　上　 树

（4）hɣik ŋkhuiʔ ȵʧoʔ.　　　　　　　　　房子已经倒了。
　　已经　倒　 房子

（5）ho ʧɔk mpou ʧah noŋ laih.　　　　　妈妈去街上买衣服。
　　去 买 妈妈 衣服 里　街

2. 代词作主语

（1）meʔ mpaik taiʔ, ʔɛʔ plou ʔ phɣɔʔ.　　你洗菜，我煮饭。
　　你　洗　菜　 我　煮　 饭

（2）kui ʔo ʧɔ ya kai.　　　　　　　　　他有两个姐姐。
　　有 姐姐 他 两 个

（3）saʔ hoʔ tɣ tum ho si mau.　　　　　他俩将要一起去思茅。
　　将要 他俩 一起　去　思茅

（4）moh ʔin ntin ʔai faŋ.　　　　　　　这是岩方的鞋子。
　　是　这 鞋　岩方

（5）moh ʔan pa toʔ, ʔaŋ ȵʧum tei ʔeih.　那是酸的，不好吃。
　　是　那 的酸　不　好　助词 吃

3. 各种名词性短语作主语（数量短语、方位短语、定中短语、同位短语、联合短语、的字短语等）

（1）ʧip pon mo kɣaʔ khauʔ, tuih ya mo n̥oʔ kɣaʔ tɛ.
　　叫　四 个　上　树　　 啄 两 个 谷子 上　地
　　　　　　　　　　　　　　　　　四只在树上叫，两只在地上吃谷子。

（2）phuan mo phuan hoŋ.　　　　　　　五个有半斤。
　　五　 个　五　 两

（3）kui khauʔ thiaŋ noŋ ʒauŋ tɣ mo.　寨子里有一棵大树。
　　有 树　大　里 寨子 一 棵

（4）ʔot ʔia ya mo toʔ l̥eiʔ.　　　　　 大门外有两只鸡。
　　在 鸡 两 只 外面

（5）ma fei noŋ taiʔ saʔaŋ, ʔaŋ ʃɣʔ phoh noŋ.
　　很 黑暗 里　山洞　　 不 看见 什么 里面

山洞里黑乎乎的，什么也看不见。

（6）mom khau^ʔ na　tai　lɛh.　　　红色的裙子漂亮。
　　　漂亮　　助词 裙子 红

（7）ȵtʃum na muih khau^ʔ thiaŋ kheiŋ muih khau^ʔ ^ʔɛt.
　　　好吃 助词 木瓜　大　比　　木瓜　　小
　　　　　　　　　　　　　　　　大木瓜比小木瓜好吃。

（8）moh　kɯiŋ　^ʔɛ^ʔ pa tuk ḷɔi.　　我的爸爸是老师。
　　　是　爸爸 我　老师

（9）pe^ʔ hei nah ho tʃeik ḷa noŋ ma.　你们几个去地里采茶。
　　　你们 复指 去 采 茶 里 地

（10）ŋom kia pa kia sai^ʔ ȵi ka　sai^ʔ ta^ʔ. 尼嘎医生治好了爷爷的病。
　　　好 看 医生 尼嘎 病 爷爷

（11）moh ^ʔai faŋ mɛ ʒei^ʔ ʒoŋ phui mɣŋ kha.
　　　是 岩方 和 叶蓉 人 勐卡（西盟）
　　　　　　　　　　　岩方和叶蓉都是西盟人。

（12）ho ḷeik mpɔu mɛ pho^ʔ pun laih. 妹妹和妈妈去赶街。
　　　去 进 妈妈 和　妹妹　街

（13）lo^ʔ ṃoŋ　moh lo^ʔ　sam　ka. 听到的是三木嘎的歌声。
　　　声音 听见 是 声音 三木嘎

（14）ṃom　pa lɛh tei kia. 　　　红的好看。
　　　好　的 红 助词 看

（15）ȵtʃum pa siŋ 　　　熟的好吃。
　　　好吃　的 熟

（二）谓词性主语

谓词性主语由谓词性词语充当，包括动词、形容词、动词性短语、形容词性短语等。

1.动词作主语

（1）sai^ʔ tɔŋ na ^ʔeik tei. 　　睡觉睡得头疼。
　　　疼 头 助词 睡 助词

（2）ʃo n̠tʃhɔuˀ kheiŋ kah.　　　　　唱比说容易。
　　简单　唱　　比　说

（3）ŋkhyak　ˀaŋ ɱom.　　　　　　打鼾是不好的。
　　打鼾　　不　好

2. 形容词作主语

岳宋佤语中有些形容词可以直接充当主语，有些形容词则需加上词缀名物化后作句中的主语。如：

（1）ŋah　pa ɱom.　　　　　　　　干净最重要。
　　干净　最　好

（2）n̠o　sih ɱom na.　　　　　　　年轻真好。
　　年轻　是　好 助词

（3）mom　pa lɛh kia khe pa loŋ. 红比黑好看。（的字结构作主语）
　　好　　的红 看 比 的黑

（4）loh pa tɔˀ pa tɛ nih.　　　　　酸变甜了。（的字结构作主语）
　　换　的酸 的甜 助词

3. 各种谓词性短语作主语（主谓短语、动宾短语、状中短语、中补短语、联合短语等）

（1）ma nɔh　taˀ hun n̠oˀ.　　　　　　　　　　谷子丰收爷爷很高兴。
　　很 高兴 爷爷 多 谷子

（2）hɤik n̠tʃhɔuˀ tʃo khɯm ɱom.　　　　　　　他来唱最好。
　　来　唱　他 最　好

（3）tɔˀ mak tʃuˀ ˀaŋ n̠tʃum tei phyɔˀ.　　　　橘子酸不好吃。
　　酸 橘子 不 好吃 助词 吃

（4）ˀaŋ meˀ ho hok ˀa.　　　　　　　　　　　你不去是对的。
　　不 你 去 对 助词

（5）hun ˀauˀ（ˀeˀ）khauˀ na n̠tʃhum tei n̠tʃoˀ. 盖房子要很多树木。
　　多 要（我们）树 助词 盖 助词 房子

（6）suh phui ˀaŋ hok.　　　　　　　　　　　打人不对。
　　打　人　不　对

（7）ma ȵtʃum taʔ tʃhuʔ tei puan.　　打球很好玩。
　　　很　好　打　球　助词　玩

（8）ŋu ȵia tei ho ma hɤih ȵtʃoʔ tʃɔ.　慢慢地走也能到他家。
　　　慢慢 助词 走 也 到　家　他

（9）ʔeih ɤɛʔ（phoh）saiʔ thu　na.　　乱吃会肚子疼。
　　　吃 乱 （什么）疼 肚子 助词

（10）kah ɤɛʔ suh mpou meʔ.　　乱说妈妈会打你的。
　　　　说　乱　打 妈妈 你

（11）ṃom suʔ phun so meʔ.　　做得好你就会得到表扬。
　　　　好　做 得到 夸奖 你

（12）kia ᴺᴇ ti tʃhɤŋ na ṃom ni.　　看了一次就好了。
　　　　看 了 一 次 助词 好 语助

（13）ʔeih ʔaŋ meʔ ʔeih ʔaŋ moh xom meʔ.　吃不吃你自己决定。
　　　　吃　不　你　吃　不　是　心　你

（14）ȵtʃhɔu ŋkɤauh thu ṃom ni.　　唱歌跳舞都很好。
　　　　唱歌　　跳舞 一样 好 语助

（15）ȵtʃum pa ᴛᴇ ŋkɔm pa ŋu ʔeih.　又甜又香很好吃。
　　　　好吃 的甜 又 的香 吃

（16）ɤiᴇn vau moh kɤoŋ hei nah　　　kɤ meiʔ lau foʔ.
　　　　勤劳 勇敢 是　特点 这些（复指）男子　　佤族

　　　　　　　　　　　　　　　　勤劳和勇敢是佤族男子的特点。

二　主语的语义类型

作主语的词语和作谓语的词语之间有一定的语义关系，根据主语和谓语的语义关系，岳宋佤语的主语也可分为施事主语、受事主语、中性主语三大类。

（一）施事主语

施事主语句的主语表示发出动作、行为的主体，这种施事作主语的句式是岳宋佤语最常用的，其语义结构为"施事 + 动作"。例如：

（1）hɣik ʃoŋ pa tuk l̩ɔi ʔin nah mpɣɔ.　　老师知道了这件事情。

　　　已经 知道 老师　　这个 事情

（2）ho kɯiŋ ʔɛ² kɣa² pɣ tʃiŋ.　　　　　　我爸爸去北京了。

　　　去 爸爸 我 路 北京

（3）ma ʔɣh n̪i saŋ nɛ mɣ² tei poi.　　　尼桑也说了几句话。

　　　也 说 尼桑 助词 几 助词 句

（4）khiɛt miau nah khɔŋ ʃum.　　　　　　猫把老鼠咬死了。

　　　咬 猫 这个 老鼠 死

（5）sɔm kɣak pɣɛt.　　　　　　　　　　　水牛在吃草。

　　　吃 水牛 青草

（二）受事主语

受事主语句的主语表示承受动作、行为的客体，也就是动作行为所涉及的对象。其语义结构为"受事 + 动作"。这种受事作主语的句式在岳宋佤语中用得不多，有些汉语的典型被动句用佤语来说，就被改成了用主动句来表达。例如：

（1）hɣik ta² ʔan nah n̪tʃo².　　　　　　　那座房子已经拆掉。

　　　已经 拆 那个 房子

（2）kɛ nah vɔ².　　　　　　　　　　　　　大门锁住了。

　　　锁 这个 门

（3）ʃum khiɛt miau nah khɔŋ.　　　　　　老鼠被猫咬死了。

　　　死 咬 猫 这个 老鼠

（4）ʔɣh pa tuk l̩ɔi n̪i saŋ mɣ² tei poi.　　尼桑被老师说了几句。

　　　说 老师 尼桑 几 助词 句

上面的例句（1）和（2）是受事主语句，但是（3）和（4）就是施事主语句了，在汉语中出现施事的被动句用佤语表达，就一般用主动句（施事主语句）表达了，例（3）（4）的主语分别是"猫""老师"。岳宋佤语几乎没有"被动句"，但是有"被动范畴"。

（三）中性主语

主语表示非施事、非受事的人或事物，叫中性主语。中性主语范围比较广，人、事物、时间、工具、处所等都可以充当中性主语。例如：

（1）moh pu saʔ ʃiŋ tʃiŋ liau.　　　　明天星期六。
　　　是　明天　　星期六

（2）ma ɳtʃhaŋ ɳi saŋ.　　　　　　尼桑很聪明。
　　　很　聪明　尼桑

（3）moh ɳi ka kuan ʔɛt khɯ lɔi ʔɛʔ.　尼嘎是我的学生。
　　　是　尼嘎　　学生　　我

（4）ʔaŋ khauʔ ʔot ŋkuih ŋkhoŋ.　　山上没有树。
　　　没　树　在　上　山

（5）khɤ kui phɔʔ meiʔ ʔɛʔ phuan ntum.　我弟弟才五岁。
　　　才　有　弟弟　我　五　岁

第二节　谓语

一　谓语的构成

岳宋佤语的谓语一般由动词、形容词等谓词性词语充当。名词或名词性短语一般不作谓语，主谓短语作谓语的句子也比较少。谓语一般位于主语的前面，对主语进行叙述、描写或判断。

（一）动词或动词性词语充当谓语

（1）ʔuik hɤik pa kɣom meʔ.　　　　你的朋友都来了。
　　　都　来　朋友　你

（2）nthiɛt tʃo ŋkhɤŋ tɤ mo toʔ ʔɛʔ.　他搬了一个凳子给我。
　　　搬　他　凳子　一　个　给　我

（3）thok mpɔu taiʔ ɣa mo.　　　　妈妈炒了两个菜。
　　　炒　妈妈　菜　两　个

（4）fok ʔo xim tɤ fɔn.　　　　　　　姐姐割了一捆草。
　　割 姐姐 草 一 捆

（5）ŋauh ʒei ʒoŋ ʔɛ mpyɔ tɤ mo.　　叶蓉告诉我一件事情。
　　告诉 叶蓉 我 事情 一 件

（6）khoi pho pun, na ʃɤ tei phui ŋa. 见了生人，妹妹觉得害羞。
　　害羞 妹妹 助词 见 助词 生人

（二）形容词或形容词性词语充当谓语

（1）ma neiŋ nah thla.　　　　　　这条裤子很短。
　　很 短 这 裤子

（2）ma sa mpɔu tʃɔ.　　　　　　　他妈妈皮肤很白。
　　很 白 妈妈 他

（3）ma mplɤŋ ʔan nah ʔaŋ tei ḻauŋ.　那座山又高又陡。
　　很 陡 那个 山 助词 高

（4）ma si ʔu nah tʃah.　　　　　　这件衣服真暖和。
　　真 暖和 这 衣服

（5）ma tᴇ muih tʃɔ ɳtʃo.　　　　　他家的香蕉太甜了。
　　太 甜 香蕉 他 家

（三）主谓短语充当谓语

（1）ʔaŋ kai ta ɳtʃum.　　　　　　爷爷身体不舒服。
　　不 身体 爷爷 舒服

（2）ma ɣiᴇn ʔɛ ʔin nah kuan ʔᴇt. 这个孩子我很喜欢。
　　很 喜欢 我 这个 小孩

（3）ʔuik ʃɔŋ si nah mpyɔ.　　　　这件事情我们都知道。
　　全部 知道 我们 这 事

（4）lᴇh ŋai tʃɔ nah sɔm tei.　　　她眼睛哭得通红。
　　红 眼睛 她 助词 哭 助词

另外，岳宋佤语中名词性词语一般不能充当谓语，要加动词"有"、
"是"或形容词才能充当谓语。如：

（1）ʔai faŋ moh phui si mau.　　　岩方思茅人。
　　　岩方　是　人　思茅

（2）thu kui phui lui mvɔŋ ma.　　　每个人三块地。
　　　一样有　人　三　块　地

（3）kui ʃoʔ tɛʔ ko ntum.　　　　奶奶八十岁了。
　　　有　奶奶 八十　岁

（4）ma laŋ haik toŋ tʃɔ.　　　　她长头发。
　　　很　长　头发　她

第三节　宾语

宾语是动作行为所涉及的人或物。岳宋佤语的宾语通常位于主语后面，中间一般不用虚词，宾语使动词所表示的动作行为更为明确。

一　宾语的构成

岳宋佤语的宾语也可分为名词性宾语和谓词性宾语两大类。名词性宾语很常见，但谓词性宾语不太常见。

（一）名词性宾语

名词性宾语可以由名词、名词短语、代词、代词短语、数量短语、名物化结构等充当。

1. 名词充当宾语

（1）ʔeih taʔ t̪lɤm.　　　　爷爷吃稀饭。
　　　吃　爷爷 稀饭

（2）taiŋ ʔo taiŋ.　　　　姐姐在织布。
　　　织　姐姐 布

（3）l̠eiŋ tʃo mpoi ɣa mo.　　　他养了两头牛。
　　　放牧 他　牛　两 头

（4）ho kɯiŋ kui miŋ pu saʔ.　　　　　明天爸爸去昆明。
　　　去 爸爸　昆明　明天

（5）ho tʃok ʔɛʔ nteʔ pheiʔ noŋ laih.　　我去街上买羊肉。
　　　去 买　我　羊肉　　里 街

2. 代词充当宾语

（1）ʔaŋ ʔeʔ ʃoŋ tʃo.　　　　　　　我们都不认识他。
　　　不 我们 认识 他

（2）suh kɯiŋ ʔɛʔ.　　　　　　　　爸爸打我。
　　　打 爸爸　我

（3）ʔot xɣ l̥ɔi meʔ tho nah.　　　　你的书包在这里。
　　　在 书包　你　这里

（4）ho phih thauʔ nah.　　　　　　谁去那里？
　　　去 谁　　那里

（5）suʔ peʔ phoh ŋkuih ŋkhoŋ.　　　你们在山上干什么？
　　　做 你们 什么　　山上

3. 各种名词性短语充当宾语（数量短语、联合短语、定中短语、的
字短语等）

（1）tʃok ʔɛʔ lui tʃit.　　　　　　　我买了三斤。
　　　买　我 三 斤

（2）kui tʃo n̻tʃoʔ pon kai.　　　　　他家有四个人。
　　　有 他 家　四 个

（3）xɣh siʔ n̻tʃoʔ mpoi mɛ pheiʔ.　　我们家养了牛和羊。
　　　养 我们 家　　牛 和 羊

（4）tʃhuih n̻i saŋ ŋkɣaik mɛ foŋ ʔiŋ.
　　　卖　尼桑 菠萝　和 苞谷 今天
　　　尼桑今天卖菠萝和苞谷。

（5）hɣih heʔ ʒauŋ ɣauk.　　　　　他们到了新寨子。
　　　到 他们 寨子 新

（6）eih ʔo tai ki kiau tɣ mo.　　　　姐姐穿了一条花裙子。
　　　穿 姐姐 裙子 花 一 条

（7）meʔ ʔeih pa thianˌ ʔɛʔ ʔeih pa ʔɛt.　　你吃大的，我吃小的。
　　　你　吃　大的　我　吃　小的

（8）ʔauʔ phoʔ pun pa lɛh.　　妹妹要红的。
　　　要　妹妹　的红

（二）谓词性宾语

岳宋佤语中谓词性宾语主要由动词、谓词性短语充当，形容词几乎
不充当宾语。

1. 动词充当宾语

（1）ɣiɛn n̪i ka na ŋkɣauh.　　尼嘎喜欢跳舞。
　　　喜爱　尼嘎　助词　跳舞

（2）kɣaʔ ɣiɛn phoʔ meiʔ suh mɛ pa ʒauŋ.　　弟弟老是爱跟别人打架。
　　　经常　爱　弟弟　打架和　别人

2. 谓词性短语充当宾语

岳宋佤语中充当宾语的谓词性短语主要有动宾短语和主谓短语。

（1）ma ɣiɛn lau foʔ ʔeih na pa tɔʔ.　　佤族爱吃酸的。
　　　很　爱　佤族　吃　助词 的酸

（2）ma ɣiɛn ʔeik tei puan tʃhu.　　哥哥最喜欢打球。
　　　很　喜欢　哥哥 助词 玩 / 打球

（3）ʃoŋ mpɔu tei sih ŋai l̪ɔi hɔʔ.　　妈妈学会了写汉字。
　　　会　妈妈　助词　写　字　汉

（4）ʃoŋ ʔɛʔ hɣik thua pa tuk l̪ɔi.　　我知道老师走了。
　　　知道 我 已经　走　老师

（5）kah tʃɔ teiʔ ho pu saʔ.　　他说他明天去。
　　　说　他自己 去 明天

（6）kah kɯiŋ moh l̪ih pu saʔ.　　爸爸说明天会下雨。
　　　说　爸爸　是 下雨 明天

（7）thoʔ pa kia saiʔ meʔ ho kɣa nah.　　医生叫你过来。
　　　叫　医生　你 去 这边

另外，岳宋佤语中形容词几乎不作宾语，一般名物化后充当宾语，或直接作谓语。如：

（1）ŋom xom meʔ na pa lɛh,　　　ʔɛʔ ŋom xom na pa phoiŋ.
　　喜欢　你 助词 的 红（红色）我 喜欢 助词 的 白（白色）
　　　　　　　　　　　　　　你喜欢红，我喜欢白。（作宾语）

（2）ma nih ʔɛʔ.　　　　　　　我觉得（感到）很惊奇。
　　很 惊奇 我（作谓语）

二　宾语的语义类型

宾语和动语之间有着密切的联系，构成复杂的语义关系，从施受关系看，一般分为受事宾语、施事宾语及中性宾语三大类型。岳宋佤语中最常见的是受事宾语，施事几乎不充当宾语，中性宾语也比较少见。

（一）受事宾语

受事宾语表示动作、行为直接支配、涉及的人或事物，包括动作的承受者、动作的对象。例如：

（1）phun tʃɔ kuan sim tɤ mo.　　　他捉了一只小鸟。
　　获得 他 小鸟 一 只

（2）ho fok ʔeʔ n̪oʔ.　　　　　　我们去收谷子。
　　去 收 我们 谷子

（3）ho meʔ ŋauh na thian.　　　　你去告诉大伯。
　　去 你 告诉 助词 大伯

（4）phak phoʔ pun t̪loŋ.　　　　　妹妹洗碗。
　　洗　妹妹 碗

（5）ʃum khiɛt soʔ ʔia tɤ mo.　　　这条狗咬死了一只鸡。
　　死　咬 狗 鸡 一 只

（6）kheih pheiʔ meʔ n̪tʃoʔ tei kuan pheiʔ.　你家的羊生了小羊羔。
　　生　羊 你 家 助词 小羊

（二）中性宾语

中性宾语是表示施事、受事以外的宾语。例如：

（1）n̠tʃhum he ʔ n̠tʃoʔ ʔin ntum.　　　　他们家今年盖房子。
　　　盖　　他们　房子　今年

（2）ʔot ma hun kaʔ noŋ nah nthuŋ.　　　这个池塘里有很多鱼。
　　　在　很　多　鱼　里　这　池塘

（3）thu ʔan nah myʔ mɛ saŋ.　　　　　那块石头像一头大象。
　　　像　那个　石头　跟　大象

（4）hɤik ho ŋi saŋ pɤ tʃiŋ.　　　　　　尼桑去过北京。
　　　已经 去 尼桑　北京

值得注意的是，岳宋佤语中几乎没有施事宾语。施事在句子中通常充当主语，几乎不作宾语。汉语中的施事宾语例句用佤语表达时，岳宋佤语大多把句子变换过来，施事还是作主语，而不是作宾语。修饰施事名词的数量词一般放在句末。例如：

（1）ḽih ŋei ʔiŋ.（主语）　　　　　　　今天出太阳了。（施事宾语）
　　　出 太阳 今天

（2）hɤik n̠tʃu noŋ siʔ n̠tʃoʔ tei ɤa kai.（主语）
　　　来　客人　里　我们 家 助词 两 个

　　　　　　　　　　　　　　　我们家来了两位客人。（施事宾语）

（3）ŋkom soʔ toʔ ḽeiʔ tɤ mo.（主语）
　　　蹲　狗　外面　一 条

　　　　　　　　　　　　　门外蹲着一条狗。（施事宾语）

（4）sum mpoi noŋ ʒauŋ lui mo.（主语）
　　　死　牛　里　寨子　三 头

　　　　　　　　　　　　寨子里死了三头牛。（施事宾语）

第四节　定语

一　定语的构成

定语是一种修饰语。岳宋佤语的定语可以由形容词、形容词短语、名词、名词性短语、代词、量词短语和动词或动词性短语等充当。

（一）形容词或形容词短语充当定语

形容词或形容词短语充当定语时常常位于被修饰中心语的后面，定语和中心语之间一般不用助词。例如：

（1）tʃɔk kɯiŋ ʒɛp loŋ tɤ mo.　　　　　爸爸买了一个黑箱子。
　　　买　爸爸　箱子　黑　一　个

（2）kui l̥ɔi ɣauk phoʔ pun ɣa mo.　　　　妹妹有两本新书。
　　　有　书　新　妹妹　两　本

（3）moh ʔin nah kuan n̥tʃhaŋ.　　　　　这是一个聪明的孩子。
　　　是　这个　孩子　聪明

（4）saʔ n̥tʃoʔ pɣeim tei ŋkhɯiʔ.　　　　旧房子要倒了。
　　　要　房　旧　助词　倒

（5）n̥tʃ ɣom ŋah.　　　　　　　　　　　要喝干净的水。
　　　喝　水　干净

（二）名词或名词性短语充当定语

名词或名词性短语充当定语时通常位于被修饰中心语的后面，一般也不用助词。例如：

（1）ŋkɣai xɣ ʔeik.　　　　　　　　　　哥哥的背包丢了。
　　　丢失　背包　哥哥

（2）ʔaŋ tɤŋ noŋ n̥tʃoʔ hoŋ.　　　　　　屋里的灯光太暗了。
　　　不　灯　里　房屋　亮

（3）ma ŋom khauˀ haik le.   鹦鹉的羽毛真漂亮。

     很 好看 羽毛 鹦鹉

（4）ma laŋ taˀ kauŋ.   孔雀的尾巴很长。

     很 长 尾巴 孔雀

（5）ma koh nah ɣom noŋ nthuŋ.   池塘里的水很浑浊。

     很 浑浊 助词 水 里 池塘

（三）代词充当定语

人称代词充当定语时通常位于被修饰中心语的后面，而指示代词充当定语时一般位于中心语的前面。例如：

（1）ˀot ntin meˀ tho nah.   你的鞋子在这儿。

     在 鞋子 你 这里

（2）ma thiaŋ ʒauŋ siˀ.   我们的寨子很大。

     很 大 寨子 我们

（3）moh kɯin tʃɔ pa kia saiˀ.   他爸爸是医生。

     是 爸爸 他 医生

（4）kɣh ˀEˀ khum tei tɣ n̪tʃoˀ.   我的锄头放在家里。

     放 我 锄头 自己 在 家里   （我放自己的锄头在家里。）

（5）ˀaŋ ˀin nah pleiˀ khauˀ n̪tʃum tei phɔˀ. 这种果子不好吃。

     不 这种 果子 好 吃

（6）toˀ nah tʃah na phoˀ meiˀ meˀ.   那件衣服给你弟弟。

     给 那 衣服 助词 弟弟 你

（四）量词短语充当定语

量词短语包括数量短语、指量短语。数量短语充当定语时，通常位于被修饰中心语的后面，而指量短语作定语时，一般位于中心语的前面。例如：

（1）suˀ phui ŋa kai n̪tʃoˀ.   二十个人盖房子。

     做 人 二十 个 房子

（2）kui ȵiak tʃɔ lui mo.　　　　　他家有三头猪。

　　　有　猪　他　三　头

（3）kui pauˀ ˀɛˀ ya kai.　　　　　我有两个舅舅。

　　　有　舅舅　我　两　个

（4）ˀuik sum hei nah pyaŋ.　　　　这些蚊子都死了。

　　　完　死　这些　蚊子

（5）ma ȵom tei kia ˀin nah mplei.　这个手镯很好看。

　　　很　好看　这个　手镯

（6）tom ˀan nah mpɔu ˀia lɔŋ.　　　那只黑母鸡下了个蛋。

　　　下蛋　那只　母鸡　黑

（五）动词或动词性短语充当定语

动词或动词性短语充当定语时，通常位于被修饰中心语的后面，定语与中心语之间也不用助词。例如：

（1）ma mom man taiŋ ʃɔˀ tei kia.　奶奶织的布很好看。

　　　很　好　布　织　奶奶　助词　看

（2）ˀaŋ taiˀ ˀeih na kui.　　　　　吃的菜没有了。

　　　不　菜　吃　助词　有

（3）haˀ phɣɔˀ plɔuˀ.　　　　　　　煮的饭烧焦了。

　　　烧焦　饭　煮

（4）ma ntʃum taiˀ thok mpɔu tei ˀeih.　妈妈炒的菜很好吃。

　　　很　好　菜　炒　妈妈　助词　吃

（5）pa phɔk ntʃhu ka moh taˀ ˀɛˀ.　讲故事的人是我爷爷。

　　　者　讲　故事　是　爷爷　我

（6）hɣik ˀiaŋ phui tʃhuih toŋ xem.　卖铁锅的人已经走了。

　　　已经　回去　人　卖　锅　铁

（7）ˀaŋ ˀai faŋ hauh khauˀ na ˀiaŋ.　爬树的岩方还没下来。

　　　不　岩方　爬　树　助词　回来

二　定语的语义类型

从定语的表意作用看，我们可将定语分为限制性定语和描写性定语两大类。

（一）限制性定语

限制性定语是对中心语所指的事物范围加以限制，使中心语事物在其性质、特征上能与同类的事物区别开。一般说来，名词性词语、动词性词语等作定语多是限制性的，表示人或事物的领有者、时间、处所、范围、用途、质料、数量等。例如：

（1）ma mom khɯik ʔmɔ ŋkhoŋ wa tei kia.　佤山的雾真好看。
　　　很　好　　雾　　山　佤　助词　看

（2）ma thiaŋ nʈʂoʔ khɯ lʲɔi siʔ.　我们的学校很大。
　　　很　大　　学校　　我们

（3）lauŋ khauʔ noŋ vaŋ ŋkɔm hun tei.　山上的树又多又高。
　　　高　　树　山谷 森林　又　多　助词

（4）hun phui noŋ ʒauŋ.　寨子里的人很多。
　　　多　人　里　寨子

（5）moh nah ma nʈʂoʔ ɲi san.　那块地是尼桑家的。
　　　是　那　地　家　尼桑

（6）tɔʔ kɣak thai sɔm tei saʔ.　犁田的水牛要喂饱。
　　　给　水牛　犁　吃　助词　饱

（7）taʔ xɣ kɣat ʔɣn taiʔ.　装菜的挎包已经烂了。
　　　烂　挎包　装　菜

（8）ma nʈʂum nʈʂoʔ khauʔ tei ʔot.　木房子很好住。
　　　很　好　房子　树木　助词　在（住）

（9）hɣik suʔ ntin man.　布鞋已经做好了。
　　　已经　做　鞋　布

（10）ʈʂhuih siʔ fɔŋ pon keŋ ʈʂit.　我们卖了四百斤苞谷。
　　　卖　我们 苞谷 四　百　斤

（11）thui tʃɔ tei tɔ² mak kɔk na ʔɛ² ɣa mo.
　　　拿　他　助词 给　·移依果 助词 我　 两　个
　　　　　　　　　　　　　　　　他拿了两个移依果给我。

（二）描写性定语

描写性定语多数在语义上对中心语事物加以描写或形容，其作用主要是描写人或事物的性质、状态，突出其某一方面的特性。例如：

（1）kɣa² vɔk hɣih tho ɳtʃɔ² ʔɛ².　　　　　弯曲的小路通到我家。
　　　路　弯曲 到 这里 家　 我

（2）ʔaŋ ʔɛ² sam phɔ² mak tʃu² tɔ².　　　酸酸的橘子我不喜欢吃。
　　　不　我　想　吃　橘子　 酸

（3）thui ɲi ka tei ʔiaŋ mau² phɣɛ² laŋ.
　　　拿 尼嘎 助词 回来　藤子　 长
　　　　　　　　　　　　　　　尼嘎拿了一根长长的树藤回来。

（4）kheih khau² ḷauŋ ŋkɣau² nthuŋ tɣ ŋkhua.
　　　生长　 树　　高　 旁边　 池塘 一 棵
　　　　　　　　　　　　　　　池塘边长着一棵高高的树。

（5）eih ʔo tʃah lɛh ŋkɔm tai lɔŋ.　　姐姐穿着红衣服和黑裙子。
　　　穿 姐姐 衣服 红　和　裙子 黑

第五节　状语

状语主要用来修饰动词或者形容词。岳宋佤语的状语通常位于动词或者形容词的前面，有的位于句末，对谓语中心语进行限制和修饰。

一　状语的构成

岳宋佤语中的副词、形容词、名词、名词性短语、介词短语、数量结构等都可以充当状语。

（一）副词充当状语

副词充当状语时，通常位于被修饰的动词或形容词的前面，少数位于后面。例如：

（1）meʔ ka ho, ʔɛʔ ho khɛʔ.　　　　　你先去，我等一下再去。
　　　你　先　去　我　去　后

（2）kɣaʔ tɔut taʔ sup.　　　　　　　　爷爷常常抽烟。
　　　常常　抽　爷爷　烟

（3）ma laŋ haik tɔŋ ʒeiʔ na.　　　　　叶娜的头发很长。
　　　很　长　头发　　叶娜

（4）ma hun pleiʔ khauʔ tɔʔ tʃɔ na ʔɛʔ. 他给我的果子真多。
　　　很　多　果子　　给　他 助词 我

（5）tɣ tum ho ʔɛʔ mɛ ʔo laih.　　　　我和姐姐一起去赶街。
　　　一起　去　我　和　姐姐　街子

（6）ma sam n̠tʃɣ tʃɔ plai.　　　　　　他也要喝酒。
　　　也　想要　喝　他　酒

（7）ʔaŋ phoʔ pun ho khɯ l̠ɔi.　　　　　妹妹不去上学。
　　　不　妹妹　去　上学

（8）ma hun phui noŋ laih.　　　　　　街上的人非常多。
　　　很　多　人　里　街

（二）形容词充当状语

充当状语的形容词通常位于动词或整个句子主语的前面，个别位于动词的后面。例如：

（1）nauk meʔ kɔk ʔai faŋ.　　　　　　你快去叫岩方。
　　　快　你　叫　岩方

（2）ŋkoit meʔ tei kah, ʔaŋ khi.　　　　你慢慢说，不要着急。
　　　慢慢　你 助词 说　不　着急

（3）n̠tʃum ʔin nah pleiʔ khauʔ tei ʔeih. 这果子好吃。
　　　好　　这　　果子　助词 吃

（4）ŋauh tʃɔ si² moŋ ²an nah mpyɔ ɬlah.

　　　告诉　他　我们　听　那件　事　详细

　　　他把那件事情详细地告诉我们。

（5）me² sih hun kɤ ɲi².　　　　　　　你多写点。

　　　你　写　多　一点

（6）kuan ²ɛt ʒom kia tiŋ si.　　　　　小孩少看电视。

　　　小孩　　少　看　电视

（三）名词或名词性短语充当状语

表示时间或地点的名词或名词性短语可以充当状语，表示事情发生的时间或地点，岳宋佤语中名词状语通常位于句末。例如：

（1）²ɤh si² tei ɲtʃhum ŋo² pu sa².　　　明天我们要种谷子。

　　　准备　我们　助词　种　谷子　明天

（2）ŋkɤauh si² tɤ tum kɤa mphu pu kau².　昨天晚上我们一起跳舞。

　　　跳舞　我们　一起　　晚上　　昨天

（3）ɲtʃhum he² ɲtʃo² ɤauk ntum ka.　　　去年他们家盖了新房子。

　　　盖　他们　房子　新　去年

（4）kɤo² ²e² sɤ² phɤ² ²e² kui miŋ.　　　我们昆明再见面。

　　　等　我们　见　互相　我们　昆明

（5）tum　　　ho² ʒauŋ suŋ.　　　　　他俩从岳宋来。

　　　从……来　他俩　岳宋

（6）tʃeik ²o la noŋ ma.　　　　　　　姐姐在地里采茶。

　　　采　姐姐　茶　里　地

（7）sɔm mpoi kɤiɛt noŋ vaŋ.　　　　　牛在山上吃草。

　　　吃　牛　青草　里　山林

（四）介词短语充当状语

介词短语可以引出时间、对象和地点等充当状语，通常位于句末或动词前。例如：

（1）tɔut tʃɔ sup leŋ ŋei².　　　　　他从早到晚地抽烟。
　　　抽　他　烟　整　天

（2）ma ɱom mpɔu me si².　　　　　妈妈对我们很好。
　　　很　好　妈妈　对 我们

（3）huat　tei　ho　me　nah　klɔŋ, ma hɤik mɤŋ kha.
　　　沿着 助词 去 对于 这　河　也　到　勐卡（西盟）
　　　　　　　　　　　　　　沿着这条河走，能走到西盟。

（五）数量结构充当状语

岳宋佤语中数量结构充当状语时通常位于句末。例如：

（1）²uik ²eih tʃɔ ²in nah muih ɣa mpoin.　这个香蕉他两口就吃完了。
　　　完　吃　他　这个 香蕉　两 口

（2）me² n̥tʃɤ hei nah tah ²uik tɤ tʃhɤŋ. 那些药你一次喝完。
　　　你　喝　那些 药　完　一次

（3）phɤɔ² ²eik tɤ tʃhɤŋ lui tlɔŋ.　　　哥哥一顿吃三碗饭。
　　　吃饭 哥哥　一次　三　碗

二　状语的语义类型

状语的语义类别可分为描写性和限制性两种。

（一）描写性状语

描写性状语是从性质和状态方面对事物加以描写和形容。例如：

（1）ŋkoit tʃɔ tei ho.　　　　　　　他慢慢地走了。
　　　慢慢 他 助词 走

（2）thei² ŋkom he² me phɤ² tei. 他们挨得紧紧地坐着。
　　　近　坐　他们 对于 彼此 助词

（3）muŋ he² tei kah.　　　　　　　他俩大声地说话。
　　　使劲 他们 助词 说话

193

（4）<u>ma nɔh</u> n̪i ka tei kah me ʔɛʔ.　　尼嘎很高兴地对我说。

　　很 高兴 尼嘎 助词 说 对于 我

（二）限制性状语

限制性状语主要由副词、时间名词、处所名词、介词短语等充当，用来修饰限定中心语所代表动作的时间、处所、范围、对象、数量、否定、猜测等。

1. 表示时间

表示时间的名词、副词和介词短语可以充当限制性状语。例如：

（1）ma liaŋ ʔeik kɯiŋ <u>kɤa mphu</u> pu kauʔ.　　爸爸昨天晚上睡得很晚。

　　很 晚 睡 爸爸　 晚上　昨天

（2）<u>ʔin nah ntum</u>, ma ɣiɛn ŋkhv phoʔ meiʔ l̪ɔi.

　　这个　　 年　 很 喜欢 学习　弟弟　 书

　　　　　　　　　　　　　　　　在这一年里，弟弟努力地读书。

（3）<u>ɣauk</u> ho tʃɔ noŋ ma.　　　　　　　他刚去地里了。

　　刚　去 他 里 地

（4）ʔeih siʔ t̪lɤm phun ŋop.　　我们早上吃稀饭。

　　吃 我们 稀饭　早上

2. 表示方位、处所和方向

这一类状语通常由方位名词或处所名词等充当。例如：

（1）ʔɛʔ kɤoʔ meʔ <u>mɤŋ kha</u> pu saʔ.　　明天我在西盟等你。

　　我 等 你 西盟　 明天

（2）taiʔ ʔo tʃah <u>ŋkɤauʔ klɔŋ</u>.　　姐姐在河边洗衣服。

　　洗 姐姐 衣服　旁边　 河

（3）ʔaʔ taih <u>kui miŋ</u>.　　咱们昆明见。

　　咱们 遇见　昆明

（4）n̪tʃiɛm thian <u>n̪tʃoʔ kɤaʔ ŋkɤvm</u> n̪tʃoʔ siʔ.

　　修建 大伯 房子　 下方　　 家 我们

　　　　　　　　　　　　　　　大伯在我家下方建房子。

3. 表示程度、范围、对象、关联、数量等

这一类状语主要由副词、介词短语等充当。例如：

（1） <u>ma</u> hun khɔŋ noŋ ma.　　　　　　地里的老鼠非常多。
　　　 很　多　老鼠　里　地

（2） <u>ma</u> ḷauŋ khauˀ ˀot ka vɔˀ siˀ.　　　我家门前的那棵树很高。
　　　 很　高　树　在　前　门　我们

（3） ˀuik　ho nʧoˀ n̠i saŋ heˀ noŋ laih.　尼桑家的人都去赶集了。
　　　 全部　去　家　尼桑　他们　里　集市

（4） ḷauŋ ˀeik kheiŋ ˀɛˀ.　　　　　　　　哥哥比我高。
　　　 高　哥哥　比　我

（5） mphɤˀ ˀeih meˀ tɤ tloŋ.　　　　　　你再吃一碗吧。
　　　 再　吃　你　一　碗

（6） moh ʧɔ lau foˀ, meˀ <u>ma</u> moh lau foˀ.
　　　 是　他　佤族　你　也　是　佤族

　　　　　　　　　　　　　　　　　　　他是佤族，你也是佤族。

（7） ˀuik n̠ʧɤ ˀeik na ɣom noŋ pe ɣa mpoiŋ.
　　　 完　喝　哥哥　这　水　里　杯　两　口

　　　　　　　　　　　　　　　　　　　哥哥两口就把这杯水喝完了。

4. 表示否定、猜测语气

表示否定或者猜测的状语主要由副词充当。例如：

（1） ˀaŋ ˀɛˀ ho ʧɔ n̠ʧoˀ.　　　　　　　　我不去他家。
　　　 不　我　去　他　家

（2） ˀaŋ hei nah laˀ khauˀ ma ˀuik kɤɣik.　这些树叶还没落。
　　　 没　这些　树叶　还　完　掉

（3） <u>kha pa</u> kui nah ḷiak ya keŋ ʧit.　这头猪大概有两百斤。
　　　 大概　有　这　猪　两　百　斤

（4） <u>kha pa</u> ho ˀɛˀ mɤŋ kha pu saˀ.　　明天我可能去西盟。
　　　 可能　去　我　西盟　明天

第六节　补语

一　补语的构成

补语用来说明动作、行为的结果、趋向、数量、时间、处所、可能性或者说明性状的程度和人、物的状态。补语一般由谓词性词语充当，动词、形容词、副词、数量短语、主谓短语等都可以充当补语。

（一）动词或动词性短语充当补语

动词或动词性短语充当补语时，位于中心语前面或句子主语的后面，有时要加上结构助词"tei"或"na"。例如：

（1）thui me² pein khum.　　　　锄头你拿走吧。
　　　拿　你　带走　锄头

（2）mpu ²an nah khoŋ tei ḻih.　　那虫子爬出来了。
　　　爬　　那只　虫　助词 出来

（3）²eih ɳi ka tʃah tɤ mplah, khua na kuat tei.
　　　穿　尼嘎 衣服 一　件　　发抖 助词 冷 助词
　　　　　　　　　　　　尼嘎只穿了一件衣服，冷得发抖。

（4）thui me² pein nah ḻa tei ntʃo².　这包茶叶你拿回家去。
　　　拿　你　带走　这　茶 助词 家

（二）形容词充当补语

岳宋佤语中形容词充当补语时，通常位于中心语前面，补语和中心语之间不用加助词。例如：

（1）ma ṭlah phok tʃɔ ²in nah mpyɤ.　这件事情他讲得很清楚。
　　　很　清楚 讲　他　这个　事情

（2）ma ŋah tai² nah ntin.　　这双鞋洗得真干净。
　　　很　干净 洗　这　鞋

（3）sum puiŋ tʃɔ ʔan nah sim.　　他打死了那只小鸟。
　　　死　打　他　那只　鸟

（4）m̥om kah lau foʔ meʔ.　　　　你的佤语说得好。
　　　好　说　佤语　你

（5）ʔuik khum ʔɛʔ ma teiʔ.　　　　我的地挖完了。
　　　完　挖　我　地 自己

（6）ʔuik fok n̥oʔ.　　　　　　　　谷子全部收完了。
　　　完　收　谷子

（三）数量短语充当补语

岳宋佤语中数量短语充当补语时一般位于宾语后面。例如：

（1）ho ʔɛʔ n̥tʃoʔ pauʔ lui tʃʰɣŋ ʔin ntum.
　　　去　我　家　舅舅　三　次　今年
　　　　　　　　　　　　　　　今年我去了舅舅家三次。

（2）thiɛt tʃɔ ʔan nah miau ya tʃʰɣŋ. 他踢了那只猫两脚。
　　　踢　他　那只　猫　两　脚

（3）suh kɯiŋ phoʔ meiʔ tɣ tɛʔ.　　爸爸打了弟弟一下。
　　　打　爸爸　弟弟　一　下

（4）ʔot tʃɔ si mau lui n̥eiʔ.　　　　他在思茅住了三天。
　　　在　他　思茅　三　天

（5）seiʔ nia meʔ, kɣoʔ ʔɛʔ meʔ ya ʃiau ʃi.
　　　这样 慢 你，等　我　你　两　小时
　　　　　　　　　　　　你这么慢，我等了你两个小时。

（四）副词充当补语

副词充当补语一般位于中心语的前面，也不用加助词。

（1）ma l̥uk ʔiŋ.　　　　　　　　今天热极了。
　　　极　热　今天

（2）ma saiʔ haŋ ʔɛʔ.　　　　　　我的牙齿疼（痛）极了。
　　　极　疼　牙　我

（3）ma ŋom kah hɔˀ tʃɔ.　　　　　　　　他的汉语好极了。
　　　极　好　话　汉族 他

（4）ma hun sim ŋkuih khauˀ.　　　　　　树上的鸟儿多极了。
　　　极　多　鸟　上　树

（五）主谓短语充当补语

主谓短语充当补语时通常位于句首，位于主语的前面。此种情况下，通常在谓语动词前加助词"na"。

（1）lih ɣom ŋai　pho̰ˀ pun na ntʃoih teiˀ. 妹妹笑得眼泪都流出来了。
　　　出来 眼泪　妹妹 助词 笑 自己

（2）lɛh ŋai　ʒeiˀ na na　sɔm teiˀ.　　　叶娜哭得眼睛红了。
　　　红 眼睛　叶娜　助词 哭 自己

（3）ntʃoih sḭˀ　na　pa　ˀɣh tʃɔ.　　　　他讲得我们都笑了。
　　　笑 我们 助词 的 讲 他

二 补语的语义类型

按照补语所表示的意义的不同，可以将补语分成四类。

（一）结果补语

结果补语表示因动作、行为导致的结果。岳宋佤语中结果补语通常位于中心语的前面，主要由形容词充当。例如：

（1）ˀuik　ˀoh no̰ˀ siˀ.　　　　　　　　　我们的谷子都晒干了。
　　　完　干 谷子 我们

（2）hɣik　ŋah mpaik taiˀ.　　　　　　　菜都洗干净了。
　　　已经 干净 洗　菜

（3）l̥ut　suˀ ˀɛˀ　ˀin nah mpɣɔ.　　　　这件事我做错了。
　　　错 做 我 这件 事情

（4）ˀuik　ˀɣh pa ntuk l̥ɔi nɛ.　　　　　　老师讲完了。
　　　完　讲 老师　助词

198

（5）pot su² ²eik nah khau².　　　　　　哥哥把棍子折断了。
　　　断 弄 哥哥 这 棍子

（6）mat su² tʃhɤŋ pho² mei².　　　　　　弟弟被打伤了腿。
　　　伤 弄 腿 弟弟

（7）²uik pɛh mak tʃu² ²ot ŋkuih khau².　　树上的橘子都摘完了。
　　　完 摘 橘子 在 上 树

（二）数量补语

数量补语用来表示动作发生的次数或动作持续的时间。

（1）hɤik tʃɔ mɤŋ kha lui tʃhɤŋ.　　　　　他来了西盟三回。
　　　来 他 西盟 三 回

（2）suh pa ntuk lɔi ²ɛ² tɤ tʃhɤŋ.　　　　老师打了我一顿。
　　　打 老师 我 一 顿

（3）²ot kɯiŋ kui miŋ ɤa khi².　　　　　爸爸在昆明住了两个月。
　　　在 爸爸 昆明 两 月

（三）趋向补语

趋向补语表示事物随动作而移动的方向，都用趋向动词充当。不过岳宋佤语中趋向动词较少，而且趋向动词通常直接做谓语，所以趋向补语也比较少。例如：

（1）tum pho² mei² ŋkuih mpɔŋ ɳtʃuih tei lih kɤa² nah.
　　　从 弟弟 上 楼梯 跳 助词 下 这里
　　　　　　　　　　　　　　　　　　　弟弟从楼梯上跳下来了。

（2）mpu ²an nah khɔŋ tei lih.　　　　　那虫子爬出来了。
　　　爬 那只 虫 助词 出来

（3）hauh thui ai luŋ khɤk sim ŋkuih khau². 岩龙爬上树去掏鸟窝。
　　　爬 拿 岩龙 窝 鸟 上 树（树上，非趋向补语）

（4）phɤo² thui mpou tei hɔk.　　　　　妈妈把被子拿出去晒。
　　　被子 拿 妈妈 助词 晒（无趋向补语）

（5） ʧhoŋ　　 ʧɔ　 ʔa　 ʔiaŋ　 ni.　　　　　　　　他站起来就走了。
　　 站起来 他 助词 回去 助词（无趋向补语）

（6） tiah　 meʔ　 tɔʔ　 ʔan nah　 mɔk kɣaʔ nah.　 你把那顶帽子扔过来。
　　 扔　 你 给　 那个　 帽子　 这边（无趋向补语）

（四）程度补语

岳宋佤语中，程度补语通常位于谓语中心语之前，补充说明动作进行的程度，或者事物性状、情态。中心语和程度补语之间一般没有结构助词。例如：

（1） moi　 ʔu　　 ʔiŋ　 kheiŋ　 pu kauʔ.　　　　今天比昨天暖和多了。
　　 多　 暖和 今天 比　　 昨天

（2） ma　 lɤʔ　 khauʔ　 ʔan nah　 ʧah.　　　　那件衣服难看死了。
　　 极　 丑　　　 那件　 衣服

（3） khi　 ḷuk　 ɕia thian　 ʔin ntum.　　　　　今年夏天热死了。
　　 极　 热　 夏天　　 今年

（4） ʔaŋ　 phɣɔʔ　 leŋ　 ŋeiʔ, khi　 hɣik feit　 ʔɛʔ.　一天没吃饭，我饿极了。
　　 没　 吃饭　　 整天　 极　 饿　　 我

第七章　单句

　　根据句子内部结构的不同，可分为单句和复句。单句是由短语或词充当的、有特定的语调、能独立表达一定的意思的语言单位。单句可以根据不同的标准分出句型和句类。句型是根据句子的结构及功能划分出来的类别，即根据句法成分的配置格局分出来的类；句类是句子的语气类，即根据语气语调分出来的类。

第一节　句型

　　单句的句型可分为主谓句和非主谓句两个大类。

一　主谓句

　　由主语、谓语两个成分构成的句子叫主谓句。根据谓语的性质功能划分，可将主谓句分为三个下位句型：动词性谓语句、形容词性谓语句、名词性谓语句。

　　1. 动词性谓语句

　　由动词性词语充当谓语的句子叫动词性谓语句。动词性谓语句一般是陈述性的，叙述人的动作行为或事物的发展变化等。例如：

　　（1）ļih　　ņei.　　　　　　　　　　　　太阳出来了。

　　　　　出来　太阳

（2）ŋkhɯi² ²in nah khau² thiaŋ.　　　　这棵大树倒了。
　　　倒　　这个　树　大

（3）thua　pho² mei².　　　　弟弟走了。
　　　离开　弟弟

（4）ho ȵʧhum he² ma.　　　　他们去种地。
　　　去　种　他们 地

（5）ho kɯiŋ si mau ²in ya ŋei².　　　这两天爸爸去思茅了。
　　　去　爸　思茅　这 两 天

（6）tai² me² ʧah.　　　　你洗衣服。
　　　洗　你　衣服

（7）l̥ɣ² suh pho² pun tloŋ ²ɣp.　　　妹妹把饭碗打破了。
　　　破　打　妹妹　碗　饭

（8）hɣik hauh/ ho ²eik muŋ kha.　　　哥哥去了一趟西盟。
　　　已经　　去　哥哥　西盟

2. 形容词性谓语句

由形容词性词语充当谓语的句子叫形容词性谓语句，主要用来描写
人或物的形状、性质、特征等。例如：

（1）lɛh mphɣ ʧɔ.　　　　她的脸红了。
　　　红　脸　她

（2）ma ŋom xom mpɔu ʧɔ.　　　她妈妈很善良。
　　　很　好　心　妈妈　她

（3）ma ɣiɛn ²eik.　　　　哥哥很勤快。
　　　很　勤快　哥哥

（4）ma kuat lai kuat.　　　　冬天太冷。
　　　太　冷　冬天

（5）khi hɣik feit ²ɛ².　　　　我饿死了。
　　　极　饿　我

（6）khi lu li pho² mei² ʧɔ.　　　他弟弟调皮极了。
　　　极了 调皮　弟弟　他

（7）khi ɲom ʔin nah tʃah.　　　　　　　　这件衣服漂亮极了。
　　极了 好　这个　衣服

（8）khi l̥uk phɣeiʔ pu kauʔ.　　　　　　　昨天热极了。
　　极了 热 天气　昨天

（9）pɔi phɣeiʔ pu kauʔ.　　　　　　　　　昨天阴天。
　　阴 天气　昨天

3. 名词性谓语句（动词性谓语句）

由名词性词语充当谓语的句子叫名词性谓语句。主要用来判断或说明事物的种类数量、时间性质、特点、用途等。岳宋佤语中，严格来说，没有名词性谓语句，汉语中的名词性谓语句，用岳宋佤语来表达，一般都要加上动词"moh"（是）或"kui"（有），变成了动词性谓语句。例如：

（1）moh tʃɔ phui ʒin nan.　　　　　　　他云南人。
　　是　他 人　云南

（2）kui taʔ ʔa l̥ɛ ko ntum.　　　　　　　爷爷刚好七十岁。
　　有 爷爷 七 十　年/岁

（3）kui nah ʒauŋ tɛʔ ko ntʃoʔ.　　　　　这个寨子八十户。
　　有　这 寨子 八 十　家

（4）nɛʔ heʔ ntʃoʔ tei kui phuan kai phui.　他家共五个人。
　　共 他们 家　助 有　五　个 人

（5）moh nah ntʃoʔ ɣauk ntʃhum.　　　　　这座房子新建的。
　　是　这 房子 新/刚 盖/建

（6）moh ʔan nah tʃah ɣauk tʃok.　　　　　那件衣服刚买的。
　　是　那个 衣服 新 买

二 非主谓句

单句中不能分析出主语和谓语的句子叫作非主谓句。非主谓句是由单个的词或主谓短语以外的其他短语加句调构成的句子。可分为以下几类。

1. 动词性非主谓句

由动词性词语加语调形成。这种句子通常用来说明自然现象、生活状况、祈求等，有的是口号、标语。例如：

（1）ḷih ḷɛ².　　　　　下雨了。
　　　下　雨

（2）man tɔut sup!　　禁止吸烟!
　　　禁止　抽　烟

（3）man thua!　　　　别走!
　　　别　　走

（4）ho nauk!　　　　快去!
　　　去　快

（5）thɤŋ!　　　　　接住!
　　　接住

2. 形容词性非主谓句

形容词性非主谓句由形容词或形容词性短语构成，往往用来表达说话人的态度和感情。例如：

（1）ˀaŋ khɣɔp!　　　不对!
　　　不　　合

（2）m̥om!　　　　　好!
　　　好

（3）ma tɛ ˀa!　　　太甜了!
　　　太　甜　语助

（4）ma m̥om khauˀ ˀa!　真漂亮!
　　　真　漂亮　语助

（5）ma kai ˀa.　　　很牢固。
　　　很　牢固　语助

（6）ma nto ˀa!　　　太难了!
　　　太　难　语助

3. 名词性非主谓句

名词性非主谓句是由单个名词或名词性短语构成。例如：

（1）ma mom hei nah no pun lau fo²!
　　很　好　这些　姑娘　佤族
　　多好的佤族姑娘啊！（表示赞叹）

（2）ɲi ka !　　　　　　　　　　尼嘎！（表示呼唤）
　　尼　嘎

（3）liak phɤɛ²!　　　　　　　　野猪！（表示突然的发现）
　　猪　野外

第二节　句类

句类有广义和狭义两种理解，广义的句类是句子类型的简称；狭义的句类专指句子的语气类型，句子的语气类型是从语用层面给句子所作的重要分类。这节的句类专指句子的语气类型。

人们的语言交际总有一定的语用目的，这种语用目的就是句子的用途，如陈述一件事、询问一个问题、发出一个请求或命令、抒发一种感情等。句子的这种语用目的是由句子的语气来反映的，语气又是通过语调或语气词等手段表现出来的。句类就是根据句子的语气对句子所作的分类。句子根据语气可以分为四种类型，即陈述句、疑问句、祈使句和感叹句。一种句类可以使用不止一个语气词，也可以不用语气词。

一　陈述句

陈述句是用来对客观事物现象加以叙述或说明的，语调平直而略趋下降，全句是陈述语气，书面上用句号表示。陈述句有肯定式和否定式两种。

（一）肯定式陈述句

（1）²iaŋ mpɔu.　　　　　　　　　妈妈回来了。
　　回来　妈妈

205

（2）kui mpoi he⁷ n̥tʃo⁷ tei lui mo.　　　　　他家有三头牛。
　　有　牛　他们　家　助　三　头

（3）l̥ih kɣ.　　　　　　　　　　　　　　　刮风了。
　　起　风

（4）ma hun plei⁷ tho ŋkuih khau⁷.　　　树上有很多桃子。
　　很　多　桃子　上　树

（5）saŋ　tʃɔ tei sop　⁷e⁷.　　　　　　　他会来找我们的。
　　将要　他　助　找　我们

（6）khɣ ⁷ot ⁷eik ta n̥tʃo⁷.　　　　　　　哥哥还在家呢。
　　还　在　哥哥　家

（二）否定式陈述句

肯定式陈述句一般都可以变为否定式，通常用否定词"⁷aŋ"（不、没有）表示。例如：

（1）⁷aŋ tʃɔ ɣiɛn nah pa tɔ⁷.　　　　　他不喜欢吃酸的。
　　不　他　喜欢　　的酸

（2）⁷aŋ pho⁷ ʃoŋ tei tʃhɔk xim.　　　弟弟不会锄草。
　　不　弟弟　会　助　锄　草

（3）⁷aŋ mak tʃu⁷ pɛh ʒom ⁷iŋ.　　　今天摘的橘子不少呢。
　　不　橘子　摘　少　今天

（4）⁷aŋ ta⁷ ma tʃha ho khɯiŋ miŋ.　　爷爷没去过昆明。
　　不　爷爷　曾经　去　昆明

（5）⁷aŋ ⁷an nah ma ma ⁷uik khum.　　那块地还没挖完。
　　没　那个　地　还　完　挖

（6）⁷aŋ phui ⁷aŋ lat na tʃo.　　　　　没有一个人不怕他。
　　不　人　不　怕　他

（7）⁷aŋ me⁷ ho ⁷aŋ khɣɔp.　　　　　你不去不行。
　　不　你　去　不　合

二 疑问句

具有疑问语调，表示提问的句子叫疑问句。书面上疑问句句末用问号。提问的手段，有语调、疑问代词、语气副词、语气词等，有时只用一种手段，有时兼用两三种。岳宋佤语中用语调或疑问代词表示疑问较常见，而用语气词表示疑问较少见。疑问句根据提问的手段和语义情况，可以分为四类：是非问、特指问、选择问、正反问。

1.是非问

是非问一般是对整个命题提出疑问。它的结构形式像陈述句，即没有表示疑问的结构或疑问代词，有的带有语气词。回答是非问句，只能对整个命题作肯定或否定答复，或用点头、摇头回答。岳宋佤语中这种疑问句的语序结构与肯定句的语序结构相同，主要靠语调表示疑问，一般用升调表示疑问。

是非问句有两种提问方式。一种是肯定形式的，例如：

（1）moh nah ma meʔ？ 这块地是你的吗？
　　　是　这个 地 你

（2）hɤik ʔiaŋ kɯiŋ ʧɔ？ 他爸爸回来了吗？
　　　已经 回来 爸爸 他

（3）ʃoŋ meʔ nah phui？ 你认识这个人吗？
　　　认识 你 这个 人

（4）moh saŋ ʔeik tei ho khu l̥ɔi khɯiŋ miŋ pu saʔ？
　　　是　将要 哥哥 助 去　上学　　昆明　明天
　　　　　　　　　　　　　　　　　哥哥明天要去昆明上学吗？

（5）ʔuik ʧhuih peʔ l̥iak tei？ 你家的猪都卖了吗？
　　　完　 卖 你们 猪　 助

（6）hɤik ho ʧɔ？ 他去了吧？
　　　已经 去 他

（7）hɤik l̥ɛh peʔ soŋ？ 你们走累了吧？
　　　已经 累 你们 语气词

（8）moh nah n̥tʃɔ² tʃɔ？　　　　　　　这间房子是他的吧？
　　　是　这个　房子　他

（9）mom la kai² ʃɔ²？　　　　　　　　奶奶身体还好吧？
　　　好　还　身体　奶奶

（10）khγɔp la mpou tei ²eih nah tʃah　soŋ？
　　　合适　还　妈妈　助　穿　这个　衣服　语气词
　　　　　　　　　　　　　　　　　　妈妈穿这件衣服合适吧？

（11）ʃoŋ me² tei ²γh kah　kui？　　　你会讲拉祜语？
　　　会　你　助　讲　话　拉祜族

（12）ʃoŋ tʃɔ tei n̥tʃhou² n̥tʃhɔ² lau fo²？　他会唱佤语歌？
　　　会　他　助　唱　　歌　佤族

（13）²uik tai² me² khγγŋ tei²？　　　你的衣服洗完了？
　　　完　洗　你　东西　自己

　　另一种是否定形式的。岳宋佤语中否定形式的疑问句通常在句首加
"moh"，语序一般为：moh（是）+²aŋ（不）+ 主语 + 谓语 + 宾语。
例如：

（1）moh ²aŋ pau² ²ot ta n̥tʃo²？　　　舅舅不在家吗？
　　　是　不　舅舅　在　　家

（2）moh ²aŋ me² ho fok xim？　　　　你不去割草吗？
　　　是　不　你　去　割　草

（3）moh ²aŋ n̩i ka ma kɔk me²？　　　尼嘎没有来叫你吗？
　　　是　没　尼嘎　还　叫　你

（4）moh ²aŋ thiaŋ ma ²iaŋ？　　　　大伯还没走吧？
　　　是　没　大伯　还　回去

（5）moh ²aŋ me² ho si mau pu sa²？　你明天不去思茅吧？
　　　是　不　你　去　思茅　明天

（6）moh ²aŋ ʅε² la lih？　　　　　　外面不下雨了？
　　　是　不　雨　下

2. 特指问

用疑问代词 "phih"（谁）、"mγ²"（几）、"phoh"（什么）、"thγ²

mɣ²"（哪里）、"lai mɣ²"（什么时候）、"tɣ nɛ² mɣ²"（多少）或 "na phoh"（怎么 / 为什么）等来表明疑问点，说话者希望对方就疑问点作出答复，句子往往用升调。例如：

（1）sop me² phih ?　　　　　　　　　你找谁？
　　　 找　你　谁

（2）moh ²in nah tʃah phih ?　　　　　 这件衣服是谁的？
　　　 是　 这个 衣服 谁

（3）moh phih pa n̠tʃhou² noŋ ʒauŋ ?　 谁在寨子里唱歌？
　　　 是　谁　唱歌　 里　寨子

（4）kui pho² me² mɣ² ntum ?　　　　　 你弟弟今年几岁了？
　　　 有 弟弟 你　几　岁

（5）kui kuan tʃo mɣ² kai ?　　　　　　 她有几个儿子？
　　　 有　儿子　她　几　个

（6）ntɛ² me² mpɯ tɣ nɛ² mɣ² ²in nah khi² ?　你这个月用了多少钱？
　　　 用　你　钱　 多少　　这个 月

（7）hɣik phui tɣ nɛ² mɣ² ²iŋ ?　　　　 今天来了多少人？
　　　 来　人　多少　　今天

（8）su² me² phoh pu kau² ?　　　　　　 你昨天在干什么？
　　　 做　你　什么　昨天

（9）moh kui mpyɔ phoh n̠tʃo² he² ?　　 他家出了什么事？
　　　 是　有　事情　什么　家 他们

（10）moh saŋ kɯiŋ tei ho thɣ² mɣ² pu sa² ? 爸爸明天要去哪里？
　　　 是　将要 爸爸 助 去　哪里　 明天

（11）moh me² phui thɣ² mɣ² ?　　　　　 你是哪里人？
　　　 是　你　人　哪里

（12）ho tui² me² khau² noŋ vaŋ lai mɣ² ? 你什么时候上山砍树？
　　　 去 砍 你 树　 里 山 什么时候

（13）hɣik ²o si mau lai mɣ² ?　　　　　 姐姐什么时候到思茅？
　　　 到 姐姐 思茅 什么时候

（14）moh ʔaŋ meʔ kɔk phoʔ teiʔ na phoh？ 你怎么不叫你妹妹？
　　　是　不 你　叫　妹妹 自己　怎么

（15）moh ʔaŋ pau ho phɣɔʔ ta ȵʧoʔ na phoh？
　　　是　不 舅舅 来 吃饭　　家　怎么
　　　　　　　　　　　　　　　　舅舅怎么不来我家吃饭？

（16）moh suʔ kɯiŋ meʔ na phoh？　　　爸爸为什么打你？
　　　是　打 爸爸 你 为什么

（17）moh ʔaŋ meʔ ho khɯ l̥ɔi na phoh？ 你为什么不上学？
　　　是　不 你 去　上学　 为什么

用语气助词 nE "呢" 的特指疑问句，岳宋佤语中 "nE" 有时省略不用，有时补出相应的疑问词来表达特指问。如：

（1）moh kɯiŋ meʔ？　　　　　　　你爸爸呢？
　　　是　爸爸 你

（2）ho ʧeik ʔo meʔ la, meʔ suʔ phoh？ 你姐姐去采茶，你呢？
　　　去 采 姐姐 你 茶 你 做 什么

（3）ʔeih meʔ mɛŋ, ʧo nE？　　　你吃面条，他呢？
　　　吃 你 面条 他 呢

（4）ntin ʔEʔ nE？　　　　　　　我的鞋子呢？
　　　鞋 我 呢

3. 选择问

选择问以 "moh……moh……"（是……还是……）的结构形式提出可供选择的两项或几项，要求从中选取一项回答，大多是复句结构。例如：

（1）ȵʧhouʔ, moh ŋkɣauh？　　　　　唱歌，还是跳舞？
　　　唱歌　还是 跳舞

（2）moh ho nɔŋ ʔEʔ, moh ho fɔh ʔaʔ？
　　　是 去 单独 我 是 去 一起 我俩
　　　　　　　　　　　　　　　是我一个人去呢，还是我俩一起去？

（3）moh sam ʔeih meʔ nam ʔoi lɛh，moh sam ʔeih meʔ nam ʔoi phoiŋ？
　　是　想　吃　你　糖　红　是　想　吃　你　糖　　白
　　　　　　　　　　　　　　　　你喜欢吃红糖呢还是白糖？

（4）moh tʃhɔk meʔ xim，khum meʔ pu saʔ？
　　是　锄　你　草　挖地　你　明天
　　　　　　　　　　　　　　明天锄草还是挖地？

（5）ʔin nah ntin moh ʔauʔ meʔ pa lɛh，pa loŋ？
　　这个　鞋子　是　　要　你　的　红　的黑
　　　　　　　　　　　　这双鞋子你要红色的还是黑色的？

（6）ka phɣɔʔ moh ka ȵtʃɣ plai？
　　先　吃饭　是　先　喝　酒
　　　　　　　　　　　　　先吃饭还是先喝酒？

（7）moh ȵiɛt meʔ kah ʔɛʔ，moh ȵiɛt meʔ kah tʃɔ？
　　是　听　你　话　我　是　听　你　话　他
　　　　　　　　　　　　　　你听我的还是听他的？

（8）moh nah phui pa kia saiʔ，moh pa ntuk ļɔi？
　　是　这个人　医生　　是　老师
　　　　　　　　　　　　　这个人是医生还是老师？

4. 正反问

正反问由单句谓语中的肯定形式和否定形式并列的格式构成，又叫"反复问"。岳宋佤语中的正反问格式多采用"动词＋la"表示，这种疑问格式使用较普遍；"V不V"也用，但用得较少；附加问，即先把一个陈述句说出，再后加"是不是、行不行"一类问话格式，这种格式岳宋佤语也可以使用。例如：

（1）ho la meʔ tho nah pu saʔ？　　　明天你来不来这里？
　　来　你　这里　明天

（2）ȵtʃɣ la ȵtʃu plai？　　　　　　客人喝不喝酒？
　　喝　客人　酒

（3）ɣiɛn la phui kɔk meʔ？　　　　你请的那个人勤快不勤快？
　　勤快　人　请　你

（4）sai² la tʃhɤŋ me²？　　　你的脚疼不疼？
　　 疼　　脚 你

（5）sɤ² la me² kuiŋ tʃɔ？　　　你见没见过他父亲？
　　 看见　你 爸爸 他

（6）hauh ²aŋ ²in nah sai² hauh？　这种病传染不传染？
　　 传　不　这个　病　传染

（7）phɔ² la me² nah plei² khau²？　这种水果你吃不？
　　 吃　　你　这个　水果

（8）ŋah la ɬloŋ phak phɔ²？　　弟弟洗的碗干净不？
　　 干净　碗　洗　弟弟

（9）kɔk mpou me²，²aŋ me² mɔŋ ²a？妈妈叫你，你听见没？
　　 叫　妈妈 你　没有 你 听见 语助

（10）hɤik moi la sai² ʃɔ²？　　奶奶的病好了没有？
　　　 已经 好　病　奶奶

（11）tɔut la tʃɔ sup tho nah？　他在这儿抽烟没？
　　　 抽　他 烟　这里

（12）maiŋ ȵtʃu tei ²eik lui ŋei²，moh ²aŋ moh？
　　　 要　客人 助 睡 三 天　　是 不 是
　　　　　　　　　　　　　　　　　客人要在这儿住三天，是不是？

（13）²ɛ² foi khum me²，tɔ² ²aŋ me² tɔ²？
　　　 我 借 锄头 你　给 不 你 给
　　　　　　　　　　　　　　　　　我借你的锄头用用，行不行？

三　祈使句

　　祈使句是用来向人提出请求、命令、劝阻或禁止等要求的，一般都是下降语调，全句具有一个表示祈使的语气，书面上用句号或感叹号表示。句型可以是主谓句，也可以是非主谓句。祈使句根据句式和作用大致可分为两类：一类是使用肯定句式来表示命令或请求、商请、敦促、建议等；一类是使用否定句式来表示劝阻或禁止。

（一）肯定形式的祈使句

1. 表示祈使、请求

岳宋佤语中祈使句通常不用语气词，而主要借助语调表达。例如：

（1）peʔ ho.　　　　　　　　你们走吧。
　　　你们 走

（2）huat meʔ ho mɛ ʔɛʔ !　　　请你跟我来吧！
　　　跟　 你　来 和 我

（3）ŋ̊iɛt ʔɛʔ ʋh ŋkoit ʔa !　　　请听我慢慢说吧！
　　　听　 我　说　慢慢 语助

（4）ʔeʔ ho laih ti tum !　　　我们一起去赶集吧！
　　　我们 赶集 　一起

（5）ŋ̊iɛt meʔ moŋ !　　　　　你听听！
　　　听　 你　听见

（6）meʔ ŋkom.　　　　　　　您请坐。
　　　你　 坐

（7）tɔʔ ʔɛʔ n̠tʃhouʔ !　　　　让我唱吧！
　　　让　我　 唱

（8）tɔʔ ʔɛʔ pih.　　　　　　让我来扫地。
　　　给　我　扫

（9）tɔʔ ʔan nah tʃhɔ na ʔɛʔ !　　请把那个背篓递给我！
　　　给　那个 背篓 于 我

（10）tɔʔ ʔɛʔ kia !　　　　　给我看看吧！
　　　 给 我 看

2. 表示命令、禁止

这类句子的主语一般都是第二人称代词，一般也不加语气词。例如：

（1）meʔ thua !　　　　　　你走开！
　　　你　 走开

（2）tʃhoŋ !　　　　　　　站住！
　　　站住

（3）nauk me² ho !　　　　　　你快去！
　　快　你　去

（4）thui me² tɔ² vok kɣa² tɛh !　　你把镰刀拿过去！
　　拿　你　给　镰刀　那边

（5）ho khin ɣom !　　　　　　去接水！
　　去　接　水

（6）me² ho plɔu² phyɔ² !　　　　你去煮饭！
　　你　去　煮　饭

（7）tit vo !　　　　　　　　　　快停下来！
　　停　快

（二）否定形式的祈使句

常用否定词"man"（别、不要）表示劝阻或禁止，一般不加语气
词。例如：

（1）man n̠tʃɣ plai !　　　　　别喝酒！
　　别　　喝　酒

（2）man kah !　　　　　　　　别说话！
　　别　说话

（3）man ho !　　　　　　　　别走！
　　别　走

（4）man phi ʔɛ² !　　　　　　别忘了我！
　　别　忘　我

（5）man tuk tʃɔ !　　　　　　不要拉着她！
　　不要　拉　她

（6）man sɔm !　　　　　　　　不要哭了！
　　不要　哭

（7）man ʔɣh mɛ tʃɔ !　　　　　不要说他！
　　不要　说　和　他

（8）man la kɣoih !　　　　　　不要再挑选了！
　　不要　挑选

（9）man ʔvh！　　　　　　　　　　不用讲了！

　　　不用　讲

四　感叹句

　　感叹句是用来抒发某种强烈感情的句子，全句有一个表示强烈感情的感叹语气，一般都用降调，书面上用感叹号表示。感叹句表达的感情强烈而丰富多样，如可以表达喜悦、赞赏、愤怒、悲伤、惊讶、醒悟、斥责、鄙视、无可奈何、意外、慨叹等不同的感情。句型可以是主谓句，也可以是非主谓句。句首可用感叹词。

（一）表示惊讶、感叹或惊惧等

（1）ʔah！plun ta mo！　　　　　　啊！一条蟒蛇！

　　　啊　蟒蛇 一 条

（2）ma nthia nah mplɤŋ！　　　　　好陡的山坡啊！

　　　很　陡　这 山坡

（3）ʔaih，mpyɔʔ（heʔ）mpɯ（ʔɛʔ）！　哎呀，钱被偷了！

　　　哎呀　偷（他们）钱（我）

（4）ʔaih，saiʔ（suʔ）ʔɛʔ！　　　　哎哟，疼死我了！

　　　哎呀　疼（弄）我

（5）ma tɔʔ nah mak tʃuʔ！　　　　这么酸的橘子！

　　　很 酸 这　橘子

（6）ʔah，mpyŋ phoʔ hauh nah khauʔ ḷauŋ！

　　　啊　那么 弟弟 爬 这 树 高

　　　　　　　　　　　　　　　　　啊！弟弟爬那么高的树！

（二）表示赞叹、赞赏、喜悦等

（1）he he，mpyŋ tɔʔ mpɯ na ʔɛʔ ti hun！

　　　哈哈！这么 给 钱 于 我　多

　　　　　　　　　　　　　　　　　哈哈！给我这么多钱！

（2）ma ṃom khau^ʔ ^ʔan nah tʃah !　　　那件衣服漂亮极了！
　　 极　　漂亮　　那个 衣服

（3）ma ṃom su^ʔ me^ʔ !　　　你做得真好！
　　 真　 好 做 你

（4）ma thiaŋ ^ʔin nah ȝauŋ !　　　这个寨子好大呀！
　　 很　 大　 这个 寨子

（5）ma phȝa^ʔ tʃeik ^ʔo ḷa !　　　姐姐采茶叶好快啊！
　　 很　 快　 采 姐姐 茶

（6）ma ḷauŋ ntʃuih ^ʔai khua tei^ʔ !　　　岩块跳得真高！
　　 真　 高　 跳　 岩块 自己

（7）ma ḷom nah ŋkuat !　　　这把刀真锋利！
　　 真 锋利 这　 刀

第三节　几种特殊句式

句式是属于主谓句或非主谓句的下位概念，它是根据句子的结构格局或特殊标志而确定的句子类别，如现代汉语中的"把"字句、"被"字句、连动句、兼语句等。句式不同于句型，句式在句法、语义、语用上都有一定的特殊性。这里主要介绍岳宋佤语中常用的、有结构特点的几种句式。

一　比较句

语言使用中，有时我们需要比较事物、性状、程度的高下、同异或差别等，这时我们经常要用到比较句。比较句是指谓语中含有比较词语或比较格式的句子。比较句从语义上可分为等比句、差比句等。

（一）等比句

等比句是表示 A 和 B 在某方面相同或相近的比较句，也称为平比句。岳宋佤语经常用"thu……mɛ……"（和 / 跟……一样……）来表示，基本语序为：thu + 形容词 / 动词 + A + mɛ + B。例如：

（1）thu ḻauŋ nah khau⁷ mɛ ⁷an nah khau⁷.
　　　一样 高　这　树　和　那个　树

　　　　　　　　　　　　　这棵树跟那棵树一样高。

（2）thu hun mpɯ ⁷ɛ⁷ mɛ tʃɔ.　　我的钱和他的钱一样多。
　　　一样 多　钱　我　和　他

（3）thu thiaŋ kuan mei⁷ tʃɔ mɛ phoʔ mei⁷ ⁷ɛ⁷.
　　　一样 大　　儿子　他 和　弟弟　我

　　　　　　　　　　　　　他儿子跟我弟弟一样大。

（4）thu ṃom nah ʒauŋ mɛ ⁷an nah ʒauŋ.
　　　一样 漂亮　这　寨子　和　那个　寨子

　　　　　　　　　　　　　这个寨子跟那个寨子一样漂亮。

（5）thu ṭluiŋ tʃɔ mɛ ⁷ɛ⁷.　　　　他跟我一样胖。
　　　一样 胖　他　和　我

（二）差比句

差比句是表示 A 和 B 某方面相比存在着差别的比较句。岳宋佤语中一般用"kheiŋ"（比）作比较词，一般的语序为：形容词 / 动词（谓语） + A（主语） + kheiŋ + B（状语）。例如：

（1）thiaŋ khɯiŋ miŋ kheiŋ si mau.　　昆明比思茅大。
　　　大　　昆明　比　思茅

（2）ḻauŋ ⁷eik kheiŋ ⁷ɛ⁷.　　　　哥哥比我高。
　　　高　哥哥　比　我

（3）thiaŋ nah ntʃoʔ kheiŋ ⁷an nah ntʃoʔ. 这座房子比那座房子大。
　　　大　这 房子　比　那个 房子

（4）ṃom ntʃhɔuʔ tʃɔ kheiŋ ⁷ɛ⁷.　　他唱歌比我唱得好。
　　　好　唱 他　比　我

（5）phɣa⁷ ho me⁷ kheiŋ ⁷ɛ⁷.　　　你比我走得快。
　　　快　走 你　比　我

（6）ɬuiŋ tʃɔ kheiŋ ˀɛˀ.　　　　　　　　他比我胖。
　　　胖　他　比　我

（7）ʃa meˀ kheiŋ tʃɔ.　　　　　　　　你的皮肤比她白。
　　　白　你　比　她

（8）hun mpoi heˀ n̩tʃoˀ tei kheiŋ mpoi siˀ n̩tʃoˀ tei.
　　　多　牛　他们　家　助　比　牛　我们　家　助
　　　　　　　　　　　　　　　　　他家养的牛比我家的多。

（9）tʃhiɛn tʃɔ kheiŋ meˀ lui tʃit.　　　　他比你重三斤。
　　　重　他　比　你　三　斤

（10）ʃo　thih kheiŋ ˀia.　　　　　　　　鸭比鸡便宜。
　　　便宜　鸭　比　鸡

（11）nto nteˀ mpoi kheiŋ nteˀ ȵiak.　　　牛肉比猪肉贵。
　　　贵　肉　牛　比　肉　猪

（12）ɬuiŋ tʃɔ ta ŋeiˀ kheiŋ ta ŋeiˀ.　　　他一天比一天胖。
　　　胖　他　一　天　比　一　天

（13）ȵauŋ nah phlɤŋ ˀoˀ ta ŋeiˀ kheiŋ ta ŋeiˀ.
　　　高　这　竹笋　一　天　比　一　天
　　　　　　　　　　　　　　　　　这竹笋一天比一天高。

（三）否定式

岳宋佤语比较句的否定式一般是加否定词"ˀaŋ"（不），ˀaŋ 通常位于句首，一般的语序为：ˀaŋ＋A（主语）＋形容词/动词（谓语）＋kheiŋ＋B（状语）。例如：

（1）ˀaŋ meˀ khɣoˀ kheiŋ tʃɔ.　　　　　你不比她瘦。
　　　不　你　瘦　比　她

（2）ˀaŋ ˀɛˀ them kheiŋ meˀ.　　　　　我不比你矮。
　　　不　我　矮　比　你

（3）ˀaŋ tʃɔ phɣa fɯt kheiŋ meˀ.　　　他不比你跑得快。
　　　不　他　快　跑　比　你

（4）ʔaŋ nah n̪tʃoʔ foh kheiŋ ʔan nah n̪tʃoʔ.

　　 不　这　房子　宽　比　　那个　房子

　　 这间房子不比那间房子宽。

（5）ʔaŋ tʃɔ l̪auŋ kheiŋ meʔ.　　　　　　他没有你高。

　　 不　他　高　比　你

（6）ʔaŋ ʔɛʔ tʃhiɛn kheiŋ tʃɔ.　　　　　我没有他重。

　　 不　我　重　比　他

（7）ʔaŋ nteʔ l̪iak n̪tʃum kheiŋ nteʔ pheiʔ.　猪肉没有羊肉好吃。

　　 不　肉　猪　好吃　比　肉　羊

（8）ʔaŋ nah thɔ lɛh kheiŋ ʔan nah.　　　这个桃子没有那个红。

　　 不　这　桃子　红　比　　那个

（9）ʔaŋ meʔ ʃa kheiŋ tʃɔ.　　　　　　你不如她白。

　　 不　你　白　比　她

（10）ʔaŋ ʔɛʔ t̪luiŋ kheiŋ tʃɔ.　　　　　我不如她胖。

　　　 不　我　胖　比　她

（11）ʔaŋ l̪a tʃeik tʃɔ hun kheiŋ ʔɛʔ.　　　她采的茶叶不如我的多。

　　　 不　茶　采　她　多　比　我

（12）ʔaŋ haik tɔŋ ʔɛʔ laŋ kheiŋ tʃɔ.　　　我的头发不如她的长。

　　　 不　发　头　我　长　比　她

二　主谓谓语句

由主谓短语充当谓语的句子叫主谓谓语句。主谓谓语句的主语具有话题性质，谓语主要是对主语起说明或判断作用。从语义上来看，一般的主谓句是陈述性的，而主谓谓语句则是说明性或判断性的。例如：

（1）ma m̪om kaiʔ ʃoʔ.　　　　　　　　奶奶身体很好。

　　 很　好　身体　奶奶

（2）ʔaŋ tʃɔ n̪tʃʏ yom ta mpoiŋ ni ʔoh.　一口水他都不喝。

　　 不　他　喝　水　一　口　语助（表程度）

（3）ʔaŋ ʔɛ² ma tʃha² ʔeih ȶlɤm nte² ʔia.　　　鸡肉烂饭我没吃过。
　　　不　我　曾过　吃　稀饭　肉　鸡

（4）lɤt la̠² ʒauk tʃɔ.　　　　　　　　　　　　他耳朵聋了。
　　　聋　耳朵　他

（5）sai² thu phoʔ mei².　　　　　　　　　　　弟弟肚子疼。
　　　疼　肚子　弟弟

（6）hɤik ʔuik su² ʔɛ² vai noŋ ma.　　　　　　地里的活我干完了。
　　　已经　完　干　我　活　里　地

（7）ʔaŋ tʃɔ ʃoŋ ŋai l̠ɔi lau foʔ.　　　　　　佤文他不认识。
　　　不　他　认识　文字　佤族

上面例句中画线部分是全句的谓语，由主谓短语充当。

三　存现句

存现句是语义上表示何处存在、出现、消失了何人或何物；语用上用来描写景物或处所的一种特定句式。汉语中存现句结构上一般有三段，即处所段 + 存现动词 + 人或物段，而岳宋佤语存现句的语序结构一般为"存现动词 + 人或物段 + 处所段"。存现句可分为存在句和隐现句两种。

（一）存在句

表示何处存在何人或何物的句式。例如：

（1）hun ʔot khau² noŋ ŋkhoŋ /vaŋ.　　　山上有很多树。
　　　多　在　树　里　山

（2）ʔot mɤ² thiaŋ ta mo ka ȵtʃoʔ si².　我家前面有一块大石头。
　　　在　石头　大　一　个　前　家　我们

（3）kui nthuŋ ɤom thiaŋ ta mo kya² tɔm ʒauŋ he².
　　　有　湖　大　一　个　右边　寨　他们
　　　　　　　　　　　　　　　　他们寨子右边有一个湖。

（4）ʔot ŋkhɤŋ lui mo noŋ nah ȵtʃoʔ.　　这间房里放着三把椅子。
　　　在　椅子　三　个　里　这　房子

（5）ŋkom miau ta mo ŋkɣɣm ˀan nah khauˀ.
　　蹲　　猫　一　个　下面　　那个　　树

　　　　　　　　　　　　　　　　那棵树下蹲着一只猫。

（6）tait phok tei ta mo nɛh ŋok nah mpoi.
　　挂　铃铛　助　一　个　助　脖子　这　牛

　　　　　　　　　　　　　这头牛身上挂着一个铃铛。

以上是静态存在句，以下是动态存在句。

（7）pu klaŋ ta mo ŋkuih ma.　　　　空中飞着一只老鹰。
　　飞　老鹰　一　只　上　天

（8）ˀot khɯik ˀɔm ŋkuih ŋkhoŋ.　　山上飘着一团雾。
　　在　　雾　　上　　山

（二）隐现句

表示何处出现或消失何人何物。例如：

（9）ḻih nʧoih nɛh mphɣ phoˀ meiˀ.　　弟弟的脸上出现了笑容。
　　出现 笑容　助　脸　弟弟

（10）sum ḻiak heˀ nʧoˀ tei ta mo.　　他家死了一头猪。
　　　死　猪　他们　家　助　一头

（11）ŋkɣai mpoi noŋ nah ʒauŋ ɣa mo pu kauˀ.
　　丢失　牛　里　这　寨子　两　头　昨天

　　　　　　　　　　　　昨天寨子里丢失了两头牛。

四　兼语句

兼语句是由兼语短语充当谓语的句子。例如：

（1）kɔk ʧɔ kɯiŋ ho nʧɣ plai.　　　　他请我爸爸去喝酒。
　　叫　他　爸爸　去　喝　酒

（2）ntɣˀ mpɔu ˀɛˀ ho taiˀ ʧah.　　　妈妈让我去洗衣服。
　　让　妈妈　我　去　洗　衣服

（3）ntɣ² tʃɔ me² ho pɛh muih khau².　　　　他叫你去摘木瓜。
　　　让　他　你　去　摘　　木瓜

（4）ntɣ² ²ɛ² kɯiŋ ²aŋ suh pho² mei².　　　　我求爸爸别打弟弟。
　　　让　我　爸爸　不　打　　弟弟

（5）ntɣ² tʃɔ ²eik ho muŋ kha.　　　　　　　他让哥哥去西盟。
　　　让　他　哥哥　去　西盟

（6）pen ²ɛ² tʃɔ ho noŋ vaŋ.　　　　　　　　我带他去山上。
　　　带　我　他　去　里　山

（7）ŋkiɛk tʃɔ ʃɔ² l̥ih mpɔŋ.　　　　　　　她扶奶奶下楼。
　　　扶　她　奶奶　下　楼梯

（8）kui pho² pun tʃɔ ta kai, ma ntʃhaŋ tʃɔ.　他有个妹妹很聪明。
　　　有　妹妹　他　一个　很　聪明　她（指妹妹）

汉语中的"有"字式兼语句在岳宋佤语中一般不作兼语句表达，而是用分句的形式表达，通常会在句中最后一个动词后面加上分句的主语，如上面例（8）。

五　连谓句

连谓短语充当谓语或独立成句的句子叫连谓句。连谓句的特点是：①两个或两个以上的动词性词语共同陈述一个主语，主语可以分别与几个动词性词语发生主谓关系；②几个动词性词语之间有一定的先后顺序，但不存在联合、述宾、述补、状中等结构关系，位置不能任意调换；③几个动词性词语之间没有语音停顿和关联词语；④几个动词性词语之间具有某种意念上的关系。例如：

（1）hauk tʃɔk si² tʃah noŋ laih.　　　　　我们上街买衣服。
　　　上　买　我们　衣服　里　街

（2）kɣoŋ pho² mei² tei kia sim ²uiŋ.　　　弟弟抬头看星星。
　　　抬头　弟弟　助　看　星星

（3）ho tui² kɯiŋ khau² noŋ vaŋ.　　　　　爸爸上山砍树。
　　　去　砍　爸爸　树　里　山

（4）tʃhoŋ heʔ ʔaŋ heʔ suʔ ʃiɛ.　　　　他们站着不动。
　　　站　他们　不　他们　动

（5）tʃhoŋ tʃɔ tei kɣɯʔ plai.　　　　　他站起来倒酒。
　　　站　他　助　倒　酒

（6）sɔm tʃɔ nah ŋiɛt nah kah.　　　　她听了这个消息哭起来了。
　　　哭　他　助　听　这　话（这里指消息）

（7）ŋkom ʔɛʔ tei ŋiɛt kah phɔk.　　　我们坐下来听故事。
　　　坐　我们　助　听　故事　讲

（8）ʔah ʔɛʔ nah vai suʔ tei.　　　　　我干活干累了。
　　　累　我　助　活　干　助

六　双宾句

双宾句是句中述语同时牵涉两个对象，即带两个宾语的句式。例如：

（1）tɔʔ tʃɔ muih nah ʔɛʔ ta ŋkah.　　　他给了我一串香蕉。
　　　给　他　香蕉　助　我　一　串／柄

（2）tɔʔ ʔɛʔ tʃɔ mpa mpɯ ta keŋ.　　　我借给他一百元钱。
　　　给　我　他　借　钱　一　百

（3）tɔʔ tʃɔ ʔɛʔ foi khum ta mo.　　　他借给我一把锄头。
　　　给　他　我　借　锄头　一　把

（4）ŋauh ʔɛʔ peʔ mɔŋ pa ʃuk ta mo.　　我告诉你们一件事。
　　　告诉　我　你们　听到　事情　一　件

（5）ntuk pa ntuk lɔi ʔɛʔ nah ŋai lɔi hoʔ.　老师教我汉字。
　　　教　　老师　　我　助　字　汉族

（6）phɔk ʃoʔ ʔɛʔ mɔŋ nt̬hu ka ta mo.　　奶奶讲给我一个故事。
　　　讲　奶奶　我　听到　故事　一　个

（7）ʔɣh kɯiŋ me phoʔ meiʔ mɣʔ tei poi.　爸爸骂了弟弟几句。
　　　骂　爸爸　对　弟弟　几　助　句

岳宋佤语中的"双宾句"似乎不能算严格意义上的双宾句，其形式
上或者要在第二个宾语前面或后面加助词"nah"，如上面例（1）（5）；

或者要在第二个宾语前加一个动词，这类有点像兼语句了，如例（2）（3）（4）（6）。有的改用非双宾句的形式表达同样的语义，如上面例（7）中"me pho² mei²"做全句的状语，整个句子就是"单宾句"了。

七 "是"字句①

岳宋佤语也有相当于汉语的"是"字句，"moh"（是）是一个动词，基本意思是表示肯定、判断。

（一）"moh"（是）的语法特点

1. "moh"能受副词修饰

岳宋佤语中"moh"受否定副词修饰时，否定副词一般位于句首，句子的主语通常提前放在动词"moh"之前。例如：

（1）moh ²ɛ² pa ntuk lɔi, tʃɔ ma moh pa ntuk lɔi.
　　　是　我　老师　　　他　也　是　　老师
　　　　　　　　　　　　　　　　　　　我是老师，他也是老师。

（2）²uik moh he² lau fo².　　　　　　他们都是佤族。
　　　都　是 他们 佤族

（3）²aŋ tʃɔ moh ta² ²ɛ².　　　　　　　他不是我爷爷。
　　　不 他 是 爷爷 我

（4）²aŋ ²an nah moh poh.　　　　　　那不是麂子。
　　　不　那个　是 麂子

2. 能用肯定、否定并列的方式提问

"moh ²aŋ moh"（是不是）可放在句首，也可放在句子末尾构成选择问句。有时句子的主语可放在"moh ²aŋ moh"中间形成"moh＋²aŋ＋主语＋moh"的语序。"moh"一般不重叠。例如：

（1）moh ²aŋ moh ɳtʃhim me² mpɔu tei²？你是不是想你妈妈？
　　　是　不 是 想 你 妈妈 自己

---

① 参考刘月华等《实用现代汉语语法》（增订本），商务印书馆，2001，第675~676、678~683、762~765页。

（2）moh ˀaŋ tʃɔ moh lau foˀ　　　　　他是不是佤族？

　　　是　不 他 是　佤族

（3）ho kɯiŋ meˀ muŋ kha, moh ˀaŋ moh？

　　　去 爸爸 你　西盟　　是 不 是

　　　　　　　　　　　　　　你爸爸去西盟了，是不是？

（4）tʃɔk nteˀ lui tʃit, moh ˀaŋ moh？　买三斤肉，是不是？

　　　买 肉 三 斤 是 不 是

3.“moh”能独立回答问题，充当谓语

“moh”一般只能用 ˀaŋ（不、没）否定，不能用其他的否定词进行否定。例如：

（1）moh ˀaŋ moh ho pɛh phoˀ muih？　——弟弟是不是去摘芭蕉了？

　　　是　不 是 去 摘 弟弟 香蕉

moh.　　　　　　　　　　　　——是。

是

（2）moh ˀaŋ nah moh ʒauŋ suŋ？　——这是不是岳宋乡？

　　　是　不 这 是　岳宋

ˀaŋ moh.　　　　　　　　　——不是。

不　是

4.“moh”虽然是谓语动词，但在语义上不是句子的重点，重点在宾语上

（1）moh ho kɯiŋ pu kauˀ.　　　　爸爸是昨天走的。

　　　是 走 爸爸　昨天

（2）moh ˀan nah ntin phoˀ.　　　那双鞋是妹妹的。

　　　是 那个 鞋 妹妹

（二）“moh”（是）字句的类型和用法

按照主语和宾语的关系，“moh”（是）字句可分为两种类型。

1.表示等同和归类

这类“是”字句的主宾语大多由名词、代词、数量词充当，主语和宾语往往是相应的，有时是相同的。可分为以下两种。

首先，表示等同。

主语和宾语同指一种事物现象，两者可互换位置，句义基本不变。例如：

（1）moh ˀan nah ʒauŋ ʒauŋ yaŋ.　　那个村是曼亨村。
　　　是　那个　村　曼亨

（2）moh lai nah lai xɣˀ.　　现在是雨季。
　　　是　现在　雨季

（3）moh ˀan nah ma ˀeih tʃau hyˀ.　　得到那块地的是赵和。
　　　是　那个　地　得到　赵和

（4）moh tɣ plaˀ tʃit phuan hoŋ.　　半斤是五两。
　　　是　半　斤　五　两

（5）moh ˀan nah ntin phoˀ.　　弟弟的鞋子是那双。
　　　是　那个　鞋子　弟弟

（6）moh ˀin nah kuiŋ ˀai liu.　　这个是岩留的爸爸。
　　　是　这个　父亲　岩留

其次，表示归类。

主语表属概念，宾语表示类概念，属概念包括在类概念之中，即主语所指事物属于宾语所指事物的一部分。这种类型的句子主语和宾语不能互换。例如：

（1）moh ˀan nah（khauˀ）khauˀ me.　　那棵树是李树。
　　　是　那个　树　树　李子

（2）moh muih、ŋkɣaik、thɔ pleiˀ.　　芭蕉、菠萝、桃子都是水果。
　　　是　芭蕉　菠萝　桃子　水果

（3）moh tʃɔ kui, ˀEˀ moh lau foˀ.　　他是拉祜族，我是佤族。
　　　是　他 拉祜族 我　是　佤族

除上述那些表示归类的"是"字句外，汉语中还有一种由"的"字短语充当宾语的"是"字句，通常被认为是"的"后面省略了名词。岳宋佤语中这种类型的"moh"字句很少用"的"字短语（pa……）充当宾语，一般都不用其名物化词缀"pa"，而只用相应的名词或动词性词语充当宾语即可。有时会补出相应的名词，但中间不需用助词"pa"（的），如下面例（4）、例（8）。只有个别动宾短语作宾语的就用"的"字结构（pa……），如例（7）。

（4）moh ʧɔ phui si mau.　　　　　　　他是思茅的。

　　　是　他　人　思茅

（5）moh ʔin nah phʏŋ xem.　　　　　　这个盆是铁的。

　　　是　　这个　盆　铁

（6）moh nah ŋkuat khit khik.　　　　　那把刀是砍柴用的。

　　　是　那　刀　砍　柴

（7）moh kɯiŋ ʧɔ pa ʧhuih taiʔ.　　　　他爸爸是卖菜的。

　　　是　爸爸　他　的　卖菜

（8）moh meʔ phui ʒin nan.　　　　　　你是云南的。

　　　是　你　人　云南

（9）moh ʔan nah m̥ɔk phoʔ.　　　　　　那顶帽子是弟弟的。

　　　是　　那个　帽子　弟弟

（10）tɔʔ hei nah ŋkɣaik.　　　　　　　这些菠萝是酸的。

　　　酸　这些　　菠萝

（11）moh hei ʔan nah mpoi n̥ʧoʔ ʒeiʔ xɤ luŋ.

　　　是　　那些　　牛　家　叶黑龙

　　　　　　　　　　　　　　　　　　　那几头牛是叶黑龙家的。

（12）moh ʔin nah khauʔ n̥ʧhum taʔ.　　这棵树是爷爷种的。

　　　是　这个　树　　种　爷爷

2. 表示说明与解释

宾语从某个角度对主语的性状、特征及原因等加以解释与说明，有时带有申辩的意味。"是"的宾语多由动词（短语）、形容词（短语）、介词短语充当。例如：

（1）ho sop meʔ,ʔaŋ moh sop meʔ xah, moh sop meʔ ho nɔŋ vaŋ.

　　　去　找　你　不是　找　你　玩　是　找　你　去　里　山

　　　　　　　　　　他找你是要和你一起上山，不是来玩。

（2）ʔaŋ me² ho khɯ lɔi, moh ʔaŋ kai² me² ɱom？
　　　不　你　去　上学　　是　不 身体 你　 好
　　　　　　　　　　　　　你不去上学是身体不舒服吧？

（3）ho tʃhui ʔai faŋ me².　　　　岩方是来帮你的。
　　　去　帮　岩方　你

（4）ʔaŋ moh ʔaŋ tʃɔ sɤ² tei tʃok tʃah, moh ʔaŋ tʃɔ sam tʃok ʔa.
　　不　是　不　她　看　　买 衣服　是 不 她 想 买 语助
　　　　　　　　　　　这件衣服她不是买不起，是不想买。

（5）nah tʃhɤŋ ʔaŋ moh mɯt xom ʔai liu, moh khoik tʃɔ.
　　这　次　不　是　生气　岩留　是　害羞 他
　　　　　　　　　　这次岩留不是生气，是不好意思。

（6）ʔaŋ moh thɤŋ ʔɛ² tʃɔ ŋkhɯi², moh ʔaŋ tʃɔ ma tʃhoŋ ɱom.
　　不　是　推　我 他 倒　 是 不 他 还 站 好
　　　　　　　　　　不是我推倒他，是他自己没站好。

（三）是……的（moh……）句

汉语中有一种带"是……的"标志的动词谓语句，"是"经常出现在谓语前，有时也出现在主语前。岳宋佤语中也有类似表达，不过其形式还是"moh"（是）字句，并不用加"pa"（的）。这种句式不同于上面提到的"的"字短语作宾语的表示归类的"是"字句，这里的"moh（是）"主要表强调，标志词"moh（是）"的作用是指明它后面的成分是全句的表达焦点。例如：

（1）moh ho kɯiŋ ŋei² an nah nok.　　　爸爸是前天去的。
　　　是　去 爸爸　　　前天

（2）moh tum　　　　ʔɛ² khɯiŋ miŋ.　　我是从昆明来的。
　　　是　从……来 我　 昆明

（3）moh ʔeih si² tlɤm phun ŋop ʔiŋ.　　今天早餐我们是吃的稀饭。
　　　是　吃 我们 稀饭　早上　今天

（4）moh pa ŋau² ʔai kaŋ na ʔɛ².　　　　是岩刚告诉我的。
　　　是　告诉　岩刚　于 我

（5）moh pɪɛh ˀin nah nteˀ na ˀan nah ŋkuat.　这肉是用那把刀切的。
　　　是　 切　 这个　肉　用　 那个　 刀

（6）moh phauˀ tʃɔ tʃhɤ na ho　teiˀ kɣaˀ nah.　　他是坐车过来的。
　　　是　　坐　 他　车　助　去　复指他　这边

第八章　复句

　　复句是由两个或两个以上意义上相关，结构上互不作句法成分的分句加上贯通全句的句调构成的。[①]复句的分句，从结构看相当于单句。复句的分句在结构上可以是主谓结构，也可以是非主谓结构。复句的分句在结构上是相对独立、互不包含的，就是说充当复句的分句不作另外分句的句法成分。复句的分句在结构上的相互独立性是相对的，它们还要互相依存，这种互相依存主要表现在构成一个复句的各分句之间在语义上是互相依存、互相关联的，分句凭一定的逻辑语义关系而连接。复句末尾有终止性停顿，书面上用句号、问号或叹号表示。复句的各分句间一般有句中停顿，书面上用逗号、分号或冒号表示。

　　从复句中关联词语看，复句中分句之间的关系有时用关联词语来表示，这种关联组合的方法叫关联法；有时不用或不能用关联词表示，这种直接组合的方法叫意合法。口语中多用意合法，书面语多用关联法。

　　根据分句间的意义关系划分，复句可以分为联合复句、偏正复句两大类。复句内各分句间意义上平等、无主从之分的叫联合复句，又叫等立复句；复句内各分句间意义有主有从，也就是有正句有偏句之分的叫偏正复句，又叫主从复句。

---

① 黄伯荣、廖序东主编《现代汉语》（增订五版下册），高等教育出版社，2011，第127页。

第一节　联合复句

联合复句可分为并列、顺承、解说、选择、递进五小类。

一　并列复句

前后分句分别叙述或描写有关联的几件事情或同一事物的几个方面。分句间或者是平列关系，或者是对举关系。

（一）平列关系

平列关系就是分句间表示的几件事情或几个方面并存。所用关联词有前后分句成对使用的，如"lai mo……lai mo"（有时……有时）；也有单独使用的，如"ŋkɔm"（又、和、一边……一边……）、"ma"（也、又）等。例如：

（1）n̠tʃhɔuˀˀo ŋkɔm phak tei ȶlɔŋ.　姐姐一边唱歌，一边洗碗。
　　　唱歌 姐姐 和 洗 助 碗

（2）ˀaŋ mpɯ heˀ n̠tʃoˀ tei kui ŋkɔm ˀaŋ heˀ sɤˀ tei phɣɔˀ
　　　不 钱 他们 家 助 有 和 不 他们 看见 助 吃
　　　ŋkauˀ.
　　　米

　　　　　　　　　　他家既没有钱，又没有粮食。

（3）ŋ̍iɛt ˀeik n̠tʃhoˀ lai mo ˀaŋ sih lai mo.
　　　听 哥哥 歌 有时 也 画 有时

　　　　　　　　　　哥哥有时听歌，有时画画。

（4）ho heˀ si mau, meˀ ho ma.　　他们去思茅，你也去。
　　　去 他们 思茅 你 去 也

（5）ˀaŋ phɣɔˀ tʃo ˀaŋ n̠tʃɤ ɣom ma.　他不吃饭，又不喝水。
　　　不 吃饭 他 不 喝 水 也

（二）对举关系

对举关系就是前后分句的意义相反相对，表示两种情况或两件事情对比对立，也就是用肯定和否定两个方面对照来说明情况或表达所要肯定的意思。关联词语可以成对使用，如 "ʔaŋ……moh, moh……"（不是……而是……）；"moh……，ʔaŋ moh……"（是……，不是……）等。也有不用关联词的。例如：

（1）ʔaŋ heʔ moh sɛm, moh heʔ lau foʔ.

    不 她们 是 傣族 是 她们 佤族

                     她们不是傣族，而是佤族。

（2）ʔaŋ ʔɛʔ ho muŋ kha, ho ʔɛʔ khɯiŋ miŋ.

    不 我 去 西盟， 去 我 昆明

                     我不是去西盟，而是去昆明。

（3）sam tuk ʔɛʔ meʔ, ʔaŋ ʔɛʔ sam suh meʔ.

    想 拉 我 你, 不 我 想 打 你

                     我是想拉你，不是要打你。

（4）moh tʃɔ phui muŋ kha, ʔaŋ moh phui lin tʃhaŋ.

    是 他 人 西盟 不 是 人 临沧

                     他是西盟的，不是临沧的。

（5）ʔɛʔ plouʔ phɤɔʔ, meʔ mpaik taiʔ. 我煮饭，你洗菜。

    我 煮 饭 你 洗 菜

（6）meʔ pih ȵtʃoʔ ʔiŋ, tʃɔ phak tʃhuaŋ pu saʔ.

    你 扫 房子 今天 他 洗 窗 明天

                     今天你扫地，明天他擦窗子。

二 顺承复句

前后分句按时间、空间或逻辑事理上的顺序说出连续的动作或相关的情况，分句之间有先后相承的关系，语序不能任意颠倒。顺承复句又称连贯复句、承接复句。常用的关联词语有 "ka……ʔaŋ……khɛʔ"（先……

后……）、"……khɛ˦"（……后）、"……˦iŋ mo pe"（……就）。例如：

（1）ka phɤk phoˀ meiˀ, ˀaŋ phɣɔˀ khɛˀ.
　　　先 吃奶 弟弟　连词 吃饭 后

　　　　　　　　　　　　弟弟先吃奶，然后再吃饭。

（2）ka ˀɤn mpou ˀɤp ŋkɔm xɯɯp, ˀaŋ khɣɔuk xɤ tei ho suˀ vai
　　　先 装 妈妈 饭 和　汤 连词 背　包 助 去 干活
　　　noŋ ma khɛˀ.
　　　里　地 后

　　　　　　　　　妈妈先装好饭菜，然后背上挎包就去地里干活了。

（3）ho sop ˀɛˀ n̩i ka khɛˀ phɣɔˀ tei.
　　　去 找 我 尼嘎 后 吃饭 助

　　　　　　　　　　　　我吃完饭，就去找尼嘎。

（4）ka ho ŋkhɔh kɯiŋ ˀoˀ noŋ van, ˀaŋ pen tʃɔ hɤik ta n̩tʃoˀ,
　　　先 去 砍 爸爸 竹子 里 山 连词 背 它 到　 家
　　　ˀaŋ taiŋ tʃhɔ na tʃɔ khɛˀ.
　　　连词 编 背篓 用 它 后

　　　　爸爸先去山上砍竹子，接着把竹子背回家，然后用它做背篓。

（5）ɣauk ḷih taˀ, ˀiŋ mo pe hɤik meˀ. 我爷爷刚出去，你就来了。
　　　刚　出去 爷爷　连词　到 你

（6）ɣauk ḷih tʃɔ, ˀiŋ mo pe ḷih ḷɛˀ. 他一出门，就下雨了。
　　　刚　出去 他　连词　下 雨

三　解说复句

解说复句是后面分句对前一分句有所解释、说明、补充、总结。可以分为解释和总分两种关系。解释关系的后面分句对前面分句进行解释，一般不用关联词语。总分关系的复句里总与分之间常用冒号。例如：

（1）kui ʒauŋ ta mo phɣɛˀ heˀ, moh tʃɔ ma san.
　　　有 寨子 一个 地盘 他们 是 它 马散

　　　　　　　　　　　他们那边有个寨子，叫马散。

（2）hun hauk phui laik, kui　ŋo, khuat ŋkɔm kuan ʔɛt.
　　多　上　人　街　有 年轻人 老人　和　小孩
　　　　　　去赶集的人很多：有年轻人，有老人，还有小孩。

（3）hun kuan tʃɔ：moh kuan ʔai tʃɔ pa kia saiʔ, kuan ȵi tʃɔ
　　多　孩子 他　是　孩子 老大 他　医生　孩子 老二 他
moh pa ntuk ḻɔi, kuan sam tʃɔ moh pa ho ma.
　　是　老师　孩子 老三 他　是　的 去 地（农民）
　　　　　他有好几个孩子：老大是医生，老二是老师，老三是农民。

（4）ho pɛh　siʔ pleiʔ khauʔ noŋ ma：pɛh ʔeik ŋkɣaik ʔin pɛh
　　去 摘 我们　果子　里 地 摘 哥哥 菠萝 连词 摘
ʔɛʔ pei.
我 芒果
　　　　　　我们去地里摘果子：哥哥摘了菠萝，我摘了芒果。

（5）kui ʔeik ʔɛʔ ɣa kai：loŋ ta kai ʔin ʃa ta kai.
　　有 哥哥 我 两 个 黑 一 个 连词 白 一 个
　　　　　　　　我有两个哥哥：一个黑，一个白。

（6）ntʃhoŋ phoʔ pun vɔʔ nah ʔɛʔ, nah ʔaŋ sam kah mɛ ʔɛʔ.
　　关　妹妹 门 对 我 表目的 不 想 说话 和 我
　　　　　　妹妹把门关了，意思是她不理我们了。

四　选择复句

几个分句分别叙述两种或两种以上的情况，以供人选择和取舍，分句间有选择关系。分未定选择和已定选择两小类。

（一）未定选择

分句提供两种或几种可能的情况，让人从中选择，这叫未定选择。常用的关联词语有"（moh ʔoh）……moh ʔoh"（或者……或者、要么……要么）、"moh……moh"（是……还是）、"ʔaŋ……（moh）……la（moh）……"[不是……（就是）……]等。例如：

（1）moh ˀoh ho ʧeik meˀ ḷa, moh ˀoh ho khum meˀ ma,
　　　或者　　去　采　你　茶　或者　去　挖　你　地
　　　moh ˀoh ˀot meˀ tei plou phyɔˀ tei ȵʧoˀ.
　　　或者　　在　你　助　煮　饭　助　家
　　　　　　　　或者你去采茶，或者你去挖地，或者你在家煮饭。

（2）moh pa suˀ ʧo, moh pa suˀ meˀ?
　　　是　的　做　他　是　的　做　你
　　　　　　　　　　　是他做的，还是你做的？

（3）moh ho meˀ, moh ho ʧo, moh ho foh paˀ?
　　　是　去　你，是　去　他，是　去　都　你俩
　　　　　　　　　　是你去，或是他去，还是你俩一起去？

（4）ʧɔk nteˀ mpoi, moh ˀoh nteˀ ḷiak, thu ni.
　　　买　肉　牛　要么　肉　猪　一样　助
　　　　　　　　　　要么买牛肉、要么买猪肉，哪种都行。

（5）ˀaŋ nah moh xɤ meˀ, la moh xɤ ʧo.
　　　不　这　是　包　你　就　是　包　他
　　　　　　　　　　这个挎包不是你的，就是他的。

（二）已定选择

分句提供的选择项，说话者已经予以选择，选定其中一种，舍弃另一种，这叫已定选择。常用的关联词语有"ʧhuɯn……khih/khɤŋ……"（与其……，不如……）、"ʧhuɯn……ˀaŋ……"（宁可……也不、不如……不）等。如：

（1）ʧhuɯn ho kia tei saiˀ khuɯiŋ miŋ khih/khɤŋ si mau.
　　　不如　去　看　助　病　昆明　　如果　思茅
　　　　　　　　　与其去思茅看病，还不如去昆明看病。

（2）ʧhuɯn khuɯ tei ŋai ḷoi hoˀ khih/khɤŋ ŋai ḷoi sɛm.
　　　不如　学习　助　字　汉族　如果　字　傣族
　　　　　　　　　与其学傣语，不如学汉语。

235

（3）tʃhun tʃɔ ʔaŋ tei ʔeih nteʔ, na　ʔaŋ tei sam ʈluiŋ.
　　　不如 她 不 助 吃 肉 表连接 不 助 想 胖

　　　　　　　　　　　她宁可不吃肉，也不要长胖。

（4）tʃhun tʃɔ suʔ teiʔ nE mɤʔ ŋeiʔ, ʔaŋ ntɤʔ phui tʃhui teiʔ.
　　　不如 他 做 自己 几 天 不 叫 人 帮 自己

　　　　　　　　　　　他宁可自己多做几天，也不请别人帮忙。

五　递进复句

递进复句的后面分句的意思比前面分句的意思更进一层，一般由少到多，由小到大，由轻到重，由浅到深，由易到难，反之亦可。常用的关联词语有 "ŋkɔm"（又……又……、不仅……而且……）、"khɯm"（更、甚至）等。例如：

（1）ʃoŋ　taʔ kah sEm ŋkɔm ŋai ɭɔi sEm.
　　　知道 爷爷 话 傣族 和 字 傣族

　　　　　　　　　　　爷爷不仅会说傣语，还认识傣文。

（2）khɯm ʔeik ma ŋkɔm ȵtʃhum tei ʒaŋ ʒi.
　　　挖 哥哥 地 和 种 助 洋芋

　　　　　　　　　　　哥哥今天不光挖了地，还种了洋芋。

（3）tɔʔ heʔ ȵtʃoʔ tei meʔ phɤɔʔ ŋkɔm tɔʔ heʔ meʔ ʔeik.
　　　给 他们 家 助 你 吃（饭）和 给 他们 你 睡

　　　　　　　　　　　他家不但给你饭吃，而且让你住下来。

（4）ʔaŋ tʃɔ kia ʔE, khɯm ʔaŋ tʃɔ thui pa tɔʔ ʔE.
　　　不 他 看 我 更 不 他 拿 的 给 我

　　　　　　　　　　　他不见我，甚至我给他东西他都不要。

（5）ʔaŋ khuat lau fo ʔ ʃoŋ nah ȵtʃhu ka, xɯ　ʔeʔ nah kuan khE ʔ
　　　不 老人 佤族 知道 这 故事 远远不 我们 这 孩子 后

khɯm ʃoŋ la tʃɔ.
更 知道 就 它（指代这故事）

　　　　　　　　　　　佤族老人都不知道这个故事，何况我们年轻人呢？

第二节　偏正复句

偏正复句可分转折、假设、条件、因果、目的五小类。

一　转折复句

前后分句的意思相反或相对，即后面分句不是顺着前面分句的意思说下去，而是突然转成同前面分句意思相反或相对的说法，后面分句是说话人所要表达的正意。常用的关联词语有 "ˀam"（但是、虽然……但是……）、"me/ xɔŋ……（kɔm）"（虽然……但是、却）等。例如：

（1）thiaŋ ʧɔ khein ˀɛˀ, ˀam ˀaŋ ʧɔ ɭauŋ khein ˀɛˀ.
　　　大　他　比　我　但是　不　他　高　比　我
　　　　　　　　　　　　　他虽然比我大，但是个子没有我高。

（2）me ma thiaŋ ˀin nah muih khauˀ, kɔm ˀaŋ tei tɛ.
　　　虽然 很 大　这个　木瓜　但是 不 助 甜
　　　　　　　　　　　　　这个木瓜虽然大，但是一点也不甜。

（3）xɔŋ saiˀ ʧhɣŋ ʧɔ, ma ho nɔŋ ma kɔm ˀa.
　　　虽然 伤　脚 他 还 去 里 地 但 语助
　　　　　　　　　　　　　他的脚受伤了，但他还是去干活了。

（4）xɔŋ ɭluiŋ ʧɔ, ma phɣaˀ fut.
　　　虽然 胖 他 还　快　跑
　　　　　　　　　　　　　他虽有点胖，跑步却很快。

（5）maiŋ meˀ teiˀ ho pu saˀ, meˀ maiŋ tei ˀaŋ tum ho.
　　　将要 你 自己 去 明天　你 要 助 不 开始 去
　　　　　　　　　　　　　说好了明天走，你却突然说不去了。

（6）kui ʧah lɛh ˀɛˀ, ˀaŋ moh hɣik pyeim ʧɔ.
　　　有 衣服 红 我　不过　已经　旧　它（代衣服）
　　　　　　　　　　　　　红色衣服我有的，不过有点旧。

（7）ma kui n̩tʃoʔ l̩au heʔ ta mo,ʔam moh ʔɛt ʔa.
　　还　有　家　房间 他们 一 个 但是 是 小 语助
　　　　　　　　　　　　　　他家倒是有一间房，只是小了一点。

二　假设复句

偏句提出假设，正句表示假设实现后所产生的结果。常用的关联词语有"khih……（la）"（如果／要是……就……）、"ʔoh……（ma）……"〔即使……（也）……〕等。有时，关联词"khih……（la）"在句中可以省略。例如：

（1）khih pa t̩luih ʔiaŋ meʔ kv n̩iʔ, la l̩ɛʔ ʔaŋ ntum meʔ.
　　如果　早　回 你 一点 就 雨 不　淋　你
　　　　　　　　　　　如果你早回来一点，就不会被雨淋湿了。

（2）ʔaŋ tʃo kok ʔɛʔ, ʔɛʔ ʔaŋ ho.（省略关联词）
　　不 他 叫 我 我 不 去
　　　　　　　　　　　　　如果他不来叫我，我就不去了。

（3）khih moh mpou ho noŋ ma, phui ʔaŋ sʏ tei ʔot mɛ phoʔ.
　　如果 是 妈妈 去 里 地 人 不 看 助 在 和 弟弟
　　　　　　　　　　　要是妈妈去地里干活，就没人带弟弟。

（4）khih moh ʔeʔ pa hun pen tʃho ta mo, nah la khup tei ʔʏn
　　假如 是 我们　多 背 背篓 一 个 这 茶 够 助 装
　　noŋ ʔa.
　　里 语助
　　　　　　　　　　假使再多拿一个背篓，这茶叶就能装下了。

（5）xoŋ ʔaŋ meʔ ho, nʏ m̩om meʔ ŋauh siʔ m̩oŋ ʔa.
　　就算 不 你 去　应该 你 告诉 我们 听见 语助
　　　　　　　　　　就算你不来，你也要告诉我们一声。

（6）moh meʔ pa ʔaŋ phʏʔ, la ʔɛʔ ʔaŋ plou ʔa.（省略关联词）
　　是 你 的话不 吃饭　就 我 不 煮 语助
　　　　　　　　　　　你不吃的话，我就不煮饭了。

（7）khih moh me² pa ²eih m̥ɔk, me² khɯm ²u　na.
　　　如果　是　你　的话　戴　帽子　你　　更　暖和 语助
　　　　　　　　　　　　　　你戴上帽子的话，就更暖和了。

（8）l̪ᴇ²　²oh, tʃɔ ma ho tui² khik noŋ van.
　　　下雨 即使 他　也　去　砍　　柴　里　山
　　　　　　　　　　　　　　即使下雨，他也要去山上砍柴。

（9）²vh ²oh mpou me ²ᴇ², ²ᴇ² ma su² ²uh.
　　　骂　即使 妈妈　对　我　我　也　做　语助
　　　　　　　　　　　　　　即使妈妈骂我，我也要做。

（10）phɔk ²oh　me² tʃɔ m̥oŋ ²a, ²aŋ tʃɔ ʃoŋ ²a.
　　　讲　　即使　你　他　听 语助 不　他　懂　语助
　　　　　　　　　　　　　　即使你讲给他听，他也不懂。

三　条件复句

偏句提出条件，正句表示在满足条件的情况下所产生的结果。常用的关联词语有 "pun……la"（只要……就……）、"²ɔ……（ma）"（不管……都、无论……都）、"sim"（只有……才、才）等。例如：

（1）pun phɣei² kuat kɤ n̥i², la khɯik ²ɔm ma kui ŋkuih ŋkhoŋ.
　　　只要 天气　冷 一点　就　雾　　还有　上　　山
　　　　　　　　　　　　　　只要天气冷一点，山顶上就会有雾。

（2）pun ²vh me tʃɔ ta poi, la tʃɔ ma sɔm.
　　　只要 说　对 她 一句　就 她　还　哭
　　　　　　　　　　　　　　只要说她一句，她就会哭。

（3）²ot me² muŋ kha, la me² sim sɤ² nah pɣuih.
　　　在　你　西盟　就　你　才 看见 这个　花
　　　　　　　　　　　　　　只有在西盟，你才能见到这种花。

（4）sim kuit, ²e² ho su² vai noŋ ma.
　　　只有 晴 我们 去 干活　里　地
　　　　　　　　　　　　　　只有天晴，我们才能去地里干活。

（5）ʔɣh ʔɔ meʔ phoh, ʔaŋ siʔ kaiʔ xom.
　　说 无论 你 什么　不 我们 相信
　　　　　　　　　　　　　　无论你说什么，我们都不相信。

（6）tɔʔ ʔɔ meʔ mpɯ tɣ nɛʔ mɣʔ, ʔaŋ tʃɔ tʃhuih.
　　给 无论 你　钱　多少　 不 他 卖
　　　　　　　　　　　　　　无论你给多少钱，他都不卖。

（7）l̥uk ʔɔ phɣeiʔ lɔʔ mɣʔ, tʃɔ ma ʔeih khɣɣŋ laŋ.
　　热 不管 天气　多么　 他 还　穿　东西　长
　　　　　　　　　　　　　不管天气有多热，他都要穿长衣长裤。

（8）suʔ ʔɔ phih n̥tʃɔʔ teiʔ, ʔeʔ ma ho tʃhui ʔa.
　　盖 不管 谁 房子　其 我们 也 去 帮助 语助
　　　　　　　　　　　　　不管谁家盖房子，我们都去帮忙。

（9）ʔaŋ moh lai xɣʔ, ʔaŋ yom kui tho nah.（省略关联词，意译）
　　不 　是 雨季　不 水 有 　这里
　　　　　　　　　　　　　除非到了雨季，否则这里是没有水的。

（10）ho meʔ si mau, la meʔ sim sɣʔ kuɯŋ tʃɔ.
　　 去 你　思茅　就 你 才 看见 爸爸 他
　　　　　　　　　　　　　除非你来思茅，你才能见着他爸爸。

四　因果复句

分句间存在原因与结果关系的复句是因果复句。偏句表示原因或理由，正句表示结果。常用的关联词语有"ʔin"（因为……所以……、所以）等。例如：

（1）saiʔ phoʔ, ʔin ʔaŋ tʃɔ ho khɯ l̥ɔi.
　　生病 妹妹 所以 不 她 去　上学
　　　　　　　　　　　　　因为生病了，所以妹妹不能去上学。

（2）thiaŋ ntum taʔ, ʔin ʔaŋ m̥oŋ tɣ phoh na.
　　大　 年纪 爷爷 所以 不 听见 什么 语助
　　　　　　　　　　　　　因为爷爷年纪大了，所以耳朵听不见了。

（3）ḷih ḷɛ², ²in ²aŋ si² ho sop ²a laŋ na.
　　下　雨　所以　不 我们 去　找　阿兰 语助

　　　　　　　　　　由于一直下雨，我们就不去找阿兰了。

（4）hun phui, ²in ²uik su² nah n̠tʃo² tɤ vɯt.
　　多　　人　所以 完　盖　这个 房子　一 下

　　　　　　　　　　由于人多，房子一下就盖好了。

（5）saŋ　tei² ho su² tɤ phoh muŋ kha, ²in ȶluih kauh tʃɔ.
　　将要 其　去 做　什么事　　西盟　所以 早　起床　他

　　　　　　　　　今天要去西盟办事，因此他很早就起来了。

（6）²uik thɯm muih, ²aŋ ²uik ²eih tɤ vɯt, ²in hok si² tei² ²ɤn
　　完　　熟　 芭蕉　 不　完　吃　一 下,　所以 晒 我们 其　留
　　tei² ²eih.
　　其　吃

　　　　　　　芭蕉都熟了，一下子吃不完，因而我们把它晒干以后吃。

五　目的复句

目的复句是偏句表示一种动作行为，正句表示偏句采取某种动作行为所要达到的目的。常用的关联词语有 "sam（tɔ²/ sɔ）"（为了……）。例如：

（1）sam hun phun n̠o², kɤa² ho to² tʃɔ ŋkhɯŋ noŋ ma ŋkɔm
　　想　多　得到谷子　经常　去 送　他　肥料　里 地　和
　　su² xim.
　　除草

　　　　　　　　　　为了多收稻谷，他经常去地里除草、施肥。

（2）ho tʃaŋ　²o　tei², nah sam tɔ² pho² tei² phun khɯ ḷɔi tei².
　　去 打工 姐姐 自己 因为　想　给 弟弟 自己 得到　上学　其

　　　　　　　　　　为了让弟弟上学，姐姐出去打工了。

（3）pho ma ho su² vai, sam　sɔ　moi sai² me² na.
　　不要　还 去　干活　为了 容易 好　病　你 语助

　　　　　　　　　　你不要再干活了，好让你的病快点好。

（4）thiaŋ kah kɣ ɳi², sam sɔ ᶆɔŋ ʃo² na.
 大　　讲　一点　以便 容易 听见 奶奶 语助

 你说话的声音再大一点，以便奶奶听得见。

（5）pen tɔ² nah khɔŋ na tʃɔ, sam ²aŋ ²ɛ² thɔp ho.
 带　给 这个 包裹 于 他 为了 不 我 必要 去

 麻烦你把这个包裹带给他，免得我再跑一趟。

附录一　长篇话语材料

khɯt mE sua
鹌鹑 和 野猫

    ti ŋei², sua taih khɯt tɤ mo. ma sam ²eih sua nte² ²an nah khɯt,
一天　野猫 遇见 鹌鹑 一只 很 想 吃野猫肉　那个 鹌鹑

ʃoŋ ma khɯt sɔ tei ŋkiɛk, sua ²ɤh: "pho² khɯt, moh ²eik me² thɤ² mɤ²
知道 很 鹌鹑 容易助 抓住 野猫 说 弟弟 鹌鹑 是 睡 你 哪里

kau²?" "²eik ²E² ŋkuih khau² kɤ sai." khɯt ²ɤh, hɤik ʃoŋ tʃɔ ²aŋ sua
昨天　睡 我 上面 树 黄泡 鹌鹑 说 已经 知道 它 不 野猫

mom.
好

    kɤa mphu, khɯt thui mɤ² xɔi² ²ɤn ŋkuih khau² kɤ sai. ti vɯt, sua hɤik
晚上　鹌鹑 拿 白马牙石 放 上面 树 黄泡 一会 野猫 来

ni. sua kɤɔ² tei hauk khau² kɤ sai, phu tei² na ²an nah mɤ² xɔi² phoiŋ,
了 野猫 偷偷助 上 树 黄泡 扑向 其 受助 那个 白马牙石 白

ʃoŋ moh ʈlɤik tei², khɤeih tei² l̥ih, ta² kat kɤ sai nE, ²ɤh tei² thua ka
知道 是 骗 自己 窜 自己下去 划 刺 黄泡 了 要 自己 离开 前

sɤ² khɯt tei². khɤ ho ɤa nthoŋ, tʃhɤŋ tʃɔ kɤei² na kat kɤ sai, tʃɔ tʃhɯŋ
看见 鹌鹑 自己 才 走 两 步 脚 它 刺 受助 刺 黄泡 它 只好

ŋkom tei², hom tʃhɤŋ tei² l̥uat kɤei² tei². khɯt mo² tei² ŋkuih khau² kɤ sai,
坐 自己 抱 脚 自己 拔 刺 其 鹌鹑 躲 自己 上面 树 黄泡

"ˀeik sua, moh suˀ meˀ phoˀ ? "sua moˀ pa suˀ teiˀ, "l̩ɛt ˀɛˀ ˀɤp phik
哥哥 野猫 是 做 你 什么 野猫 躲 的 做 自己 舔 我 饭糯米
ˀot na tɛˀ teiˀ." khɯt kia sua, n̩tʃoih ni.
在 助手 自己 鹌鹑 看 野猫 笑 了

鹌鹑和野猫

　　一天，野猫遇到一只鹌鹑。野猫很想吃鹌鹑的肉，可明里又不好下手，就问："鹌鹑弟弟，你晚上在哪里睡觉?"鹌鹑说："我睡在黄泡刺树上。"它已经发觉野猫不怀好意了。

　　晚上，鹌鹑拿了一块白马牙石，放在黄泡刺树上。过了一会儿，野猫来了。野猫悄悄地爬上黄泡树，纵身向白影子扑去，爪子碰到坚硬的马牙石，知道上当了，急忙窜下黄泡刺树，浑身被黄泡刺划伤，它想趁没有被鹌鹑发现时离开那里。刚走了两步，黄泡刺戳在脚上钻心疼，它只好坐下来，抱起脚拔刺。这时，躲在树上的鹌鹑讲话了，它问："野猫哥哥，你在做什么?"野猫忙掩饰说："我在舔手上粘的糯米饭。"鹌鹑看着野猫，开心地笑了。

ŋkhɔh ʃɤˀ
分　富

n̩tʃhu ka, khɛˀ l̩ih phui noŋ taiˀ ˀaŋ, mpuih ŋkhɔh ʃɤˀ na phui. ŋkhɔh tʃɔ
传说， 后 出来人 里 石洞，木依吉① 分 富 助人 分 他
ʃɤˀ nah toŋ phui, ˀaŋ ŋkɤk tʃɔ taŋ tɛ, tʃɔ ntɤˀ heˀ sop tei ˀɤn tʃɔ ʃɤˀ
富 按头人 连词 摆 它 上地 他 叫/让 他们 找 助 装 它 富

_____
　　① 木依吉：佤族原始宗教信仰中最大的神。

noŋ ta phɔ.
里　东西

　　hɔˀ neŋ tei ˀɤn ʧɔ noŋ ȝEp thiaŋ, sEm khɔ tei ˀɤn noŋ thɔŋ.　　kui
　　汉族 抬 助 装 它 里 箱子 大　傣族 包 助 装 里 筒帕①拉祜族
pen noŋ ʧhɔ, kɤm nah la̪ˀ muih. lau foˀ ˀaŋ sɤˀ tei ˀɤn noŋ ta phɔ, ˀaŋ sut
背 里 背篓 盖 用 叶芭蕉 佤族 没看见 助 装 里 东西 连词 捡
tei ˀɤn noŋ ˀoˀ ta ʧhɔŋ.
助 装 里 竹筒 一 节

　　ˀin liaŋ ʃɤˀ hɔˀ sEm heˀ na. xe ʧhɔ　kui　heˀ, kɤai ʃɤˀ heˀ
　　因此 长 富 汉族 傣族 他们 助 稀 背篓 拉祜族 他们　掉 富 他们
tɤ pha, ˀaŋ heˀ thu ʃɤˀ mE　hɔˀ　sEm. ntoh ˀeih moik kɤei ˀoˀ ˀɤn ˀeˀ
一些 不 他们一样 富 和 汉族 傣族 通 吃 蚂蚁 底 竹筒 装 我们
ʃɤˀ, ˀuik tiak ʃɤˀ, ʧha ˀeˀ na, ˀaŋ ˀeˀ　ʃoŋ tei ʃɤˀ.
富 全 丢失 富 穷 我们 因此 不 我们 能/会 助 富

分"富"

　　传说，人类从"司岗"（石洞）出来以后，木依吉便给人类分"富"。他把"富"按人头平均分成几份，摆在地上说："你们快拿东西来装'富'吧。"

　　汉族搬来一只大箱子，把"富"装进箱子里，锁起来。傣族拎来筒帕，把"富"装进筒帕里捂起来。拉祜族背来背篓，把"富"装进背篓里用芭蕉叶盖起来。佤族一时找不到东西装，慌忙中捡了一节竹筒来装。

　　从此，汉族就富，富的时间长。傣族也一样。而拉祜族的背篓编得稀，把富漏掉了一些，不如汉族、傣族富。我们佤族装富的竹筒底被蚂蚁蛀通了，富统统漏光了，所以一直很穷，富不起来。

---

　　① 筒帕：挂包。

245

moh ʔaŋ vaŋ kui feit   na phoh
是 不 知了 有 肠子 为 什么

ʔaŋ ʃoŋ moh ntum mɣʔ ʔɣ lai thum n̥ɔʔ kaiŋ. tɣ ŋei² phun ŋei², ma l̥uk
不 知道 是   年 哪 几时 熟   稻谷。一天   中午   很   热

kui², poh ʔeih tei² sa², l̥eik tei² ʔeik noŋ vaŋ. xɔ²……xɔ²……, ma ŋɯ
阳光，麂子 吃 自己 饱， 钻 自己 睡觉 里 树林。呼……呼……， 很 香甜

ʔeik tei². puŋ, tʃɔ phum ni, t̪lat tei² heiŋ. tʃɔ sɣ² tʃhoŋ vo ni, su²
睡 自己。 嘣， 他 放屁 语助，吓 自己 醒。他   起来   赶紧 语助，做

ʔuŋ ʔaiŋ na ma fɯt tei. fɯt tei² l̥eik noŋ xim, pha khau² la ŋkɔ² kai²,
拼命   状   跑 助词。跑 自己 进   里 草地， 碰   树   芝麻 熟，

khau² la ŋkɔ² sua sua tei kɣei², ntɣ² tʃɔ moh thaiŋ phih tei² kɣa² khE²,
树   芝麻 唰 唰 助词 响， 认为 他 是   追   谁 自己 后面，

khum muŋ tei fɯt. nthut su² tʃɔ khau² mpu noŋ vaŋ, ma mpi po, ma
更   用劲 助词 跑。 断   做 他 树   爬   里 山林，也 冬瓜   也

la ke ku tuŋ ku tuŋ na ma po lia tei², po lia tei pɯ² ma fɔŋ, ma xim
黄瓜，咕咚 咕咚   状   滚动 自己，滚动 助词 砸   也 苞谷 也 草

ʔot ŋkɣɣm ŋkhoŋ ʒuŋ ʒiaŋ tei. ʔa²   phɣ² tei ntɣ² moh t̪loŋ ma
在 下面   山   摇动   助词。它（咱）互相助词 认为 是 包围   又

phih   tei²,   mɔh   tei² l̥eik tei noŋ tE². thum tɔŋ po lia, "phuthuŋ"
什么东西 自己，恨不得 自己 钻 助词 里 土。抱 头 滚动，   扑通，

ŋkɣvik ŋkɣɣm ŋkhoŋ noŋ nthuŋ, su² ʔuŋ ʔaiŋ, ntip tʃhik tɔŋ la ɣɔh, l̥ih
掉   下面   山坡   里 水塘， 做 拼命， 扁   踏 头 蝌蚪， 出

tʃhik feit la ɣɔh. la ɣɔh ma ɣaŋ xom, thum thu tei²   ntɣ² poh l̥ɣ²
踩   肠子 蝌蚪。蝌蚪 很   生气， 抱着 肚子 自己 叫（让）麂子 赔偿

thu tei².
肚子 自己。

vaŋ khau² ŋkɣau² nthuŋ sɣ² ti kɣɣk xom poh, t̪lap puik tei²
知了 树   旁边   水塘 看见 助词 狼狈   麂子，扇打 翅膀 自己

na ȵʨoih ʨɔ, "ma khoik ʔeʔ na, ma khoik ʔeʔ na", vaŋ xoʔ tei
助词 笑着 他，　很　害羞 我们 助词，很　害羞 我们 助词，知了 叫助词
ʔɤh. poh ti ɣaŋ xom na, ti tɛʔ ŋkiɛk ni vaŋ, ʔɤh seiʔ mɛ la ɣɔh,
说，麂子一　生　气 助词，一手　抓住 助词知了，说 这样 和　蝌蚪，
"moh ʨɔ pa ȶlat ʔeʔ, ʨɔ m̥om tei l̠ɣʔ na meʔ". ʔuik ʔɤh nɛ, ʨɔ ɣih
是　他 的 吓 我，他 应该 助词 赔 给 你。　完 说 助词，他 扒下
tei thui feit vaŋ, thoʔ noŋ thu la ɣɔh. khɛʔ ʔan nah, vaŋ ʔaŋ kui thu.
助词拿 肠子 知了，塞　里 肚子 蝌蚪。 之后　　那，　知了不 有 肚肠。
la ɣɔh thu thiaŋ ʔin, toŋ ʨɔ ntip ʔin.
蝌蚪 肚子 大 助词，头 他　扁 助词。

知了为什么没有肠子

　　说不清是哪一年的秋天了。有一天中午，天气炎热。麂子吃饱了肚子，伸了伸懒腰就钻到树林里睡觉。"呼噜噜，呼噜噜"，睡得可香甜了。忽然间"嘣"地放了一个响屁把自己吓醒了。它一骨碌翻爬起来，不要命地逃跑。一头钻进山地里，碰得成熟的芝麻秆"唰唰"地响，它以为有什么东西在后面追它，更是一个劲地横冲直撞。爬在山地上的瓜藤被它绊断了。一个个冬瓜、山黄瓜"咕咚、咕咚"滚下山坡，砸得山脚下的苞谷棵子和蒿草不停地摇动。它又以为四面八方都有什么东西在围捕它，恨不能钻进土里去。索性抱起头就滚。"扑通"掉进了山坡下的水塘里，它拼命地挣扎，踏扁了蝌蚪的头，踩出了蝌蚪的肠子。蝌蚪愤怒了，拽住麂子要求赔偿。

　　水塘边树上的知了瞧见麂子的狼狈相，嘲笑地扇打着翅膀，"害羞呀，害羞呀"地叫着。麂子又气又恼，一把抓下知了，对蝌蚪说："是它的叫声把我吓跑的，应该由它来赔你的肠子。"说完，它扒下知了的肠子，胡乱塞进了蝌蚪的肚子里。从此以后，知了就没有肠子了。而蝌蚪呢，肚子很大，头却是扁的。

moh ʧhuat hak mpɣɤˀ na phoh
是 水泡 皮肤 癞蛤蟆 为 什么

ŋʧhu ka, hak mpɣɤˀ thu mɛ si ˀuiŋ si tah, ma tah, ma ˀaŋ lɣˀ khauˀ.
从前， 皮肤 癞蛤蟆 一样 和 蛇 光滑，很 光滑，也 不 丑。

mo tɣ ntum, si ˀuiŋ mɛ mpɣɤˀ ho khɯit vaŋ, ka tok ko, mpɣɤˀ ˀɣh
有 一 年， 蛇 和 癞蛤蟆 去 烧 林，之前 点 火，癞蛤蟆 说

mɛ ˀuiŋ: "ˀaŋ meˀ kui ʧhɣŋ, meˀ ka ˀiaŋ, ko, ˀɛˀ tok ˀa."
和 蛇："不 你 有 脚， 你 先 回， 火， 我 点 助词。"

si ˀuiŋ ˀɣh: "ˀaŋ ˀoh ʧhɣŋ ˀɛˀ kui, ma phyaˀ fɯt kheiŋ meˀ. ko,
蛇 说："没 虽然 脚 我 有， 也 快 跑 比 你。 火

ˀɛˀ tok ˀa."
我 点 助词。"

"ˀɛˀ tok！"
"我 点！"

"ˀɛˀ tok！"
"我 点！"

hoˀ ʧaˀ tei tok ˀa, ˀaŋ hoˀ thoˀ phɣˀ.
它俩 争夺 助词 点 助词，不 它俩 让 互相。

liaŋ ˀa, si ˀuiŋ ˀɣh: "ˀaˀ ŋkhɔh ˀaˀ tok ˀa. meˀ tok kɣaˀ feik,
久 助词，蛇 说："我俩 分开 我俩 点 助词。你 点 边 东南，

ˀɛˀ tok kɣaˀ tɔm, na phoh？"
我 点 边 西北，怎么 样？"

mpɣɤˀ ˀauˀ pa ˀɣh ʧɔ.
癞蛤蟆 同意 的 说 它。

hoˀ ŋkhɔh tei tok ko tɔuk.
它俩 分开 助词 点 火 着。

ma lat ˀuiŋ mpɣɤˀ ˀaŋ phun fɯt, fɯt tei ho ntɣˀ mpɣɤˀ fɯt:
很 怕 蛇 癞蛤蟆 不 能 跑， 跑 助词 去 叫 癞蛤蟆 跑：

"nauk tei fɯt, khɛk meʔ ʔaŋ phun fɯt ni."
"快点 助词 跑, 一会儿你 不 能 跑 助词。"

　　mpɣɤʔ thlap hak thu teiʔ ʃɣk tɛʔ teiʔ: "ʔaŋ！ ʔaŋ！ meʔ ʔaŋ kui
　　癫蛤蟆 拍 皮 肚自己, 挥挥手自己:"不！ 不！ 你 没有
tʃhɤŋ, ʔaŋ meʔ lat, ʔɛʔ si lat？"
脚, 不 你 怕, 我 怕 什么?"

　　sɤʔ ʔuiŋ ʔaŋ tei phun ȵam mpɣɤʔ, pliak teiʔ fɯt. ko khɯm khɔt
　　见 蛇 不 助词 能 劝 癫蛤蟆, 转身自己 跑。火 越 旺
khɯm foh, mpɣɤʔ khi ni, ȵtʃuih, ʔaŋ ma thua ŋkɣɯŋ ko, hak tʃɔ
越 宽, 癫蛤蟆 急 助词, 跳, 没 还 离开罩子（圈）火, 皮 它
tei khɯit na tok ko ni.
助词 燃烧 助词点 火 助词。

　　khɛʔ ʔan nah, ma mpɣɤʔ ȵom khauʔ pa moh ni ma tʃhuat hak ma
　　之后 那, 就 癫蛤蟆 美丽 的 是 助词又 水泡 皮 又
pa lɤʔ khauʔ.
的 丑陋。

癫蛤蟆为什么满身都是水泡

　　从前，癫蛤蟆的身子像蛇一样光滑，既不癫，也不丑。

　　有一年，蛇和癫蛤蟆搭伙上山烧荒。点火之前，癫蛤蟆对蛇说："你没有脚没有腿的，先走吧。火，我来点。"

　　蛇说："我虽然没有腿没有脚，但跑得比你快。火还是我来点。"

　　"我来点！"

　　"我来点！"

　　它俩争个不休，互不相让。

　　最后蛇说："干脆一起点吧。东南方由你点，西北方由我点，怎样？"

　　癫蛤蟆同意了。它俩一起点着了火。

　　蛇很关心癫蛤蟆，跑过来催它："快走吧，等一会就难脱身了。"

骄傲的癫蛤蟆拍拍肚皮挥挥手说:"不!不!你没有脚没有腿的都不怕,我还怕什么?"

蛇见劝不走癫蛤蟆,转身走了。

火越烧越大,越烧越旺。癫蛤蟆着急了,跳呀,蹦呀,还没跳出火圈,浑身就被火燎起了一个个亮晶晶的大水泡。

从此,光滑美丽的蛤蟆,变成了浑身都是大水泡的又丑又癫的癫蛤蟆了。

tʃhui la pein n̥oˀ
帮 驴 带 谷子

n̥tʃhu ka, tum phui ti kai tei thɤ tei   pein la taŋ n̥oˀ lui thɔŋ non
从前, 从 人 一 个 助词 赶 助词 带东西 驴 驮 谷子 三 袋 里

ma hɤik n̥tʃoˀ. ma tʃhiɛn, tʃɔ hɤik piaŋ kɤaˀ, la ho ho tit tit nah ˀah
地 到 家里。很 重, 它 到 中间 路, 驴 走 走 停 停 因为 累

tei. ˀan nah phui thɤ la ˀɤh seiˀ: "pa pluiˀ tʃheŋ,   moh tʃhiɛn
助词。那个 人 赶 驴 说 这样:"被瘟疫摔倒的(用于骂),是 重

tʃɔ? ˀɛˀ tʃhui meˀ ti thɔŋ." tʃɔ xɔuˀ thui tei pein ti thɔŋ ŋkuih ˀaŋ khɛˀ
它? 我 帮 你 一 袋。"他 真的 取 助词 带 一 袋 上 背部

tʃɔ, la ˀaŋ pɤˀ phɔuk tʃɔ la ŋkɔm muŋ tei viɛt tʃɔ na viɛt. la khɛˀ
它,驴 连词 骑 他 驴 和 用劲 助词 抽打 他 用 鞭子。驴 再

tei ho khɛk, ˀaŋ hɤh mpom, teiˀ nah ˀah tei ˀaŋ khɛˀ tei tit.
助词 走 一会儿, 就 喘 气, 它自己 因为 累 助词 就 又 助词停。

tʃɔ tʃhɤh   ŋkuih ˀaŋ khɛ la: "ma, ˀaŋ moh hɤik tʃhui meˀ pein na
他 破口大骂 上 背 驴,"呸, 不 是 已经 帮 你 背 这

n̥oˀ ti thɔŋ ˀɔŋ?"
谷子 一 袋 复问词?"

帮驴驮谷

从前，有一个人从地里赶着一匹驮着三袋谷子的驴回家。因为驮得太重，走到半山坡时，驴累得走走停停，停停走走。那个赶驴的人急忙上前道："老东西，咯是重了^①？我帮你扛一袋吧！"说着他从驴背上取下一袋谷子扛在肩上，然后骑在驴上，狠狠地朝驴屁股打了一竹鞭子。驴走了一截路，竟累得直喘粗气，又停下来不走了。那人气得在驴背上破口大骂："呸！真是不成器的老东西，我不是已经帮你扛了一袋了吗？"

---

① 咯是：云南方言，表示疑问，即"是不是"的意思。

附录二　词汇

汉语	佤语	汉语	佤语
一　天文、地理			
天	ma	地	ma
太阳	ŋei	山	ŋkhoŋ
光	kui ʔ	山坡	mplɣŋ
月亮	khɛ ʔ	山谷	nɔŋ
星星	sim ʔuiŋ	岩石	sa ʔaŋ
天气	phɣei ʔ	洞	tai ʔ
云	ʔɔm	河	klɔŋ
雷	saih	湖	nthuŋ
（闪）电	tʃhɔ ʔ tʃhip	海	nthuŋ
风	kɣ	池塘	nthuŋ
雨	l̩ɛ ʔ	坑	khlɔ ʔ
雪	si tap	路	kɣa ʔ
雹子	pɣe	平坝子	nuŋ lauŋ
霜	si tap	田地	ma
露水	tʃhɔ ʔ	水田	kaiŋ
雾	khɯik ʔɔm	旱地	ma
火	ko	石头	mɣ ʔ
烟（雾）	mɣt kɔk	沙子	maih
气	mpom	灰尘	kɣ
石头	mɣ ʔ	泥巴	nthlɣ

汉语	佤语	汉语	佤语
土	tɛˀ	盐	khih
水	ɣom	草木灰（柴火灰）	ȵʧɣˀ
泡沫	phoi	石灰	ɣom mɣˀ
水滴	ɣom ʧhuat	市场	laih
泉水	ɣom pai vɔi	村子（寨子）	ȝauŋ
森林	vaŋ	家	ȵʧoˀ
金子	ɣɛˀ	家乡	ȵʧoˀ ȝauŋ
铁	xem	学校	ȵʧoˀ khɯ l̥ɔi
锈	xam	商店	ȵʧoˀ ʧhuih
草木灰（家中）	ȵʧɣˀ	医院	ȵʧoˀ vɯi suŋ
草木灰（山上）	ȵʧɣˀ	监牢	ȵʧoˀ l̥eiŋ
铝	li	桥	paik
炭（已熄灭）	suih	坟	muik
（木）炭（未熄灭）	khɣˀ kɔˀ		

二　人体、器官及相关事物名称

汉语	佤语	汉语	佤语
身体	kaiˀ	胡子	haik ŋkhɯi
肢体	tɛˀ ʧhɣŋ	下巴	ŋkhɯi
头	tɔŋ	脖子	ŋok
头发	haik tɔŋ	后颈	ʧɔk phlo
辫子	haik kiɛn	肩膀	plaŋ
额头	keiŋ ɣei	背	ˀaŋ khɛˀ
眉毛	haik ŋai	胸脯	ˀauk
眼睛	ŋai	乳房	tɯih
睫毛	haik ŋai	肚子	thu
鼻子	mpuih	肚脐	theiŋ
耳朵	l̥aˀ ȝauk	腰	ȵʧoiŋ
脸	mphɣ	屁股	kɣei
腮	kap	大腿	mpa
嘴	ntot	膝盖	phu kɣɣŋ
嘴唇	loˀ ntot	小腿	ʧhɣŋ

汉语	佤语	汉语	佤语
脚	tʃhɤŋ	肋骨	(si)ʔaŋ kɣak
脚后跟	ȶlvik	骨节	ʔaŋ tʃhoŋ
肘	tʃhoŋ tɛʔ	牙齿	haŋ
手	tɛʔ	牙龈	nteʔ haŋ
手腕	tʃhoŋ tɛʔ	舌头	tak
手指	ŋkiɛn tɛʔ	喉咙	kɣɔuŋ
拇指	ŋkuŋ	肺	n̥o
食指	ŋkiɛn tʃhi	心脏	xom
中指	ŋkiɛn piaŋ	肝	tom
小指	ŋkiɛn l̥iɛh	肾	mpɣom
指甲	n̥ĩm	胆	ŋkhiŋ
拳	tʃhom	肠子	feit
肛门	ȵtʃhiɛŋ	胃	thu
男性生殖器	ȶlɛʔ	膀胱	nȶlaiŋ
睾丸	ȶla	屎	ʔeiŋ
女性生殖器	soʔ	尿	ntɯm
子宫	ȵtʃɔŋ kuan	屁	phum
皮肤	hak	汗	la ʔaih
汗毛	haik faʔ	痰	ŋkhak
痣	mplɔŋ	口水	n̥a 或 ɣom n̥a
疮	mpluap	鼻涕	ɣom mpuih
肉	nteʔ	眼泪	ɣom n̥ai
血	n̥am	脓	lɯm
奶汁	ɣom tɯih	污垢	pɣoi
筋	nɔk	声音	loʔ
脑髓	ŋkhua	话	kah
骨头	si ʔaŋ	气息	phom
骨髓	ŋkhua	寿命	ȵtʃhu
脊椎骨	ʔaŋ xɔuŋ		

汉语	佤语	汉语	佤语
三 人物、亲属			
佤族（自称）	lau fo²	坏人	phui lɤ² 或 pa lɤ²
汉族	hɔ²	朋友	pa kɣom
拉祜族	kui	瞎子	pa phlɔ²
傣族	sɛm	跛子	pa vɔk
景颇族	khaŋ	聋子	pa lɤt
人	phui	傻子	pa ɣu²
大人	phui thiaŋ	疯子	pa laiŋ
小孩儿	kuan ²ɛt	结巴	pa tlei
婴儿	kɣ n̪a²	哑巴	pa ²ɔ
老人	khuat	客人	n̪tʃu
老头儿	mei² khuat	伙伴	pa ŋkap
老太太	pun khuat	爷爷	ta²
男人	mei²	奶奶	ʃo²
妇女	pun	父亲	kɯiŋ
小伙子	kɣ n̪o mei²	母亲	mpɔu
姑娘	kɣ n̪o pun	儿子	kuan mei²
男（性）	mei²	儿媳妇	²oi
女（性）	pun	女儿	kuan pun
农民	pa ho ma	孙子	kuan sai² mei²
学生	kuan ²ɛt khɯ l̥ɔi/pa khɯ l̥ɔi	孙女儿	kuan sai² pun
老师	pa ntuk l̥ɔi	哥哥	²eik
医生	pa kia sai²	姐姐	²o
穷人	phui tʃha 或 pa tʃha	弟弟	pho² mei²
富人	phui ʃɤ² 或 pa ʃɤ²	妹妹	pho² pun
铁匠	pa po	伯父	thiaŋ
巫师	pa n̪tʃhai	伯母	thiaŋ
乞丐	pa pua phɣɔ²	叔叔	pau² 或 kɯiŋ + 父亲弟弟的名字
贼	phui mpɣɔ² 或 pa mpɣɔ²	婶母	mpɔu + 排行 / 名字
病人	phui sai² 或 pa sai²	兄弟	pa ²eik

汉语	佤语	汉语	佤语
姐妹	phoʔ ʔo	亲戚	pa n̠tʃoʔ
兄妹	phoʔ ʔeik	岳父	pauʔ
姐弟	phoʔ ʔo	岳母	mpɔu
嫂子	ʔo	丈夫	meiʔ
舅父	pauʔ	妻子	muiŋ
舅母	mpɔu + 排行 / 名字	继母	mpɔu houk
姨夫	pauʔ	继父	kɯiŋ houk
姨母	mpɔu + 排行 / 名字	孤儿（男）	kuan tɯi
姑父	pauʔ	后代（女）	kuan saiʔ pun
姑母	（比父亲大）thiaŋ + 排行 / 名字；（比父亲小）mpɔu + 排行 / 名字	邻居	pa thɣʔ

四 动物及相关事物名称

汉语	佤语	汉语	佤语
牛	mpoi	马驹	kuan pɣɔuŋ
公黄牛	mpoi meŋ 或 meŋ mpoi	公马	pɣɔuŋ meŋ
母黄牛	mpɔu mpoi 或 mpoi mpɔu	母马	mpɔu pɣɔuŋ
水牛	kɣak	羊	pheiʔ
公水牛	kɣak meŋ	山羊	pheiʔ
母水牛	mpɔu kɣak	公山羊	pheiʔ meŋ
牛犊	kuan mpoi	母山羊	mpɔu pheiʔ
公牛	mpoi meŋ	母猪	mpɔu l̠iak 或 l̠iak mpɔu
母牛	mpɔu mpoi	猪崽	kuan l̠iak
牛奶	ɣom tɯih mpoi	马	pɣɔuŋ
角	ɣuŋ	公狗	meŋ soʔ 或 soʔ meŋ
蹄	ŋ̊im	母狗	mpɔu soʔ 或 soʔ mpɔu
皮	hak	狗崽	kuan soʔ
毛	haik	野猫	sua
尾巴	taʔ	猫	miau
粪	ʔeiŋ	兔子	kaŋ kɔi

256

汉语	佤语	汉语	佤语
鸡	ˀia	麻雀	saik
公鸡	meŋ ˀia / ˀia meŋ	蝙蝠	plɔk
母鸡	mpɔu ˀia	乌鸦	la ˀak
小鸡	kuan ˀia	野鸡（麻鸡）	ˀia phɣɛˀ
翅膀	puik	鹦鹉	le
羽毛	haik	斑鸠	kaiˀ
鸭子	thih	鹌鹑	khɯt
鹅	han	白鹇	tui
鸽子	kaiˀ	孔雀	kauŋ
老虎	voiŋ	乌龟	xih
狮子	voiŋ	蛇	si ˀuiŋ
龙	ʒoŋ	蟒蛇	plun
猴子	faˀ	青蛙	si puaŋ
象	saŋ	鱼	kaˀ
熊	kɣih	鳞	ŋom
野猪	phɣoih	虫	khɔŋ
鹿	tʃak	臭虫	khɔŋ ˀum
麂子	poh	跳蚤	tiap
穿山甲	phoˀ	虱	phɣuin
竹鼠	khɔŋ	尾巴	taˀ
老鼠	khɔŋ	苍蝇	xui
松鼠	lai	蛆	kɣeik
黄鼠狼	ka	蚊子	pɣaŋ
狗	soˀ	穴（山洞）	taiˀ sa ˀaŋ
鸟	sim	蜈蚣	seiˀ si ˀuiŋ
鸟窝	khɣk sim	狼	mpɣɣk
老鹰	klaŋ	蚯蚓	khɣˀ ko
猫头鹰	plɔˀ plɔh	蚂蟥	mpluŋ
燕子	vɔik	蟋蟀	thuaŋ

汉语	佤语	汉语	佤语
野鸡	ˀia phɣɛˀ	蚂蚁	moik
蜜蜂	hia	蝴蝶	phuŋ phɔŋ
蜘蛛	phɔŋ hɣ	毛虫	khɔŋ
蝗虫	thuŋ	螃蟹	tam
螳螂	ˀak soˀ	蜗牛	l̥oˀ
蜻蜓	ˀak thɔŋ 或 ˀak n̥ɔŋ		

五 植物及相关事物名称

汉语	佤语	汉语	佤语
树	khauˀ	桃	thɔ 或 pleiˀ thɔ
树枝	kak khauˀ	李子	me
树梢	xu khauˀ	橘子	mak tʃuˀ
树皮	loh khauˀ	木瓜	muih khauˀ
根	hiɛ khauˀ	菠萝	ŋkɣaik
叶子	l̥aˀ khauˀ	板栗	tuŋ
花	pɣuih	芭蕉、香蕉	muih
开花	thɔi	甘蔗	la mpeˀ
水果	pleiˀ	波罗蜜	mak nun
核	m̥oh	移依果	mak kɔk
芽儿	phlɣŋ	芒果	pei
果子	pleiˀ khauˀ	谷子	n̥oˀ
桃树	khauˀ thɔ	水稻	n̥oˀ kaiŋ
李树	khauˀ me	糯米	n̥oˀ phik 或 ŋkauˀ phik
松树	ŋkhiˀ 或 khauˀ ŋkhi	种子	m̥oh
茶树	khauˀ l̥a	稻草	ŋkaiˀ
榕树	khauˀ ɣɛh	谷粒	m̥oh n̥oˀ
竹子	ˀoˀ	（小麦）麦	n̥oˀ hɔˀ
竹笋	phlɣŋ ˀoˀ	大麦	n̥oˀ hɔˀ
藤子	mauˀ phɣɛˀ	荞麦	mpoŋ
刺儿	kat	麦秸、麦秆	kɔŋ n̥oˀ hɔˀ
蕨	l̥aˀ foˀ	玉米	foŋ

续表

汉语	佤语	汉语	佤语
小米	kue	冬瓜	mpi po
棉花	tai	南瓜	mpi ntum
菜	tai^ʔ	黄瓜	la ke
白菜	tai^ʔ phoiŋ	黄豆	tʃhɯm
青菜	tai^ʔ	豌豆	kɣiam
韭菜	tai^ʔ ka	绿豆	^ʔian
萝卜	luo pu	芝麻	la ŋkɔ^ʔ
芋头	kɣo^ʔ	草	xim
茄子	ma^ʔ khɯ	稗子	tɛp ŋo^ʔ
辣椒	ma hom ／ pɣɛ^ʔ	茅草	plɔŋ
葱	tʃhuŋ	青草	kɣiɛt
蒜	xu hɔ^ʔ	蘑菇（菌子）	tih
姜	kiaŋ	木耳	tih tʃa lut
马铃薯、洋芋	ʒaŋ ʒi	烟叶	la^ʔ sup
红薯	hoŋ	青苔	^ʔeiŋ ^ʔak
瓜	mpi	山药	hon

六　食品及相关事物名称

汉语	佤语	汉语	佤语
米	ŋkau^ʔ	肥肉	la voi
饭	^ʔɣp	瘦肉	huih
早饭	phɣɔ^ʔ kɣom 或 sɔm kɣom	油	nɔ maŋ
中饭	phɣɔ^ʔ ŋei 或 sɔm ŋei	脂肪油（动物油）	nɔ maŋ
晚饭	phɣɔ^ʔ phu 或 sɔm phu	清油（植物油）	nɔ maŋ
稀饭	ɬlʋm	香油（芝麻油）	nɔ maŋ
粑粑	ka puk	酥油（黄油）	nɔ maŋ
面粉	mɛŋ	香料	pa ^ʔui
菜（饭菜）	tai^ʔ	醋	pa tɔ^ʔ
肉	nte^ʔ	糖	nam ^ʔoi
牛肉	nte^ʔ mpoi	白糖	nam ^ʔoi phoiŋ
羊肉	nte^ʔ phei^ʔ	红糖	nam ^ʔoi lɛh

续表

汉语	佤语	汉语	佤语
猪肉	nte² l̬iak	蛋	tom
蜂蜜	ɣom keiŋ hia	烟	sup
汤	xɯp	鸦片	phiŋ
酒	plai	药	tah
白酒	plai xɔuŋ	糠	kam
开水	ɣom siŋ	猪食	sɔm l̬iak
茶	l̬a	烤鸡（名词）	²ia tɔuŋ

七　衣着及相关物品名称

汉语	佤语	汉语	佤语
线（细 / 粗）	kɯi/mau²	围裙、围	fuat
布	man	斗笠	nɛ²
衣（服）	tʃah	腰带	mau² nɔŋ
衣领	ŋok tʃah	鞋	ntin 或 ntin tʃhɣŋ
衣袖	tɛ² tʃah	梳子	ŋkah
衣袋	thɔŋ tʃah	耳环	mpɣ
棉衣	tʃah thɔi	项圈	pa ɳaŋ
长衫	tʃah laŋ	手镯	mplei
皮衣	tʃah hak	毛巾	pha tʃit
扣子	ŋkaŋ	背袋	ntɔk
裤子	t̬hla² 或 thla²	被子	phɣɔ²
裤腿儿	tʃhɣŋ t̬hla²	毯子、床单	mpei
裤裆	nthɔn t̬hla²	棉絮	thɔi
裙子	tai	褥子	phɣɔ² mpei
短裤	t̬hla² ɳeiŋ	枕头	pa ŋkhɣŋ
包头	fuat tɔŋ	席子	mvi
帽子	m̬ɔk	雨衣	tʃah kɣat

八　房屋建筑及相关物品名称

汉语	佤语	汉语	佤语
房子	ɳtʃɔ²	厨房	ɳtʃɔ² phɣɔ²
房顶	ŋkuih ɳtʃɔ²	楼梯	mpɔŋ
房背（房顶平台）	ŋkuih ɳtʃɔ²	火塘	mphai
房檐	vui ɳtʃɔ²	磨坊	ɳtʃɔ² taih

汉语	佤语	汉语	佤语
厕所	n̠tʃoʔ ʔeiŋ	阳台（晒台）	ŋkɣaih
牛圈	l̥ok mpoi	木板	tap
猪圈	l̥ok l̥iak	木头	khauʔ
马圈	l̥ok pɣɔuŋ	柱子	ɣoŋ
羊圈	l̥ok pheiʔ	门	vɔʔ
鸡圈	l̥ok ʔia	门闩	kei vɔʔ
砖	tʃuaŋ	大门	vɔʔ thiaŋ
瓦	va	梯子	mpɔŋ
土墙	ntiaŋ tɛʔ	篱笆	l̥ɔŋ
石墙	ntiaŋ mɣʔ	菜园（园子）	phɯm

九　用品、工具及相关物品名称

汉语	佤语	汉语	佤语
东西	khɣɣŋ	灶	mphai
椅子	ŋkhɣŋ	铁锅	toŋ xem
凳子	ŋkhɣŋ	炒菜锅	khaŋ
床	khɣuat	盖子	ntho
箱子	ʒɛp	蒸笼	paŋ hauŋ
抽屉	n̠aih	刀	ŋkuat
盒子	ʒɛp	（刀）把儿	thoʔ
脸盆	phɣŋ khoik	（茶缸）把儿	ntɛ
肥皂	tah taiʔ khɣɣŋ	锅铲	n̠tʃauʔ
镜子	l̥ɔŋ	汤勺	lok thɔk
扫帚	mpik	勺子	mvɛ
抹布	man ʔuat	调羹	mvɛ
灯	tɣŋ	碗	t̠loŋ
柴	khik	盘子	thɔuʔ
火炭	khɣʔ ŋko	碟子	thɔuʔ
火镰	nɔi mɣʔ	筷子	mvɛ
火柴	ko tui	瓶子	phiŋ /kɔŋ
火把	tah khik	罐子	kɔŋ
垃圾	pɣoi	坛子	kɔŋ

汉语	佤语	汉语	佤语
漆	mphɣɣ²	杯子	lok
壶（茶壶）	toŋ ntot	马鞍	puat
缸	kɔŋ	马掌	thɔk tʃhɣŋ pɣɔuŋ
水桶	thuŋ	牛鼻圈	mau² ḷiaŋ
木碗	tho² khau²	牛皮绳	mau² hak mpoi
（头上的）箍儿	khu keiŋ	茅草房	ntʃo² plɔŋ
瓢	mphu	猪食槽	toŋ phɣɔ² ḷiak
三脚架（支锅用的）	phai²	（斜挎的）包	xɣ kɣat
火钳	ŋkɛp	东西（工具）	khɣɣŋ
（泡水酒的）竹筒	lauh	斧头	moi
背篓（采茶用）	tʃhɔ	锤子	ntla²
扇子	sip	锯子	mpiɛh
背带	thɔŋ	铲子	ʒaŋ tʃhaŋ
秤（名）	ntʃhɔŋ	胶	tʃiau
升（名）	kɔk	犁	paŋ thai
钱	mpɯ	铧	haŋ thai
盘缠（路）	mpɯ tʃai	钉耙	ŋki xem
价钱	ŋkuik	锄头	khum
贷、借	pa	绳子	mau²
债	tek	麻袋	thɔŋ
针	ntʃeh	箩筐	tʃhɔ
线	kɯi	楔子	mpla²
钉子	tʃim	背篓	tʃhɔ
剪刀	ŋkhɣip	肥料	ŋkhɯŋ
伞	nɛ²	镰刀	vok
锁	sɔ	水坑	thuŋ
链子（珠链）	phluih	水槽	thuŋ ɣom
棍子	khau²	（水）碓	po
轮子	liaŋ	臼	po

汉语	佤语	汉语	佤语
杵	ŋkɣi	箭	thei
筛子	ŋkɣɯŋ	（捕兽）圈套	kho
簸箕	mpia	陷阱	tai² kauŋ
缝纫机	xem tʃheiŋ	火药	nɔi
梭子	mphla²	铳	not
柴刀	ŋau	毒	²op
矛	phle	罩子	ŋkɣɯŋ
枪	not	塞子	ntho
子弹	l̥uk not /ma² not	盖子	ntho
剑	fɔit	钩子	mveit
弓	²ak		

十　文化娱乐相关名称

汉语	佤语	汉语	佤语
字	ŋai l̥ɔi	故事	ɲtʃhu ka
信（无）	khɯ l̥ɔi 上学（学习字）	笑话	lɤŋ/kah lɤŋ
画	l̥ɔi	歌	ɲtʃhoʔ
书	l̥ɔi	山歌	ɲtʃhoʔ
本子、作业	l̥ɔi	舞蹈	ŋkɣauh
纸	tʃei	球	tʃhu
笔	ŋkɣɔŋ l̥ɔi	木鼓	khɣok
墨水	ɣom ŋkɣɔŋ l̥ɔi	笛子	ɲtʃhɔk
橡皮	pa khɣt l̥ɔi	铃	phok
学问	ŋai l̥ɔi	牛铃	phok mpoi
话	kah /loʔ	鞭炮	phau tʃaŋ

十一　宗教、意识等抽象名称

汉语	佤语	汉语	佤语
神仙	m̥uik ʒoʔ	灵魂	phɣʔ
鬼	tʃak	命运	ɲtʃhu
妖精	pa tʃaiʔ	福气	m̥om phɣʔ
阎王	mɔŋ tʃak	力气	noʔ ²aŋ
菩萨	m̥uik ʒoʔ	事情	pa ʃuk / mpɣɔ
地狱	noŋ tɛ	脾气	xom

汉语	佤语	汉语	佤语
生日	ŋei² l̩ih me²	空隙	tai²
年纪	ntum	裂缝	ŋkhɣoih
名字	ŋai	渣滓	la hauh
错误	l̩ut	影子	mpoi
关系	ŋkɣom	梦	mɣ²
谎话	kah plei²	用处	su² pho² na

十二　方位、时间

汉语	佤语	汉语	佤语
左边	kɣa² feik	上首（火塘）	kɣa² ŋkuih（mphai）
右边	kɣa² tɔm	下首（火塘）	kɣa² ŋkɣɣm（mphai）
中间	piaŋ	（楼）上	kɣa² ŋkuih（n̠tʃo²）
中心	piaŋ	（楼）下	kɣa² ŋkɣɣm（n̠tʃo²）
旁边	ŋkɣau²	（天）上	ŋkuih（ma）
左	feik	（下）底下	ŋkɣɣm
右	tɔm	（墙）上	ŋkuih（ntiaŋ）
前	ka	（山）下	ŋkɣɣm（ŋkhoŋ）
后	khɛ²	向上（河流上方）	kɣa² ŋkuih
外	to² l̩ei²	向下（河流下方）	kɣa² ŋkɣɣm
里	noŋ	向上（空间）	kɣa² ŋkuih
角	n̠tʃheŋ	向下（空间）	kɣa² ŋkɣɣm
尖儿	n̠tʃhuik	上半身	pla² ŋkuih
边儿	nthɣ²	下半身	pla² ŋkɣɣm
周围	ŋkɣau²	今天	²iŋ
附近	ŋkɣau²	昨天	pu kau²
（水）底	ŋkɣɣm	前天	ŋei² an nah nok
（筒）底	kɣei	大前天	ŋei² an nah nok
界线	mɣ	明天	pu sa²
背后	kɣa² khɛ²	后天	kau² sa²
上方（地势、河流）	kɣa² ŋkuih	大后天	keik sa²

续表

汉语	佤语	汉语	佤语
下方（地势、河流）	kɣa² ŋkɣɤm	今晚	kɣa mphu ²iŋ
明晚	kɣa mphu pu sa²	一个月	ti khi²
昨晚	kɣa mphu pu kau²	两个月	ɣa khi²
白天	phun ŋ̊ei²	三个月	lui khi²
早晨	phun ŋop	四个月	pon khi²
黎明	phun som	月初	hau² khi²
上午	phun ŋop	月中	piaŋ khi²
中午	phun ŋ̊ei²	月底	²uik khi²
下午	phun phu	年、岁	ntum
黄昏	phun phu	今年	²in ntum
晚上	kɣa mphu / phun mphu	去年	ntum ka
半夜	phun som	明年	ntum khɛ²
子（鼠）	ntum khɔŋ	从前	n̠tʃhu ka
丑（牛）	ntum mpoi	古时候	n̠tʃhu ka
寅（虎）	ntum voiŋ	现在	lai nah
卯（兔）	ntum kaŋ kɔi	近来	ɣau² ²iŋ
辰（龙）	ntum ʒoŋ	将来	sa²
巳（蛇）	ntum ²uiŋ	今后	khɛ² nah
午（马）	ntum pɣɔuŋ	开始	l̥oŋ
未（羊）	ntum p̊hei²	最后	khɛ²
申（猴）	ntum fa²	雨季	xɣ²
酉（鸡）	ntum ²ia	干季	xoŋ
戌（狗）	ntum so²	新年	ntum ɣauk
亥（猪）	ntum l̥iak	节日	lai lai²
日、日子、天	ŋ̊ei²	吉日	ŋ̊ei² m̥om
月	khi²		

十三　数量

一	thɛ²	五	phuan
二	ɣa	六	l̥ɛ

续表

汉语	佤语	汉语	佤语
三	lui	七	ˀa ḻɛ
四	pon	八	tɛˀ
九	tɛm	千	xeŋ
十	ko	三千零五十	lui xeŋ mɛ phuan ko
十一	ko thɛˀ	万	vaŋ
十二	ko ɣa	十万	ko vaŋ
十三	ko lui	（一）百万	(ti) keŋ vaŋ
十四	ko pon	两百	ɣa keŋ
十五	ko phuan	三千零五十一	lui xeŋ mɛ phuan ko mɛ thɛˀ
十六	ko ḻɛ	第一（首先）	pa ka
十七	ko ˀa ḻɛ	第二	pa ɣa
十八	ko tɛˀ	第三	pa lui
十九	ko tɛm	第四	pa pon
二十	ŋa	第五	pa phuan
二十一	ŋa thɛˀ	第六	pa ḻɛ
三十	lui ko	第七	pa ˀa ḻɛ
三十一	lui ko mɛ thɛˀ	第八	pa tɛˀ
四十	pon ko	第九	pa tɛm
四十一	pon ko mɛ thɛˀ	第十	pa ko
五十	phuan ko	第十一	pa ko thɛˀ
五十一	phuan ko mɛ thɛˀ	（一）个（人）	kai
六十	ḻɛ ko	（一）个（碗）	mo
六十一	ḻɛ ko mɛ thɛˀ	（一）条（河）	mo
七十	ˀa ḻɛ ko	（一）条（绳子）	mo
七十一	ˀa ḻɛ ko mɛ thɛˀ	（一）条（鱼）	mo
八十	tɛˀ ko	（一）张（纸）	mplah
八十一	tɛˀ ko mɛ thɛˀ	（一）页（书）	mplah
九十	tɛm ko	（一）个（鸡蛋）	mo
九十一	tɛm ko mɛ thɛˀ	（两）只（鸟）	mo
（一）百	(ti) keŋ	（一）口（猪）	mo

续表

汉语	佤语	汉语	佤语
零	mɛ	（一）头（牛）	mo
一百〇一	ti keŋ mɛ thɛ?	（一）根（棍子）	mo
（一）粒（米）	mo	（一）天（路）	ŋei?
（一）把（扫帚）	mo	（一）只/半（鞋）	pla?
（一）把（刀）	ŋkhoŋ	（一）家（人）	n̠tʃo?
（一）岗（地）	mo	（一）叠	n̠tʃhon
（一）棵（树）	ŋkoŋ	（一）块（布）	mplah
（两）本（书）	mo	（一）包（自制的包）（菜）	xɤ
（一）兜（禾/草）	num	（一）捆	fɔn
（一）行（麦子）	thei	一口水	mpoiŋ
（一）座（桥）	mo	（一）半	pla?
（一）把（菜）	n̠tʃhop	（一）层（楼）	n̠tʃhon
（一）把（米）	n̠tʃhop	（一）口（牛、马）	mo
（两）支（笔）	mo	（一）斤（羊肉）	tʃit
（一）堆（粪）	tlɤk/t̠lɤk	（一）两（肉）	hoŋ
（一）桶（水/油）	thuŋ	（一）袋（烟）	thɔŋ
（一）碗（饭）	tloŋ/t̠loŋ	（一）包（烟）	la?
（一）块（地）	mvɔŋ	（一）排（房）	tia
（一）块（石头）	mo	（一）吊（珠子）	fɔn
（一）片（树叶）	mplah	（一）滴（油）	tʃhuat
（一）朵（花）	mo/ŋkoŋ	（一）面（旗）	mplah
（一）束（花）	fɔn	（两）层（楼）	n̠tʃhon
（一）句（话）	poi	（一）点（东西）	kɤ n̠i?
（一）首（歌）	mo	（一）罐/坛（酒）	kɔŋ
（一）件（衣）	mplah	（一）盒（药）	lo?
（一）件（事）	mo	（一）斤	tʃit
（一）包（面）	thɔŋ	两斤	ɣa tʃit
（一）双（鞋）	ŋkɤom	半（斤）、五两	phuan hoŋ
（一）对（兔子）	ŋkɤom	一斤半	ti tʃit mɛ phuan hoŋ

续表

汉语	佤语	汉语	佤语
（一）根（竹子）	ŋkhua	二两酒	plai ɣa hoŋ
（一）节（竹子）	mphɤʔ	（一）庹（两臂伸直的长度）	top
（一）尺	tʃhi	（一）辈子	n̠tʃhu
（一）拃（拇指与中指张开的长度）	nthɔk	（一）代（人）	(phui) (ti) n̠tʃhu
（一）步	nthoŋ	（去一）次	tʃhɤŋ
（一）架（牛）	mo	（来一）回	tʃhɤŋ
（一）分	fɯiŋ	（吃一）顿	ŋkɣɔ
（一）元（块）	vaŋ	（喊一）声	mpoiŋ
（一）角（毛）	tʃoʔ	（打一）下	tɛʔ
（一）亩	ŋkɣik	（踢一）下	tʃhɤŋ
一会儿	khɛk	（咬一）口	mpoiŋ
（一）天	ŋ̊eiʔ	（一）点儿	kɤ n̠iʔ
（一）夜／晚	som	一些	ka n̠ik
（一）昼夜	ti ŋ̊eiʔ mɛ ti som	几个	mɤʔ mo
（一个）月	ti khiʔ	每天	khu ŋ̊eiʔ
（一）年	ntum	每个	khu kai
（一）岁	ntum		
十四　代替、指示、疑问			
我	ʔɛʔ	咱们俩	ʔaʔ ɣa kai
我俩	ʔaʔ ɣa kai	自己／其（复指代词）	teiʔ
我们	ʔeʔ（包括说话人和听话人双方）	我自己	ʔɛʔ……teiʔ
我们	siʔ（不包括听话人在内）	你自己	meʔ……teiʔ
你	meʔ	他自己	tʃɔ……teiʔ
你俩	paʔ／paʔ ɣa kai	别人、人家	pa ʒauŋ
你们	peʔ	这	ʔin／na／nah
他	tʃɔ	这个	ʔin nah

续表

汉语	佤语	汉语	佤语
他俩	ho² /ho² ɣa kai	这些	hei nah
他们	he²	这里	tho nah
咱们	²a²	这边	kɣa² nah
这样	sei²	哪里	thɣ² mɣ²/kɣa² mɣ²
那（较远指）	²an	几时	lai mɣ²
那个	²an nah	怎么	na phoh
那些	hei ²an nah	多少	tɣ nɛ² mɣ²
那里	thau² nah	几个（疑问代词）	mɣ² mo
那边	kɣa² hei nah / kɣa² tɛh	为什么	na phoh
那样	sɔk	那（远指）	²an
谁	phih	你们全部	pe² ŋkom
什么	phoh	全部	ŋkom ²uik/ŋkom mo
哪个	phih		

十五　性质、状态

汉语	佤语	汉语	佤语
大	thiaŋ	（水）深	ɣai²
小	²ɛt	（水）浅	thei²
粗	thiaŋ mo	满	ntɣk
细	²ɛt mo	空	phɔh
高	l̥auŋ	多	hun
低	them	少	ʒom
凸、肿	²ueh	圆（指平面）	lu lia
矮	them	圆（立体）	lu lia
长	laŋ	扁	ntip
（时间）长 / 久	liaŋ	（刀尖、树梢）尖	xu
短	ŋeiŋ	（笔尖、牙签）尖	nʧhuit
远	ɣai²	平（与"陡"相对）	ŋkɛ
近	thei²	陡	mplɣŋ/nthia
宽	foh	秃头（名）	ŋkhat

汉语	佤语	汉语	佤语
窄（不宽）	ʔaŋ foh	（衣服）皱	ɣaih ɣen
宽敞	foh	（打得）准	n̠tʃit
厚	phu	偏	vɔk
薄	xei	歪	vɔk
横	koŋ kɛ	（粥）稠	phik
竖	ḻih tuŋ	（粥）稀	ɣom
直	plat	硬	kɣoh
斜	ŋkheiŋ	软	tʃua
弯	vɔk	黏	phik
黑	loŋ	光滑	si tah
白	phoiŋ	粗糙	ʔaŋ si tah
（人的皮肤）白	ʃa	（路）滑	si tah
绿	ŋih	紧	kai
蓝	ŋih	松	ḻua/si ḻua
黄	ŋ̊a /si ŋ̊a	脆	kui
红	lɛh	（房子）牢固	kai
亮	hoŋ	结实	kai
暗	fek	对	hok
重	tʃhiɛn	错	ḻut
轻	tʃhauŋ	熟（的）	（pa）siŋ
快	phɣaʔ	生（的）	（pa）ʔeim
慢	nia	新	ɣauk
早	ṯluih/tluih	旧	pɣeim
迟、晚	liaŋ	好	m̥om
锋利	ḻom	坏	lɣʔ
钝、不锋利	ʔaŋ ḻom	贵	nto
清、（水）干净	ŋah/si ŋah	便宜	ʃo
浑浊	koh/si koh	（菜）老	khuat
胖	ṯluiŋ	嫩	tʃua
（猪）肥	ṯluiŋ	年老（人老）	khuat

续表

汉语	佤语	汉语	佤语
（人）瘦	khɣo²	年轻	ŋo
干	²oh /si ²oh	美	m̥om khau²
湿	tʃhe²（使用范围广）	丑	lɣ² khau²
湿透	tʃheh	（天气）热	l̥uk
（天气）冷	kuat	清楚	t̪lah/t̪lah
（水）冷	l̥oŋ	好吃、好	n̪tʃum
（水）温	si ²u	难吃	²aŋ n̪tʃum
暖和	si ²u	好听	n̪tʃum tei ŋ̊iɛt
难	nto	（花儿）好看	m̥om tei kia
容易	sɔ	（东西）难看	lɣ² tei kia
（气味）香	ŋ̊ɯ	好笑	n̪tʃum tei n̪tʃoih
臭	si ²um	响（亮）	l̥uih
（味道）香	ŋ̊ɯ	辛苦（累）	²ah
酸	tɔ²	急	khi
甜	tɛ	花（布）	ki kiau
（味道）苦	soŋ	聪明	l̥iau /n̪tʃhaŋ
辣	pɣe²	傻	ɣu²
咸	soŋ	蠢	ɣu²
（盐）淡	mpik	机灵	l̥iau /n̪tʃhaŋ
涩	kɣiŋ	狡猾	l̥ak
腥	ŋeik	和睦	m̥om
腻	la kɯiŋ	合适	khɣɔp
富	ʃɣ²	勇敢	vau
穷	tʃha	害羞	khoik
干净	ŋah	小气	n̪eit /si n̪eit
脏	pɣoi	勤快	ɣiɛn
热闹	nik/si nik	懒	noh
安静	tit	啰唆	ku kip
新鲜	ɣauk	可怜	tʃhɣ² phom
活（的）	²eim	高兴	nɔh

续表

汉语	佤语	汉语	佤语
死（的）	sum	舒服	ȵʧum
详细的	ɬlah/tlah	悲哀（悲伤）	saiˀ xom
一样的	thu	单独	nɔŋ
明亮	hoŋ	陡峭	mplɤŋ
早	tluih	肥瘦	khɣoˀ ɬluiŋ
落后	tai khɛˀ	大小	thiaŋ ˀɛt
黑黢黢	loŋ ʧhut	高低	l̥auŋ them
长短	laŋ ŋeiŋ	粗细	thiaŋ mo ˀɛt mo
饱	saˀ	蔫	feit

十六　动作、行为、心理活动、消失、存在等

汉语	佤语	汉语	佤语
挨近	theik	抱	thum
打	suh	报仇	pɔˀ kɯim
爱（小孩）	muih	背（孩子）	phok
爱（吃）、喜欢（吃）	ɣiɛn	（把谷子）晒干	hɔk
安装	ntɔuk	逼迫	khin
安慰	ŋam	比赛	lah
按（住）	sɯn	闭（口）	ȵip
熬（药）	xɔŋ	编（辫子）	kiɛn
熬（粥）、煮	plɔuˀ	编（篮子）	taiŋ
拔（草）	hɯik	扁了	ntip
把（尿）	ntaŋ	压扁	ntip
耙（田）	ki	病、疼、痛	saiˀ
掰开	ŋkhok	补（衣）	phlɤˀ
（桌上）摆着	ŋkɤk	补（锅）	phlɤˀ
败	ntot	擦（桌子）	ˀuat
搬（凳子）	nthiɛt	擦掉	ˀuat tiak
帮助	ʧhui	采（茶）	ʧeik
绑	fon	踩	ʧhik
包（药）	fua	刺	ʧɯk

汉语	佤语	汉语	佤语
包围	ɬloŋ /tloŋ	挠（痒）	paik ŋkɔʔ
剥（花生）	ḷɔk	插（牌子）	ȵʧhum
剥（牛皮）	ḷɯt	查（账）	kia
（漆）剥落	ɬlɔk	差（两斤）	ʧhut
拆（衣服）	kah	春	taih
拆（房子）	taʔ	抽（出）	ḷuat
（房子）倒	ŋkhɯiʔ	抽（烟）、吸烟	tɔut
搀扶	sɤk	抽打（牛）	viɛt
加（水）	nauk	出现	ḷih
缠（线）	mpu	出（水痘）	ḷih
尝	ʧhim	出去	ḷih
偿还	ʧei ʔ	出（太阳）	ḷih
唱	ȵʧhɔu ʔ	出来	ḷih
抄写、写	sih	取出	thui
吵嘴	ʧiɛ	锄/挖（地）	khum
炒	thok	锄（草）	ʧhɔk
使掉（沉）	ŋkɤvik（使动）	穿（衣）	ʧɤp /ʔeih /ʧɤp ʔeih
称（粮食）	ȵʧhoŋ	穿（鞋）	ʧɤp /ʔeih /ʧɤp ʔeih
称赞	so	穿（针）	ʧhɔi
（用杠子）撑住	thu	（磨得）穿孔	ntoh（破）
撑开（口袋）	fin	（用针）穿孔	ʧɯk
撑（伞）、拿（伞）	ŋkiɛk	传给/留给（下代）	ʔɤn
成了、合（了）	khɤp	传染	hauh
完（成）	ʔuik	吹（喇叭）	pluɯi
盛（饭）、打（饭）	ʧauk	吹（灰）	ŋkhɤɯih
盛得下、够装	khup tei ʔɤn	捶打	thup
吃（干饭）	sɔm	（消息）传开	phɔk
藏（东西）	moʔ	吃（范围广）	phɤɔʔ

273

汉语	佤语	汉语	佤语
吃（干饭/稀饭/东西）	ˀeih	戳	toh
吃（水果）	phɔˀ	戳破（气球）	toh ntoh
冲/跑（在前面）	fut	戳破（水泡）	tʃeih n̩tʃeih
（用水）冲	kɣa	刺	tʃuk
错	l̩ut	戴（包头）	fua
锉、磨	ɬleiŋ	戴（帽子）	tʃɣp/ˀeih
打（人）	suh	戴（手镯）	mplei
（用棍子）打	puat	当（兵）	taŋ
打卦、看鸡卦	kia si ˀaŋ ˀia	挡（风）	kei
打（鸟）	puiŋ	（墙/树）倒了	ŋkhɯiˀ
打枪	puiŋ	（把墙）弄倒	suˀ……ŋkhɯiˀ
打中	kɣoˀ	倒（过来）	ŋkhɯiˀ
打仗	puiŋ tɔiŋ	（把水）倒掉、泼掉	ɬlup tiak
打架	suh	倒（水/酒）	kɣɯˀ
打散	kɣai	捣碎	kɛ taih
失散	kɣai	得到	phun
打到	kɣoˀ	等（待）	kɣoˀ
打水、接水	khin ɣom	地震	ɬla xɯm
打针	suat	滴水	tʃhuat ɣom
打柴	khik	到达	hɣik
打赌	ta l̩ɣˀ	点（头）	ŋkoh
打墙	thup ntiaŋ	点（火/灯）	tok
打喷嚏	mphiɛh	燃烧	khɯit
打瞌睡	taik（ŋai）	垫	mpei
打滚儿	po lia	叨	khiɛt
打哈欠	fap	掉（过头）	ŋkhei
打嗝儿	kɣɣ	掉（下井去）	kɣvik
打鼾	ŋkhɣak	掉（眼泪）	kɣvik（自动）
喘	hɣh	打开	pauh

汉语	佤语	汉语	佤语
打闪	tʃhiɛp saih	钓（鱼）	mit
打雷	tuik saih	跌倒	kɣup
带（钱）	pein	整理	ɣiɛp
带（路）	ntuʔ	（蚊子）叮	khiɛt
带（孩子）	xiɛn	（把衣服）翻过来	lu laʔ
钉（钉子）	kɔm	（在床上）翻身	lu laʔ
丢失	ŋkɣai	繁殖、生	kheih
抖（灰）	kɣuih	放生	mphlui
懂	ʃoŋ	放水	mphlui ɣom
（手）冻	khuŋ	放（盐）	ta
动	suʔ ʃiɛ	放牧	l̥eiŋ
使动	suʔ ʃiɛ	放弃	pah
读	tu	放屁	phum
堵	thoʔ	放假、休息	laik
渡（河）	thoŋ	放心	tɛh
（线）断	nthut	符合	khɣɔp
（将线）弄断、拉断	xut……nthut	使符合	suʔ……khɣɔp
（棍子）断	pot	飞	pu
（将棍子）弄断、折断	fiɛ……pot	分（粮食）	ŋkhɔh
堆（草）	xoʔ	分家	ŋkhɔh
蹲	ŋkom	分离	ŋkhɣoih
炖（鸡）	ŋaik	缝	tʃheiŋ
躲藏	moʔ	疯	laiŋ
躲开（回避）	thok	孵	num
剁（肉）	mɣk	扶	sɣk
跺（脚）	ŋkɣauh	盖（土）	kɣm
饿	hɣik feit	盖（被子）	ʔɔm
吊（着灯）	taik	恶心	kiŋ

汉语	佤语	汉语	佤语
发烧	kui⁷	（衣服）干	⁷oh
（树）发芽	phlɤŋ	晒干	hɔk ⁷oh
（种子）发芽	khuik	干咽	mpuit ⁷oh
罚款	l̯ɤ⁷	感冒	kan mau
感谢	kan ʃiɛ	（被）挂住	vɔu⁷
赶集	ho laih	（被）逮住	kiɛ⁷
赶（牛）	thɤ	灌（水）	mphla
赶（上）	huat	滚	po lia
干活儿	su⁷ vai	过（年）	⁷eih
硌（脚）	t̯luit /tluit	过（桥）	ho
告诉	ŋauh	害羞	khoi
告状	ŋauh	害怕	lat
割（肉）	piɛh	含（一口水）	mpɯ
割下	piɛh	喊（人）	kɔk
割（绳子）	piɛh	喊叫	hɔk
割断	piɛh thut	喝	n̯tʃɤ
割（草）	fok	合（多少钱）	nɛ⁷
给	tɔ⁷	合适	khɤop
够（长度）	khup	合拢	nɛ⁷
够（数）	khup	哼（呻吟）	ŋkia
够（岁数）	khup	烘（衣服）	ka
跟（在后面）	huat	哄	ŋam
耕/犁（田）	thai（kaiŋ）	后悔	t̯lih
（猪）拱（土）	khɯih	划拳	ta⁷ sɔu
钩	veit	画（画儿）	sih
估计	n̯tʃhim	怀孕	ŋei
雇	ntɛ⁷	还账	tʃeih
刮（毛）	khɤɔk	还钢笔	m̯ei
刮（风）、起风	l̯ih kɤ	换	loh
发抖	khua	盖（房子）	n̯tʃhum/ su⁷

汉语	佤语	汉语	佤语
挂（在牛身上）（没有挂钩）	tait	使回	tɔʔ……ʔiaŋ
关（门）	ɳʧhoŋ	回头	ŋkhei
关（羊）	l̥eiŋ	减	thui tiak
回忆	ɳʧhim	剪	khɣɔk
回答	pɔk	（冻）僵	khuŋ
会（写）	ʃoŋ	讲（故事）	phɔk
混合、共、加	nɛʔ	降落	kɣʏk
使混合	suʔ……nɛʔ	使降落	suʔ……kɣʏk
浑浊	koh	浇（水）	ɳʧhɣʔ
搅浑	suʔ……koh	（烧）焦	haʔ
活（了）	ʔeim	教	ntuk
养活	ʔeim xʏh	嚼	phom
获得	phun	（公鸡）叫	ʔuʔ
积（水）	（ɣom）nthuŋ	（母鸡）叫	tɛt
（水）积	nthuŋ（ɣom）	（猫）叫	xoʔ
（很）挤	ɳʧhɛʔ	（驴）叫	xoʔ
挤进	ɳʧhɛʔ……hauh / ɳʧhɛʔ……l̥eik	（马）叫	xoʔ
挤（奶）	mpiɛn	（牛）叫	xoʔ
挤（脚）	khom	（狗）叫	xɣʔ
积攒	nthuŋ	（猪）叫	xɣʔ
攒下	nthuŋ	（羊）叫	xɣʔ
记得	ʃoŋ	叫（名字）	kɔk
寄存、留	ŋkɣh	交换	loh
寄（包裹／信）	pauʔ	交给	tɔʔ
忌妒	khi xom	接住（果子等）	thɣŋ
忌讳	thuih	揭（盖子）	fak
忌嘴	thuih	系（腰带）	nuat
唤（狗）	kɔk	结（果子）	plɛʔ
挂（在墙上）	vɔuʔ（固定在一个挂钩上）	回	ʔiaŋ

汉语	佤语	汉语	佤语
（腋下）夹	kiɛp	解（疙瘩）	kah
夹（菜）	kiɛp	借（钱）	mpa
假装	lɤiŋ	借（工具）	foi
捡	sut	进屋	l̥eik
紧（了）	nuat	磕头	khoh
弄紧	nuat kai	咳嗽	ŋau⁷
经过	hɤih	渴	sɔm tʃɤ⁷
浸泡	ntum	想（念家）	n̥tʃhim
禁止	⁷aŋ tɔ⁷	肯、愿、想	sam
惊动	nih	啃	khɤeiŋ
受惊	thɛh	抠	vat
揪	ɣiɛt	扣（扣子）	ŋkaŋ
居住	⁷ot	哭	sɔm
锯	piɛh	夸奖	so
举（手）	sɤk	夸耀	so
聚齐	khup	跨	thɔŋ
卷（布）	mpu	空闲	thɤh
掘、挖	khum	困	kut
卡住	khɔm	拉	tuk
开（门）	pauh	拉屎	⁷eiŋ
（水）开（了）	lɔu⁷	辣	pɣɛ⁷
（花）开（了）	thoi	落（下）	kɣeik
开荒	l̥ɤh	来	hɤik
砍（树）	tui⁷	老	khuat
砍（骨头）	mɤk	烙	phot
看	kia	勒	nuat
（给）看	kia	累	⁷ah
看见	sɤ⁷	犁（地）	thai
（病人去）看病	kia sai⁷	理解	ʃɔŋ
继续、接着	phɤh	结婚	l̥ih mpou

续表

汉语	佤语	汉语	佤语
扛	tlom	（饭）凉	loŋ
烤（火）	tʃhu	凉（一下）	ʈloŋ 或 tloŋ
靠	thu	量	hiɛt
晾（衣）	hɔk	磨刀	ʈleiŋ
聊天	phoʔ	摩擦	khɤt
裂开（成两半）	ŋkhoih	磨面	khɤit
淋	ntum	拧（手巾）	viɛt
（水）流	l̥ih	拧（螺丝钉）	ʒiɛt
搂	hom	凝固	thun
漏（雨）	ɣoik	拿	thui
轮流	tʃhoʔ	拿到	phun thui
轮到	hɣik	挠（痒）	paik
聋	lɤt	能够	ʃɤʔ
弄乱	ku kaʔ	捏	ŋkiɛʔ
擦	ŋkop	弄直	suʔ plat
（太阳）落	ʈlip	弄乱	ku kaʔ
骂	ʔɣh	弄歪	suʔ vɔk
满（了）	ntɤk	弄湿	suʔ tʃheh
布满	mɛh	呕吐	khɣʔ
满意	m̥om xom	（人）爬	mpu
梦	mɣʔ	（虫子）爬	mpu
埋	paiŋ	（鸡）扒（土）	ɣih
买	tʃɔk	爬（山）	hauh
卖	tʃhuih	爬（树）	hauh
冒（烟）	mɣt	拍（桌子）	thlap
没有	ʔaŋ kui	排队	phai tui
发（票）	xui	盘旋	pliak
蒙盖	kɣm	连接	tɣi
（大夫给人）看病	kia saiʔ	（鸟）鸣	tʃip
炼（油）	liŋ	（火）灭	ʒɣt

续表

汉语	佤语	汉语	佤语
抿着（嘴）	ɲip	泡菜	ntum
明白	ʃoŋ	赔偿	lɣʔ
摸	pi	切（菜）	sit
捧	kop	亲（小孩）	hɣt
碰撞	thɯiŋ	浸入	l̥eik
披（衣）	tʃɣp	求（人）、请	kɔk
劈（柴）	mplak	取	thui
飘（在空中）、飞	pu	取名	ntuk ŋai
泼（水）	ʈlup	娶	sop muiŋ
破（篾）	l̥ɔk	去	ho
（衣服）破（了）	ntaʔ	驱赶	ŋkhɣɣ
（房子）破（了）	l̥ɣʔ	（病）痊愈	moi saiʔ
（碗）破（了）（裂开缝隙）	ŋkhoih 裂开	（伤）痊愈	saiʔ mat
（打）破（碗）	l̥ɣʔ	全（了）	khup
剖	phih	染	pɣ
铺	thom	嚷	xoʔ
欺负	tʃɣy ntɔʔ	让（路）	thoʔ
欺骗	ʈlɣik	绕（线）	mpu
骑（牛）	phɔuk	热（剩饭）	ʔu
使骑	tɔʔ phɔuk	认（字）	ʃoŋ
起来	sɣʔ tʃhoŋ	认（识）	ʃoŋ
使起	tɔʔ tʃhoŋ	任命	ntɣʔ
气（人）	ɣaŋ xom	扔	tiah
（使）生气	mɯt xom	溶化（了）	l̥oit
牵（牛）	tuk	使溶化	suʔ l̥oit
欠（钱）	teik	嵌	kum
（蛇）盘	ŋkiɛn	掐	tʃeit
跑	fut	抢	tʃaʔ
跑（马）	fut	敲	khoh

汉语	佤语	汉语	佤语
翘	ʃɣk	塞（洞）、堵	thoʔ
劁（猪）	seh	塞进（瓶子）	thoʔ ḷeik
（会）散（了）、结束、完	ɣoi（放学）	使用	nlɛʔ
（鞋带）散开	ŋkah	使唤	maŋ
解开	kah	收割	fok
扫	pih	收缩	ɣɣt
杀（人）	plaiʔ	收到、拿到	thui
杀（鸡）	ŋki	收伞	ʒɣ
筛（米）	khɣɯŋ	收拾	ɣiɛp
晒（衣服）	hɔk	守卫	ŋom nʈʃoʔ
晒（太阳）	tʃhuʔ	梳	kah
扇（风）	sip	输	ntɔt
骟（牛）	seh	熟练	liau
伤（了手）	mat	（饭）熟	siŋ
商量	kia	（果子）熟	thɯm
赏赐	tɔʔ	瘦（了）	khɣoʔ
上（楼）	hauk	数（数目）	min
上（肥）	suʔ	漱（口）	phaʔ
烧（火）	paiŋ	竖立	nʈʃhoŋ
烧荒	khɯit	摔（下来）	kɣɣik
射（箭）	puiŋ	摔倒、跌倒	kɣup
射中	kɣoʔ	闩（门）	ŋkei
伸（手）	thɣŋ	拴（牛）	fɔn
生长	huan	涮	kɣa
生（锈）	xam	睡	ʔeik̥
揉面	thɯik	生（孩子）	kheih
撒（尿）	ntɯm	剩	hauh
撒谎	lɣiŋ	胜利、赢	ʒiŋ
撒（种）	mɔ	升起	ḷih̥

281

汉语	佤语	汉语	佤语
释放	mphlui	撕	tʃeih
是	moh	死	sum
渗入	l̥eik	填（坑）	kɤm
（米粒）碎了	moik	舔	l̥ɛt
压碎	ntiɛm moik	挑选	sop / kɤoih
（腿）酸	xɯ	跳舞	ŋkɤauh
算	suan	跳	ɲtʃuih
损坏	l̥ɤk	贴	t̪lat
送（行）	toʔ	听	ŋ̊iɛt
塌	t̪lut	听见	m̥oŋ
（两人以上）抬	kɤoŋ	停止	tit
（一个人）抬	sɤk	（路）通	ntoh
抬得动	phun sɤk/kɤoŋ	通知	ŋauh
摊开（粮食）	ɤih	捅	t̪loŋ
弹（琴）	taiʔ（kɤaiŋ）	吞	mpuik
淌（眼泪）	l̥ih	偷	mpɤɔʔ
躺	ʔeik	投掷	tein
烫（手）	lait	吐（痰）	mpheih
逃跑	phɤait	推	thɤŋ
掏（出钱包）	l̥uat	推动	thɤŋ ho
淘气（调皮）	lu li（thiau phi）	（后）退	mpei
讨（饭）	pua	退货	mei
套（衣服）	tʃɤp	褪色	mpah
套住	kɤɛʔ	拖（木头）	tuk
（头）疼	saiʔ	脱（衣）	puit
疼（孩子）	muih	（头发）脱落	xait
（使）睡	ŋam ʔeik	踢	thiɛt
睡着	ɲtʃum ʔeik	提（篮子）	sɤk
吮（奶）	phɤk	剃	khɤɔʔ
说	kah	天阴	ʔɔm phɤeiʔ

续表

汉语	佤语	汉语	佤语
天亮	xoŋ khɣei²	弯（腰）	²uŋ
天黑	fei	弄弯	su² vɔk
完	²uik	响	kɣei²
完成	²uik	想、思考	sam
玩耍	xah	想起	sam
忘记	phi	想（去）	sam（ho）
委托	tɔ²	像	thu
畏（难）、怕	lat	献	tɔ²
喂（奶）	phɣ²	显露	ḷih
歪（了）	vɔk	消失	kɣai
闻（嗅）	hɣt	（肿）消（了）	heit
问	maiŋ	削（皮子）	khiɛh
握（笔）	nkiɛk	削	khiɛh
握（手）	ɲʧhop	笑	ɲʧoih
捂（嘴）	thop	写	sih
（把火）熄灭	ʒɣt	相信	kai² xom
洗（菜）	mpaik	擤	hɣ
洗（碗）	phak	醒	heiŋ
洗（衣）	tai²	休息	lai²
洗澡	hɣm	修（机器）	ɲʧiɛm
洗（脸/手）	khoik	修（鞋）	ntʃiɛm
喜欢	mpɣt	学	ŋkhɣ
希望	sam	熏	plɯŋ
瞎	phlɔ²	寻找	sop
下（楼）	ḷih	压	ŋkut
下（小猪）	kheih	哑（了）	²ɔ
脱白	ƚlu ƚlit	下（蛋）	tom
驮	taŋ	下（雨）	ḷih
挖	khum	下（霜）	ḷih
弯	vɔk	下（雪）	ḷih

续表

汉语	佤语	汉语	佤语
下（雹子）	l̥ih	痒	ŋkɔ²
吓唬	t̥lat	养（鸡）	xɣh/²ɯi
养（孩子）	xɣh	在	²ot
摇晃	ʒuŋ ʒiaŋ	增加	nauk
摇（头）	²u viɛt	赠送	tɔ²
（被狗）咬	khiɛt	责备、说	²ɣh
咬	khiɛt	炸（油饼）	tʃa
咬住	khiɛt	（刀）扎	tʃɯk
舀（水）	phu²	扎（刺）	tʃɯk
要	²au²	眨（眼）	tʃhiɛp
医治	kia	炸（石头）	tʃa
（水）溢	nai	摘（花/果/菜）	puk/pɛh/phun
赢	ʒiŋ	站	tʃhoŋ
隐瞒	mo²	蘸（墨水）	tʃhut
引诱	t̥lɣik	张（嘴）	²aŋ
应该	m̥om	长（大）	huan
引（路）	tuk	（肚子）胀	mphoŋ
拥抱	hom	着（火）	tɔuk
用尽	²uit	着急	khi
游泳	l̥uih	召集	kɔk
有（钱）	kui	找（零钱）	sop
有（人）	kui	找到、寻找	sop
有（树）	kui	（太阳）晒	tʃhu²
有（事）	kui	（马蜂）蜇	tɔk
（碗里）有（水）	kui	睁开（眼睛）	mplɔŋ
有（用）	kui	遮蔽	kei
阉（鸡）	seh	遇见	taih
腌（菜）	ma	越过	n̠tʃuih/mpuiŋ
咽（口水）	puit	（头）晕	tʃhut
仰（头）	sɣk	允许	tɔ²

汉语	佤语	汉语	佤语
愿意	sam	蒸	hauŋ
栽（树）	ȵʧhum	知道	ʃoŋ
种（麦子）	ȵʧhum	织	taiŋ
肿	ʔueh	指	ȵʧhi
挂（拐棍）	ŋkhiʔ	捉	ŋkiɛk
煮	plɔuʔ	捉住	ŋkiɛk
抓住、逮住	ŋkiɛk	准备	ʔɣh
抓（一把）	ȵʧhop	啄	tuih
转（身）	pliak	走	ho
转（弯）	pliak	足够	khup
转让	tɔʔ	租（田）	ʧu
使转动	suʔ pliak	租（房）	ʧu
转动	pliak	钻（洞）	l̥eik
装	ʔɣn	（用钻子）钻	tok
装得下（够装）	khup tei ʔɣn	醉	ʒoiʔ
追	thaiŋ	坐	ŋkom
震动、摇动	ʒuŋ ʒiaŋ	做	suʔ
争夺	ʧaʔ	做生意	suʔ l̥i

十七 虚词（副词、介词、连词）

副词

汉语	佤语	汉语	佤语
立刻、马上（走）	kom	（他）大概（是汉族）	kha pa
（你）先（走）、前	ka	不（是）	ʔaŋ
后	khɛʔ	不（吃）	ʔaŋ
慢慢（说）	ŋkoit	没（吃）	ʔaŋ
很、太（重）	ma	别（吃）	pho
真（好）	ma	禁止、别	man
都（来了）、全部	ʔuik	从（去年）到（现在）	tum ……hɣik
一起（学习）	tɣ tum / ti tum（三个以上一起）	将、将要、要	saŋ / maiŋ

285

汉语	佤语	汉语	佤语
（两个）一起	fɔh	已经	hɣik（有时会语流音变为 hɛk）
（我）也（去）	ma	在	ˀot
再（说一遍）、又、还	mphɣˀ/pe	（他）常常（来）、经常	kɣaˀ/ma kɣaˀ
可能（下雨）	kha pa	还（有许多）	khɣ
比较（远）	som	快、赶紧	nauk/vo
最（快）	pa tu/tu	一下子、忽然	ti vɯt/tɣ vɯt
更	khum	重新	vai
稍微、稍、略微	sam	尚未……过、未曾、从未	ˀaŋ……ma tʃha
非常、十分	ˀaŋ pheiˀ ma	确实、真	xɔuˀ
仅、只	nɔŋ	差不多	hai sɔm
也	ma	怎么、为什么	na phoh
互相／彼此	phɣˀ	不停地	ˀaŋ……toˀ ma
刚才	noˀ	故意	taŋ
刚刚	ɣauk	亲自	teiˀ
早就	thɔuk	很、极了（表程度深）	khi

介词

汉语	佤语	汉语	佤语
于、在	ta / kɣa	整、自始至终	leŋ
于、在……附近（旁边）	（ˀot）……ŋkɣauˀ	自……到……，从……到……	tum……hɣik……
在……周围	ŋkɣauˀ	为了……	sam (tɔˀ)……
自、从，从……来	tum	以、用、于（受事、与事）	na
于……之前、在……之前	ka	跟／和……一样	thu……ŋkɔm / mɛ
于……之后、从……之后	tum……khɛˀ……	对、对于	me / na
当……时、在……时、……的时候	lai	比（月亮大）	kheiŋ
到、直到	hɣik		

续表

汉语	佤语	汉语	佤语
连词			
（哥哥）和（弟弟）	mɛ	不仅……而且……	ŋkɔm
又……又……	ŋkɔm	一边……一边……，……同时又……、和	lai / mɛ ŋkɔm
之后、然后（再）	khɛʔ	倒是	ʔoh
否则、不然（不是的话）	nah saʔ ne	但、但是	ʔam
如果……的话，就……	……nah……la…… 或 ……khih……la……	即使……也……	ʔoh……ma
只要……就	pun……la	不是……就是……	ʔaŋ……（moh）……la（moh）……
……才（只有……才）	sim	有时……有时	lai mo……lai mo
一旦……就……	pun……la……	或者……或者、要么……要么	（moh ʔoh）……moh ʔoh
因为、由于	nah	为了（想要）	sam（tɔʔ）
因为……所以……	……ʔin		

附录三　语料主要提供者的简况

（一）姓名：依野　　　　出生年月：1951 年 8 月　　　　性别：女

民族：佤族　　　　　　民族自称：lau fo²

籍贯：云南省西盟佤族自治县

现在居住地：云南省西盟佤族自治县岳宋乡岳宋村六组

丈夫 / 妻子所属民族：佤族

父亲所属民族及生活地区：佤族，云南西盟

母亲所属民族及生活地区：佤族，云南西盟

外婆所属民族及生活地区：

外公所属民族及生活地区：

爷爷所属民族及生活地区：

奶奶所属民族及生活地区：

教育程度：没上过学

职业：农民

本人会说的语言：佤语

父亲的语言：佤语

母亲的语言：佤语

孩子的语言：佤语

该语言使用情况：家庭及寨子内部用岳宋佤语交流

（二）姓名：娜归　　　　出生年月：1970 年 6 月 30 日　性别：女

民族：佤族　　　　　　民族自称：lau fo²

籍贯：云南省西盟佤族自治县

现在居住地：云南省西盟佤族自治县岳宋乡岳宋村六组

丈夫／妻子所属民族：佤族

父亲所属民族及生活地区：云南省西盟佤族自治县岳宋乡岳宋村六组

母亲所属民族及生活地区：云南省西盟佤族自治县岳宋乡岳宋村六组

外婆所属民族及生活地区：

外公所属民族及生活地区：

爷爷所属民族及生活地区：

奶奶所属民族及生活地区：

教育程度：小学

职业：农民

本人会说的语言：佤语和汉语西南方言（云南话）

父亲的语言：佤语

母亲的语言：佤语

孩子的语言：佤语

该语言使用情况：家庭及寨子内部用岳宋佤语交流

（三）姓名：岩方　　　　出生年月：1991 年 2 月 24 日　性别：男

民族：佤族　　　　　　民族自称：lau fo²

籍贯：云南省西盟佤族自治县

现在居住地：云南省西盟佤族自治县岳宋乡岳宋村六组

丈夫／妻子所属民族：无

父亲所属民族及生活地区：云南省西盟佤族自治县岳宋乡岳宋村

母亲所属民族及生活地区：云南省西盟佤族自治县岳宋乡岳宋村六组

外婆所属民族及生活地区：云南省西盟佤族自治县岳宋乡岳宋村六组

外公所属民族及生活地区：云南省西盟佤族自治县岳宋乡岳宋村六组

爷爷所属民族及生活地区：云南省西盟佤族自治县岳宋乡曼亨村

奶奶所属民族及生活地区：云南省西盟佤族自治县岳宋乡班帅村

教育程度：大学

职业：公务员

本人会说的语言：佤语、汉语西南方言、普通话

父亲的语言：佤语

母亲的语言：佤语

孩子的语言：无

该语言使用情况：家庭及寨子内部用岳宋佤语交流

（四）姓名：岩留　　　　出生年月：1991 年 3 月 1 日　　　性别：男

民族：佤族　　　　　民族自称：lau fo²

籍贯：云南省西盟佤族自治县

现在居住地：云南省西盟佤族自治县岳宋乡岳宋村十二组

丈夫 / 妻子所属民族：无

父亲所属民族及生活地区：云南省西盟佤族自治县岳宋乡岳宋村十二组

母亲所属民族及生活地区：云南省西盟佤族自治县岳宋乡岳宋村四组

外婆所属民族及生活地区：云南省西盟佤族自治县岳宋乡岳宋村四组

外公所属民族及生活地区：云南省西盟佤族自治县岳宋乡岳宋村四组

爷爷所属民族及生活地区：云南省西盟佤族自治县岳宋乡岳宋村十二组

奶奶所属民族及生活地区：云南省西盟佤族自治县岳宋乡岳宋村十二组

教育程度：大学

职业：教师

本人会说的语言：佤语、汉语西南方言、普通话

父亲的语言：佤语

母亲的语言：佤语

孩子的语言：无

该语言使用情况：家庭及寨子内部用岳宋佤语交流

参考文献

著作类：

[1]《佤族简史》编写组:《佤族简史》，云南教育出版社，1986。

[2]《西盟佤族自治县概况》编写组:《西盟佤族自治县概况》，民族出版社，2008。

[3] 岑麒祥:《语言学史概要》，北京大学出版社，1988。

[4] 陈国庆:《克蔑语研究》，民族出版社，2005。

[5] 陈国庆:《克木语研究》，民族出版社，2002。

[6] 陈相木、王敬骝、赖永良:《德昂语简志》，民族出版社，1986。

[7] 戴庆厦、李洁:《勒期语研究》，中央民族大学出版社，2007。

[8] 戴庆厦:《汉语与少数民族语言关系概论》，中央民族学院出版社，1992。

[9] 董秀芳:《词汇化：汉语双音节词的衍生与发展》，四川民族出版社，2002。

[10] 高永奇:《布兴语研究》，民族出版社，2004。

[11] 高永奇:《莽语研究》，民族出版社，2003。

[12] 黄伯荣、廖序东主编《现代汉语》(增订五版上、下册)，高等教育出版社，2011。

[13] 黄成龙:《蒲溪羌语研究》，民族出版社，2007。

[14] 李道勇、聂锡珍、邱锷锋:《布朗语简志》，民族出版社，1986。

[15] 刘丹青:《语序类型学与介词理论》，商务印书馆，2003。

[16] 刘丹青:《语法调查研究手册》，上海教育出版社，2008。

[17] 刘月华等:《实用现代汉语语法》(增订本)，商务印书馆，2001。

[18] 陆俭明、沈阳:《汉语和汉语研究十五讲》,北京大学出版社,2003。

[19] 罗常培:《语言与文化》,语文出版社,1989。

[20] 吕叔湘主编《现代汉语八百词》,商务印书馆,1999。

[21] 全国人民代表大会民族委员会办公室编《云南省西盟卡瓦族社会经济调查报告》(岳宋、中课、永广、翁戛科、龙坎调查材料之二),1958。

[22] 全国人民代表大会民族委员会办公室编《云南西盟卡瓦族社会经济调查总结报告》(卡瓦族调查材料之一),1958。

[23] 王敬骝主编《佤语熟语汇释》,云南民族出版社,1992。

[24] 王敬骝、张化鹏、肖玉芬编《佤语研究》,云南民族出版社,1994。

[25] 魏德明(尼嘎):《佤族历史与文化研究》,德宏民族出版社,1999。

[26] 徐杰主编《汉语研究的类型学视角》,北京语言文化出版社,2005。

[27] 颜其香、周植志等:《佤汉简明词典》,云南民族出版社,1981。

[28] 颜其香、周植志:《中国孟高棉语族语言与南亚语系》,中央民族大学出版社,1995。

[29] 云南省民族事务委员会编《佤族文化大观》,云南民族出版社,1999。

[30] 张斌主编《新编现代汉语》,复旦大学出版社,2002。

[31] 赵富荣:《中国佤族文化》,民族出版社,2004。

[32] 赵岩社、赵福和:《佤语语法》,云南民族出版社,1998。

[33] 赵岩社:《佤语概论》,云南大学出版社,2006。

[34] 中国社会科学院民族研究所、国家民委文化宣司主编《中国少数民族语言使用情况》,中国藏学出版社,1994。

[35] 周植志、颜其香、陈国庆:《佤语方言研究》,民族出版社,2004。

[36] 周植志、颜其香:《佤语简志》,民族出版社,1984。

[37] 朱德熙:《现代汉语语法研究》,商务印书馆,1980。

论文类:

[1] 鲍怀翘、周植志:《佤语浊送气声学特征分析》,《民族语文》1990年第2期。

[2] 陈国庆:《柬埔寨语佤语前置音演变初探》,《民族语文》1999年第4期。

[3] 陈国庆:《柬埔寨语与佤语的构词形态》,《民族语文》2000年第6期。

[4] 普忠良：《从全球的濒危语言现象看我国民族语言文化生态的保护和利用的问题》，《贵州民族研究》2001 年第 4 期。

[5] 王敬骝：《"沽茶""黑国""沙·锡尼"考释》，《民族语文》1990 年第 6 期。

[6] 王敬骝：《克木语调查报告》，《民族调查研究》1982 年 2 期。

[7] 王敬骝：《中国孟高棉语研究概况》，《民族调查研究》1985 (4)，云南省民族研究所刊印。

[8] 肖则贡：《佤语中的主语和谓语的语序》，《民族语文》1981 年第 2 期。

[9] 颜其香：《格木语形态构词法浅说》，《云南民族语文》1994 年第 4 期。

[10] 杨波、姚彦琳：《佤语马散土语元音松紧对立的声学分析》，《百色学院学报》2012 年第 1 期。

[11] 袁娥、赵明生：《佤语地名特点研究》，《湖北民族学院学报》（哲社版）2011 年第 6 期。

[12] 赵富荣、蓝庆元：《佤语中的傣语和汉语借词》，《民族语文》2005 年第 4 期。

[13] 赵富荣：《佤语的"洗""砍"小议》，《民族语文》2002 年第 4 期。

[14] 赵秀兰：《莽语与佤语的基本词汇比较——兼谈莽语与佤语吸收外来词的方式》，《红河学院学报》2011 年第 5 期。

[15] 赵岩社：《佤语的前置音》，《中央民族大学学报》2001 年第 4 期。

[16] 赵岩社：《佤语音节的配合规律》，《云南民族大学学报》2005 年第 4 期。

[17] 周植志：《佤语细允话声调起源初探》，《民族语文》1988 年第 3 期。

[18] 周植志、颜其香：《从现代佤语的方音对应看古代佤语的辅音系统》，《语言研究》1983 年第 1 期。

[19] 周植志、颜其香：《论古代佤语的元音系统》，《语言研究》1985 年第 1 期。

[20] 朱晓农、龙从军：《弛化：佤语松音节中的元音》，《民族语文》2009 年第 2 期。

[21] 〔美〕J.O. 斯万德森著，孔江平译《北部孟 - 高棉语的声调发生学机制》，《民族语文研究情报资料集》1992 年第 14 集，中国社会科学院民族研究所语言室编。

[22]〔英〕涅尔斯·M·霍尔迈著，周文斌译《南亚诸语言的形态结构》，《民族语文研究情报资料集》1984 年第 3 集，中国社会科学院民族研究所语言室编。

[23] Gerard Diffloth, "The Wa Languages", *Linguistics of the Tibeto-Burman Area*, Vol.5, No.2, California State University, Fresno, 1980.

[24] J. George Scott, *Gazetteer of Upper Burma and the Shan States* in Five Volumes.

[25] Captain G. Drage, *A few note on Wa*, Rangoon, Superintendent, Government Printing, Burma, 1907.

[26] H. R. Davies, *Yün-nan the Link between India and the Yangtze*, Cambridge: at the University Press, 1909.

[27]〔美〕I. 麦迪森，P. 拉狄福其特著，陈康译《中国四种少数民族语言中的"紧音"和"松音"》，《民族语文研究情报资料集》1987 年第 8 集，中国社会科学院民族研究所语言室编。

[28]〔德〕H.J. 宾努著，周植志译《对南亚语系人称代词的历史研究》，《民族语文研究情报资料集》1987 年第 8 集，中国社会科学院民族研究所语言室编。

[29]〔日〕三谷恭之著，吴思齐译《拉佤语的实地调查》，《民族语文研究情报资料集》1990 年第 13 集，中国社会科学院民族研究所语言室编。

[30]〔日〕三谷恭之著，刘凤翥译《拉瓦语词汇资料》，《民族语文研究情报资料集》1988 年第 11 集、1989 年第 12 集，中国社会科学院民族研究所语言室编。

网站：

[1] 百度百科：http://baike.baidu.com/view/1416043.htm。

[2] 百度百科：http://baike.baidu.com/view/310046.htm。

[3] 百度地图：http://map.baidu.com/?word=%E4%BA%91%E5%8D%97%E8%。

[4] 西盟县岳宋乡政府信息公开网站：http://www.stats.yn.gov.cn/canton_model12/newsview.aspx?id=575934。

图书在版编目（CIP）数据

佤语岳宋话研究 / 卿雪华著 . -- 北京 : 社会科学
文献出版社 , 2024. 9. -- ISBN 978-7-5228-3881-6

Ⅰ. H255

中国国家版本馆 CIP 数据核字第 2024BW2839 号

佤语岳宋话研究

著　　者 / 卿雪华

出 版 人 / 冀祥德
责任编辑 / 罗卫平
责任印制 / 王京美

出　　版 / 社会科学文献出版社 · 人文分社（010）59367215
　　　　　 地址：北京市北三环中路甲29号院华龙大厦　邮编：100029
　　　　　 网址：www. ssap. com. cn
发　　行 / 社会科学文献出版社（010）59367028
印　　装 / 唐山玺诚印务有限公司

规　　格 / 开　本：787mm×1092mm　1/16
　　　　　 印　张：19　字　数：291千字
版　　次 / 2024年9月第1版　2024年9月第1次印刷
书　　号 / ISBN 978-7-5228-3881-6
定　　价 / 148. 00元

读者服务电话：4008918866